U0564988

CHINA LEGAL EDUCATION RESEARCH

教育部高等学校法学类专业教学指导委员会
中国政法大学法学教育研究与评估中心　主办

中国法学教育研究
2021年第1辑

主　　编：田士永
执行主编：王超奕

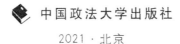

中国政法大学出版社

2021·北京

图书在版编目（ＣＩＰ）数据

中国法学教育研究.2021年.第1辑/田士永主编.—北京：中国政法大学出版社，2021.12

ISBN 978-7-5764-0388-6

Ⅰ.①中…　Ⅱ.①田…　Ⅲ.①法学教育－中国－文集　Ⅳ.①D92-4

中国版本图书馆CIP数据核字(2022)第040194号

出 版 者　　中国政法大学出版社

地　　址　　北京市海淀区西土城路 25 号

邮寄地址　　北京 100088 信箱 8034 分箱　邮编 100088

网　　址　　http://www.cuplpress.com (网络实名：中国政法大学出版社)

电　　话　　010-58908289(编辑部) 58908334(邮购部)

承　　印　　北京九州迅驰传媒文化有限公司

开　　本　　650mm×960mm　1/16

印　　张　　21

字　　数　　232 千字

版　　次　　2021 年 12 月第 1 版

印　　次　　2021 年 12 月第 1 次印刷

定　　价　　86.00 元

目　录

CONTENTS

目 录

Legal Education

Curriculum and Teaching

Legal Profession

Spring Garden

法学教育

Legal Education

法律硕士（非法学）方向课程设置的实践与完善

——以中国政法大学法律硕士学院为观察样本

◎乌　兰*

一、方向课程的定位

国务院学位委员会自 1995 年设置法律专业硕士学位以来,[1] 其与教育部、全国法律专业学位研究生教育指导委员会积极推进法律硕士专业学位研究生培养模式的改革。其中，为法律硕士（非法学）专业学位研究生开设特色方向课程，是教育改革的重要组成部分。

---

　　* 乌兰，中国政法大学法律硕士学院讲师，法学博士。

〔1〕 1995 年 4 月 10—11 日，国务院学位委员会调整后召开首次会议。会议由新一届主任委员李岚清主持，副主任委员朱光亚、周光召、张孝文、汝信及委员 38 人出席。会议提出，进一步加强省级学位委员会建设，改进评估工作，积极稳妥地进行专业目录调整的调研、规划和试点工作，改进和加强在职人员申请硕士、博士学位工作等。会议决定设置法律专业硕士学位。《国务院学位委员会第十三次会议》，载中国学位与研究生教育信息网：http://www.chinadegrees.cn/xwyyjsjyxx/xw30/hssn/gwyxww-yh/xgzl/268694.shtml，最后访问日期：2020 年 12 月 4 日。

方向课程（组），作为法律硕士（非法学）专业学位研究生课程体系中的组成部分，通过由全国法律专业学位研究生教育指导委员会组织编写、国务院学位委员会印发的《法律硕士专业学位研究生指导性培养方案》于 2017 年正式确立。在实践中，法律硕士方向课程的设置与教学实践更早开展。2010 年，国内比较成熟的法律硕士专业学位培养单位就陆续开设了方向课程（组）。[1] 经过十几年的探索，最早开设方向课程的法律硕士培养单位基本上都形成了独具特色的方向课程体系。

2015 年，全国专业学位研究生教育指导委员会编写的《专业学位类别（领域）博士、硕士学位基本要求》（法律硕士类别代码 0351）中指出，法律硕士专业学位研究生应当掌握的基本知识包括专业基础知识和特色方向知识两个方面。其中，特色方向知识是为了使研究生熟练掌握某个专门法律领域的知识和职业技能，各院校可根据自身的条件和特点，按照法律职业和相关行业法律实践的需求，自主设置培养板块或方向课程组，如政府法务、司法法务、国际法务、金融法务、公司法务或企业法务等。[2]

法律硕士专业学位作为我国最早开设的专业学位之一，主要目标是培养高层次的复合型、应用型法律人才，以满足国民经济各行业领域对应用型人才的持久需求。因此，法律硕士专业学位具有鲜明的职业导向性。例如法官、检察官、律师、公证员与企业法律顾问等职业有着较为严格的准入要求，需要经过特殊的专业培养与训练。此培养目标的实现，与法律硕士课程体系的设

〔1〕　中国政法大学法律硕士学院、中国人民大学法学院等均是最早开始方向课程设置探索实践的法律硕士专业学位点。

〔2〕　全国专业学位研究生教育指导委员会编：《专业学位类别（领域）博士、硕士学位基本要求》，高等教育出版社 2015 年版，第 36 页。

计、研究生专业知识的养成与训练密不可分。面对日益复杂的现实问题与持续扩张的法律体系，专业方向课程在此背景下应运而生。方向课程旨在为法律硕士研究生提供特色知识课程，通过学习使其养成与强化在特定行业领域内的法律职业技能。因此，法律硕士专业学位方向课程的开设是为实现其培养目标，在课程体系设计方面的重要改革。

全国专业学位研究生教育指导委员会以及各法律硕士培养单位在现有课程体系内力图最大限度地探索与实现人才细化分类培养。例如，全国专业学位研究生教育指导委员会在上述《专业学位类别（领域）博士、硕士学位基本要求》中列举了人权法实务、法律实务外语、证据法实务（或案例）、商法实务（或案例）、票据法实务（或案例）、国际投资法实务（或案例）、知识产权法实务（或案例）、环境法实务（或案例）、资源法实务（或案例）、税法实务（或案例）、社会保障法实务（或案例）、劳动法实务（或案例）、矿产法实务（或案例）、能源法实务（或案例）、公司法实务（或案例）、旅游法实务（或案例）、食品安全法实务（或案例）、财政法实务（或案例）、税收法实务（或案例）、金融法实务（或案例）、会计法实务（或案例）、房地产法实务（或案例）、农业法实务（或案例）、教育法实务（或案例）、医药卫生法实务（或案例）、新闻与传媒法实务（或案例）、审判实务（或案例）、检察实务（或案例）、仲裁法实务（或案例）、公证法实务（或案例）等[1]几十种可以开设的方向课程，并建议各培养单位根据需要开设与法律实务密切相关的非

----

〔1〕　全国专业学位研究生教育指导委员会编：《专业学位类别（领域）博士、硕士学位基本要求》，高等教育出版社2015年版，第36页。

法学专业课程。

相比于法律硕士（法学）研究生，为法律硕士（非法学）研究生开设方向课程的可操作性更强，但困难程度亦高。一方面，法律硕士（非法学）研究生招生口径宽，学生拥有不同的本科专业背景，使得其在方向课程的学习中更有知识优势，较容易达成复合型法律人才培养的目标；另一方面，法律专业知识恰恰是其短板，在法律专业基础知识训练时长不足的情况下，贸然进入专业方向课程训练，也有揠苗助长之嫌。对于法律硕士（法学）研究生而言，方向课程的设置就难以体现其知识结构优势。一方面，法律硕士（法学）研究生在进入研究生阶段初始，就已经选定了研究方向与导师，这就决定了其后续的学习要围绕既定方向展开，难以对大模块的方向课程感兴趣；另一方面，对于背景知识要求较高的方向课程，比如会计法、专利法、医药卫生法等，欠缺相关知识储备的法科学生又难以真正实现复合。

正是基于以上考虑，全国法律专业学位研究生教育指导委员会组织编写的 2017 年《法律硕士专业学位研究生指导性培养方案》中并没有将方向课程统一设置为法律硕士（非法学）与法律硕士（法学）的共同课程，而是将其区别对待：①法律硕士（非法学）专业学位研究生，需要在专业"必修课""推荐选修课"之外加选"特色方向选修课"，且学分不得少于 8 分。[1] 各培养单位可以自行设计方向课程，但是按照《专业学位类别（领域）

----

〔1〕 《法律硕士专业学位研究生指导性培养方案》（学位办〔2017〕19 号），载全国专业学位研究生教育指导委员会：http://www.china-jm.org/article/? id＝679，最后访问日期：2020 年 12 月 7 日。尽管名为"指导性培养方案"，各法律硕士培养单位仍需要参照执行，仅在具体内容上可以依据自身优势与资源稍加调整。在法律硕士学位点评估、教育质量评估中，各培养单位的培养方案是否符合指导性培养方案的要求，均是重要的评价指标。

博士、硕士学位基本要求》的内容，每个特色知识板块或方向课程组应当由不少于 3 门的课程组成供研究生选择。[1] ②法律硕士（法学）专业学位研究生，其课程设置仅包括专业"必修课"与"选修课"两部分，其中选修课程既可以是指导性培养方案中的推荐选修课，也可以由各培养单位设置方向课程，并不做强制要求。

至此，方向课程成为法律硕士（非法学）专业学位研究生课程体系中的必选项，被视为复合型、应用型高层次法律硕士人才实现培养目标的路径之一。方向课程的确立，是在现有专业学位课程体系框架内进行人才细化分类培养的有益尝试。

二、方向课程的实践发展

本文之所以选择中国政法大学法律硕士学院的方向课程建设为观察样本，一方面是因为，该校的法律硕士学院是国内至今唯一成建制专门培养法律硕士研究生的独立法学院。自 2005 年建院至今，该院在培养法律硕士专业学位研究生方面积累了大量的经验。另一方面是因为，该法律硕士学院是国内最早一批开设方向课程[2]的法律硕士培养单位。早在 2010 年前后，该法律硕士学院就开始进行特色方向课程的探索与实践。到目前为止，依托全校教学资源，已经发展形成了 12 个方向课程（组），涵盖了传统、交叉、新兴等多个法学学科与分支。该法律硕士学院的方向课程建设，无论是课程数量、课程涵盖范围还是课程体系设计等

---

〔1〕 全国专业学位研究生教育指导委员会编：《专业学位类别（领域）博士、硕士学位基本要求》，高等教育出版社 2015 年版，第 36 页。
〔2〕 中国政法大学法律硕士学院的培养方案中将方向课程命名为"XX 强化系列课程"，该名称一直沿用至今。

方面在全国法律硕士专业学位研究生培养中均处于领先地位，其在建设过程中凸显的问题与形成的经验对于我国法律硕士研究生的培养有一定的参考价值。

（一）探索阶段（2010—2016 年）

1. 方向课程的开设

2010 年，中国政法大学法律硕士学院为 2010 级法律硕士（非法学）研究生、法律硕士（法学）研究生同时开设了 5 门方向课程，分别是"保险法强化系列课程""卫生法强化系列课程""财税金融法强化系列课程""知识产权法强化系列课程"和"涉外民商事法律强化系列课程"。[1] 5 门方向课程虽然命名为"强化系列课程"，但本质上仍然是特色方向课程。

表 1　2010 年法律硕士研究生方向课程

序号	课程名称	属性	总课时	学分	周学时	学期	备注
Ⅰ	保险法强化系列课程（保险学、保险合同法、侵权法实务、责任保险法律制度、财险法律实务、寿险法律实务；保险业监管专题讲座）	任选课组	各门课 18 ~ 36 课时，讲座除外	6 ~ 12		3	各课程组为 30 ~ 40 人，学生可以自选任一课程组。

---

〔1〕　《中国政法大学法律硕士专业学位研究生（非法学 3 年制）培养方案》与《中国政法大学法律硕士专业学位研究生（法学 2 年制）培养方案》均于 2010 年 6 月修订，适用于 2010 级法律硕士研究生。中国政法大学法律硕士学院历年培养方案均可在官网下载查看，载 http://flssxy. cupl. edu. cn/jxpy/jwgl. htm.

续表

序号	课程名称	属性	总课时	学分	周学时	学期	备注
Ⅱ	卫生法强化系列课程 （卫生法导论、临床医疗法律实务、法医学、医疗纠纷案例研讨课；医疗纠纷法律实务讲座）	任选课组	各门课18～36课时，讲座除外	4～8		3	各课程组为30～40人，学生可以自选任一课程组。
Ⅲ	财税金融法强化系列课程 （税法理论与实务、会计法与审计法理论与实务、银行法理论与实务、信托法理论与实务、法务会计；财税金融法前沿讲座）	任选课组	各门课18～36课时，讲座除外	5～10		3	
Ⅳ	知识产权法强化系列课程 （著作权法、专利法、商标法、知识产权案例研讨课；知识产权法律前沿讲座）	任选课组	各门课18～36课时，讲座除外	4～8		3	
Ⅴ	涉外民商事法律强化系列课程 （国际贸易法实务、海商法实务、国际投资法、WTO法律制度、涉外仲裁与诉讼实务）	任选课组	各门课18～36课时，讲座除外	5～10		3	

　　上述方向课程，无论是在 3 年制的法律硕士（非法学）培养方案，还是在 2 年制的法律硕士（法学）培养方案，均排在第二学年第一学期上课。第一学年的第一、二学期分别开设了专业必修课与限制选修课，保证学生对专业基础知识的学习与掌握。2010 年开设的方向课程属于自选课程，从学分分布来看，学生往往在学分已经修满后自愿选择此类进阶课程。因为不做强制要求，各门方向课程的学分也不统一，故学生选修方向课程的动力不足，这也大大影响了方向课程的授课效果。

　　之所以选择上述 5 门方向课程作为法律硕士专业学位研究生方向课程的开篇之作，主要考虑因素有以下几方面：①与学生本科专业背景的可复合性。法律硕士学院学生的本科专业主要集中在理工科、管理类、经济类、外语类等专业，最早开设的方向课程也是与这几个专业进行复合。②课程的成熟度。保险法、卫生法、涉外法律实务等课程已经在法律硕士学院开设较长时间，课程的成熟度较高。③就业因素的考量。财税金融法、知识产权法等方向一直是法律硕士就业的热门方向，学生更愿意选择此类方向课程学习。

表 2　2012 年法律硕士（非法学）方向课程

序号	强化系列课程		课时	学分	学期	备注
I	保险法强化系列课程	保险学	36	8	3	（1）各课组为任选课组。（2）学生限选一课程组。（3）各课组设置人数20~70人。
		保险合同法	36			
		责任保险法律制度	36			
		财险与寿险法律实务	18			
		保险业监管	讲座			

续表

序号	强化系列课程		课时	学分	学期	备注
Ⅱ	卫生法强化系列课程	卫生法导论	18	8	3	
		临床医疗法律实务	36			
		法医学	36			
		医疗纠纷案例研讨课	36			
		医疗纠纷法律实务	讲座			
Ⅲ	财税金融法强化系列课程	税法理论与实务	36	9	3	（1）各课组为任选课组。（2）学生限选一课程组。（3）各课组设置人数20~70人。
		银行法理论与实务	36			
		信托法理论与实务	36			
		法务会计	36			
		财税金融法前沿讲座	讲座			
Ⅳ	知识产权法强化系列课程	著作权法理论与实务	36	9	3	
		专利法理论与实务	36			
		商标法理论与实务	36			
		知识产权案例研讨课	36			
		知识产权法律前沿讲座	讲座			
Ⅴ	涉外民商事法律强化系列课程	国际贸易法实务	36	10	3	
		海商法实务	36			
		国际投资法	36			
		WTO 法律制度	36			
		涉外仲裁与诉讼实务	36			
Ⅵ	公证法强化系列课程	中外公证法律制度概论	36	8	3	
		公证证据与法律救济	36			
		公证实务研习（一）	36			
		公证实务研习（二）	36			

2012 年，法律硕士学院对法律硕士（非法学）研究生的方向课程进行了调整，在原有 5 个方向的基础上，新增加了"公证法强化系列课程"，同时，对原有的方向课程进行重新规划。[1] 修订后的 6 门方向课程均明确了学分要求和课程组的基本构成。每一门方向课包含本方向基本理论知识与实务训练，同时开设该方向前沿专题讲座，以使学生了解最前沿、最新的研究进展。与 2010 年相比，2012 年的方向课程更加体系化，培养思路也更为清晰。但是作为学生职业技能提升类课程，学生选修的随意性较大，不能保证每学年方向课程都能正常开课。

2. 第一次改革尝试

方案课程的重要改变出现在法律硕士（法学）专业学位研究生的课程体系：将方向课程从法律硕士（法学）研究生的培养方案中全盘删除，不再按照特色方向进行细化分类培养。取消法律硕士（法学）专业学位的方向课程，与上文提及的背景专业紧密相关。学院在培养方案制定过程中主要的考量因素包括：①本科为法学专业的学生可复合性不足。经过两年的课程实验，受背景知识的限制，本科为法学专业的学生缺乏特色方向需要的基本知识，课程优势无法体现。②法律硕士（法学）专业学位研究生学制为两年，在完成教指委要求的课程后，已经没有时间进行方向课程训练。基于以上原因，自 2012 年开始，法律硕士（法学）培养方案中取消了方向课程。

法律硕士（非法学）专业学位研究生方向课程的重大改革发生在 2015 年到 2016 年。2015 年，法律硕士学院招生制度率先进

---

〔1〕 《中国政法大学法律硕士专业学位研究生培养方案》于 2012 年 6 月修订，适用于 2012 级法律硕士研究生。

行改革，依据新的招生规划，从 2016 年开始法律硕士学院不再招收法律硕士（法学）专业学位研究生，而单独招收没有法学背景专业的硕士研究生，以精简种类，进行深耕细作。由此，学院对方向课程进行了大幅扩充，新设方向课程 4 门，至此方向课程在总数上达到了 10 门。[1]

表3　2015 年新增方向课程

序号		强化系列课程	课时	学分	学期	备注
Ⅶ	传播法制	大众传播法	36	7	3	（1）各课组为任选课组。（2）学生限选一课程组。（3）各课组设置人数 20~70 人。
		媒体侵犯人格权问题研究	36			
		网络法研究	36			
		媒体法律实务	18			
Ⅷ	能源法系列课程（双语）	能源法导论	18	6	3	
		能源法律实务	36			
		能源政策与监管	18			
		国际能源法	36			
Ⅸ	资本金融法律实务系列课程	资本金融学	36	8	3	
		公司组织与财务管理	36			
		国际金融与法律实务	36			
		资本金融法律实务讲座	36			

---

〔1〕　《中国政法大学法律硕士专业学位研究生培养方案（3 年制非法学背景）》于 2015 年 6 月修订，适用于 2015 级法律硕士研究生。2016 年开始，法律硕士学院仅招收法律硕士（非法学）研究生，培养方案不再区分法学与非法学不同硕士类型。2016 年培养方案与 2015 年培养方案大体相同，区别主要在于"高端国际法律实务硕士课程（双语）"在组成与学分上重新调整。

续表

序号	强化系列课程		课时	学分	学期	备注
X	高端国际法律实务硕士课程（双语）	国际贸易法专题	36	16	3	（1）各课组为任选课组。（2）学生限选一课程组。（3）各课组设置人数 20~70 人。
		国际投资法专题	36			
		国际金融法专题	36			
		国际知识产权法律保护制度专题	36			
		国际商事仲裁专题	36			
		中外商事法律制度比较研究专题	36			
		涉外法律实务技能训练（含法律文书起草谈判和模拟法庭）	54			
		涉外法律理论与实务前沿问题	18			

新增的方向课程中，"高端国际法律实务硕士课程（双语）"是中国政法大学法律硕士学院与国际经济法学院合作为法律硕士研究生特别打造的方向课程，对学生的外语能力有着严格要求。其他 3 门课程紧密围绕学生的本科专业背景与就业需求，联合中国政法大学商学院资本金融研究院等研究机构分别开设。

（二）发展阶段（2017 年以来）

2017 年，在国务院学位委员会印发的、全国法律专业学位研究生教育指导委员会组织编写的《法律硕士专业学位研究生指导性培养方案》中，法律硕士（非法学）专业学位研究生的方向课程被正式确立。在上述指导方案中，全国法律专业学位研究生教育指导委员会要求各培养单位可以结合自身特色设置方向课程板块，并且作为选修课的学分不得少于 8 学分。自 2017 年开始，各法律硕士（非法学）研究生培养单位的方向课程建设进入高速发展阶段。

在 2019 年培养方案[1]的制定过程中，法律硕士学院对方向课程进行了大规模调整。我们总结了原有方向课程开设的经验教训，在注重复合学生背景专业的基础上，也统筹考虑了前沿学科的发展动态与学生的学习兴趣，对影响学生选修方向课程的各项因素进行了综合评估，并在此基础上对方向课程进行了改革。

表 4　2019 年法律硕士（非法学）研究生方向课程

类别	课程名称		学分	开课学期	教学方式	备注
强化系列课程*	高端国际法律实务强化系列课程（双语）（8学分）先导课程：国际贸易法学	国际投资法理论与实务	2	3	讲授与研讨	
		International Commercial Contracts	2	3	讲授与研讨	
		海商法理论与实务	1	3	讲授与研讨	
		WTO 法律制度	1	3	讲授与研讨	
		涉外仲裁与诉讼实务	2	3	讲授与研讨	

---

〔1〕　《法律（非法学）硕士专业学位研究生培养方案（全日制）》于 2019 年 6 月修订，适用于 2019 级法律硕士研究生。可参见中国政法大学法律硕士学院：http://flssxy.cupl.edu.cn/info/1079/8088.htm.

* 必选一个强化课程，共 10 学分，其中包括法律诊所课程 2 学分，如该强化系列课程不开设法律诊所，选修该系列课程的学生可修其他法律诊所。

续表

类别	课程名称		学分	开课学期	教学方式	备注
强化系列课程	知识产权法强化系列课程(8学分)先导课程：知识产权法学导论	知识产权合同实务	2	3	讲授与研讨	
		知识产权案例研习	2	3	研讨	
		知识产权代理实务	2	3	讲授与研讨	
		知识产权法前沿讲座	2	3	讲授	
	公司企业法强化系列课程(8学分)	公司法案例研习	2	3	研讨	
		破产法理论与实务	2	3	讲授与研讨	
		股权设计与股权激励法律问题	1	3	讲授与研讨	
		跨国企业法律实务	1	3	讲授与研讨	
		企业法律风险防范	2	3	讲授与研讨	
	税法强化系列课程（8学分）先导课程：财税金融法学导论	税法理论与实务	2	3	讲授与研讨	
		税务会计	2	3	讲授与研讨	
		国际税法	1	3	讲授与研讨	
		税法案例研讨	2	3	研讨	
		税法前沿讲座	1	3	讲授	

类别	课程名称		学分	开课学期	教学方式	备注
强化系列课程	金融法强化系列课程（8学分）先导课程：财税金融法学导论	证券法理论与实务	2	3	讲授与研讨	
		银行法理论与实务	2	3	讲授与研讨	
		金融担保法律制度	1	3	讲授与研讨	
		保险法理论与实务	2	3	讲授与研讨	
		票据与支付结算法律制度	1	3	讲授与研讨	
	环境保护法与能源法强化系列课程（8学分）先导课程：环境保护法学概论	环境资源法学导论	2	3	讲授与研讨	
		能源法学导论	2	3	讲授与研讨	
		能源法律实务	2	3	讲授与研讨	
		国际能源法学	2	3	讲授与研讨	
	劳动法强化系列课程（8学分）先导课程：劳动法学导论	劳动合同法理论与实务	2	3	讲授与研讨	
		劳动争议处理法理论与实务	3	3	讲授与研讨	
		社会保障法理论与实务	2	3	讲授与研讨	
		就业促进法理论与实务	1	3	讲授与研讨	

续表

类别	课程名称		学分	开课学期	教学方式	备注
强化系列课程	卫生法强化系列课程（8学分）	卫生法学概论	2	3	讲授与研讨	
		医疗保障法与政策原理	2	3	讲授与研讨	
		卫生法学前沿讲座	1	3	讲授	
	体育法强化系列课程（8学分）	体育法导论	2	3	讲授与研讨	
		体育仲裁	2	3	讲授与研讨	
		体育产业及法律保护	2	3	讲授与研讨	
		反兴奋剂与体育人权保护	2	3	讲授与研讨	
	网络、人工智能与法强化系列课程（8学分）	网络法理论与实务	2	3	讲授与研讨	与传播法强化系列课程的"网络法理论与实务"合并授课
		人工智能法学	2	3	讲授与研讨	
		信息与数据安全法	2	3	讲授与研讨	
		电子商务法	2	3	讲授与研讨	

续表

类别	课程名称		学分	开课学期	教学方式	备注
强化系列课程	传播法强化系列课程（8学分）	大众传播法理论与实务	2	3	讲授与研讨	
		著作权法理论与实务	2	3	讲授与研讨	与娱乐法强化系列课程的"著作权法理论与实务"合并授课
		网络法理论与实务	2	3	讲授与研讨	与网络、人工智能与法强化系列课程的"网络法理论与实务"合并授课
		媒体法律实务	2	3	讲授与研讨	
	娱乐法强化系列课程（8学分）	娱乐法概论	2	3	讲授与研讨	
		影视产业交易规则与法律实务	2	3	讲授与研讨	
		著作权法理论与实务	2	3	讲授与研讨	与传播法强化系列课程的"著作权法理论与实务"合并授课
		娱乐法案例研习	2	3	研讨	

本次改革取消了原有"保险法强化系列课程""公证法强化系列课程""涉外民商事法律强化系列课程"与"资本金融法律实务系列课程"4 门方向课程。主要原因包括：上述有的课程与已有的方向课程重复率较高，有的方向课程结构设计不尽合理，已有实践表明方向课程开设不理想等。

本次新增"公司企业法强化系列课程""劳动法强化系列课程""体育法强化系列课程""网络、人工智能与法强化系列课程"与"娱乐法强化系列课程"共计 5 门方向课程。其中前 2 门考虑到学生的就业需求与学业兴趣，结合过去几年相关课程的开设情况设置。后 3 门交叉学科在就业市场上的表现强劲，呈逐年上升趋势。同时这些学科分支也代表了法学发展的最前沿与新兴领域，社会亟需此领域复合型、应用型的专业硕士。

除新增的前沿性方向课程外，本次调整的创新之处还包括：①为方向课程开设先导课程。为保障法律硕士研究生能够根据自己的职业规划与学习兴趣选择方向课程，在学生进入方向课程进行专业训练前，要先修读本方向的先导课程，比如知识产权法学导论、劳动法学导论、国际贸易法学、环境保护法学概论、财税金融法学概论[1]等课程。为保证培养质量，每名学生只能选择一门方向课程，但是可以选择多门先导课程，旨在充分了解各方向课程的基本内容，为选择方向课程奠定基础。该设计的另一个考虑因素是，将方向课程最基础的知识在先导课程中完成，后续的课程组将更多聚焦方向领域内的前沿问题、发展动态以及实践

---

〔1〕 这些课程分别是"知识产权法强化系列课程""劳动法强化系列课程""高端国际法律实务强化系列课程（双语）""环境保护法与能源法强化系列课程""税法强化系列课程"与"金融法强化系列课程"方向的先导课程。当然，先导课程的设置要与学科发展、课程成熟度以及实践技能训练的需要相匹配。

技能训练，提升方向课程的培养质量。②每门方向课程统一学分为 10 分，同时开设专业理论课程与法律诊所课程。其中课堂课程 8 学分，本方向法律诊所 2 学分，就同一专业方向在基础知识与实操技能两方面同步提升。③修改后的方向课程共计 12 门，作为限制选修课程，按照全国法律专业学位研究生教育指导委员会的指导性培养方案调整为法律硕士（非法学）专业学位研究生均需选择一个方向，进入课程组学习；全部学生均需进入方向课程学习，特别是与自身本科背景相复合，避免方向课程的设置仅停留在培养方案中。

调整后的方向课程体系，于 2020 年秋季学期正式面向 2019 级（第二学年第三学期）法律硕士（非法学）研究生开放选课。除"环境保护法与能源法强化系列课程"因选课学生人数未达到研究生课程最低要求未予开设外，其余方向课程均正常开课。

三、现有方向课程存在的主要问题

相比于 2017 年以前的培养方案，法律硕士学院本次对方向课程体系的调整有明显进步：丰富了方向课程类型，给予学生更多选择；在基础知识为主要内容的课程设置中新增实践类课程；更多关注新兴领域的人才培养问题等。但现有方向课程体系及其运行过程中仍存在一些问题，且具有普遍性，值得注意。

（一）方向课程类型难以满足需求

尽管方向课程的数量一直处于增长状态，从最早的 5 门课程发展到目前的 12 门课程，已经实现 1 倍以上的增长。但是学生对方向课程类型的需求也在同步增长，可以说尚未得到满足。经过调查发现，[1] 现有的方向课程并不能涵盖学生的全部专业方向，特别是法律硕士研究生进入第二学年后，将会在导师指导下进行专业训练，而选修的方向课程只有 12 门，导致部分学生的具体方向与选修的方向课程不能完全匹配，有时甚至是大相径庭。[2]

　　法律硕士学院在人才培养方面资源优势明显，既可以整合中国政法大学全体校内导师资源，也可以打通法律硕士研究生专业培养的路径。但方向课程的根本矛盾在于，学生选择的专业方向繁多，无法就全部专业方向均开设方向课程。另外，各方向课程之间存在严重不均衡。近些年来热门的就业领域如金融法、知识产权法方向，由于选课学生人数过多，不得不限制选课人数以保证教学质量。而相对冷门的专业方向，如环境保护法与能源法、公证法等方向，因为选课人数过少达不到开课要求而无法正常开课。

　　除了学生自身职业规划、学习兴趣方面的需求，社会对法律专业人才的需求也是现有方向课程体系无法兼顾的另一个方面。当然，要求各培养单位全口径培养法律人才不现实，特别是非政法类院校的单独法学院没有能力实现此类培养任务。[3] 但是法律硕士学院作为政法类院校专门培养复合型、应用型法律硕士的培养单位，还是应当承担上述的教育使命。

---

〔1〕　2020 年末，中国政法大学法律硕士学院针对 2019 级学生选修方向课程的情况，进行了一次问卷调查。本文中的相关数据均是来自本次问卷调查。

〔2〕　问题主要集中在传统学科，如民法、刑法方向。现有方向课程的特色领域明显，而选择传统二级学科作为研究方向的学生无法从现有方向课程体系中找到最适合的方向匹配以进行专业训练。

〔3〕　目前在全国法律专业学位研究生教育指导委员会官网上公布的各培养单位培养方案均是 2017 年以前的旧方案，大部分培养单位只是列出了一些零散课程供学生选修。在提供方向课程模块的培养单位，可供选择的方向课程数量也较少。

（二）课程结构相对松散

观察 2019 年最新培养方案中的方向课程，可以发现每门方向课程（组）由 4~5 门具体课程构成。这些课程基本上可以涵盖本专业方向的绝大多数内容。但是在课程组内部，各门课程独立性较高，相互之间逻辑联系不强，课程组难以形成体系等问题普遍存在。例如"金融法强化系列课程"由"证券法理论与实务""银行法理论与实务""金融担保法律制度""保险法理论与实务"和"票据与支付结算法律制度"5 门课程组成。这 5 门课程分属于不同的金融类型，必须要承认其特殊性与特殊法律制度的存在。但是组成一门方向课程后，其相互之间的逻辑关系并没有得到体现。换言之，对为什么是由这 5 门课程组成金融法方向课程（组），而不是选择其他课程这一点缺乏决策支撑，也难以发现各门课程之间的逻辑联系。其结果是，学生的知识学习与实操能力还是停留在碎片化阶段，而方向课程集中、专业培养的优势没有得到显现。

相比之下，"知识产权法强化系列课程"在此方面有明显进步。原有的方向课程是由"著作权法理论与实务""专利法理论与实务""商标法理论与实务"和"知识产权案例研讨课"4 门课程组成。在课程结构上，与上述的"金融法强化系列课程"一样松散、不成培养体系。但在 2019 年培养方案设计之初，打破了知识产权法方向课程的横向结构，将其进行纵向切割，按照知识产权的取得、流转、纠纷处理等时间线对课程进行设计，形成了现在的"知识产权合同实务""知识产权代理实务""知识产权案例研习"与"知识产权法前沿讲座"4 门课程，确保了学生获取知识与训练技能的系统性。

现有的方向课程，并不是每一门都适合综合性的纵向整合，这就需要更为精心的课程设计，以保证方向课程教学目的的实现。

（三）基础知识课程重合度高

法律硕士（非法学）研究生专业方向基础课程的设计上，应当尽量避免与必修课、推荐选修课，特别是先导课程的内容有重叠或者近似。方向课程开设在法律硕士（非法学）研究生学习的第二学年，此时学生已经在第一学年大体上掌握了法学基础知识，[1] 并形成了一定的法律思维方式。专业方向课程的价值体现在，培养学生在特定法律领域，养成并提升职业技能。因此在课程设计的广度与深度上均应围绕特定领域法律问题，着重培养学生的法律应用能力。现有的方向课程，例如"环境保护法与能源法强化系列课程"，方向课程组中的"环境资源法学导论"与先导课程重合度较高。[2] 调查中发现，学生普遍反映一些方向课程中课堂讲授的内容是已经学习过的基础知识的重复，并不能进一步提升学生的职业技能，除此之外，一些课程被人为地切割成两门甚至多门课程，有"凑数"之嫌。例如，"能源法学导论"与"能源法律实务"两门课程，通过增加课时完全可以实现课程容量扩大的效果，显然并不需要分割成两门课程。相反，方向课程的内容应当更注重质量而非数量。

---

〔1〕 中国政法大学法律硕士学院在第一学年为法律硕士（非法学）研究生开设法理学、宪法学、民法学、刑法学、商法总论与公司法、国际公法、法律职业伦理、民事诉讼法学、刑事诉讼法学、行政法与行政诉讼法学以及限选的证据法学、亲属法与继承法等多门专业基础课程，基本上能够涵盖法学基础知识。可参见中国政法大学法律硕士学院：http://flssxy.cupl.edu.cn/info/107 9/8088.htm.

〔2〕 调查显示，"环境保护法与能源法强化系列课程"方向课程组中的"环境资源法学导论"与先导课程"环境保护法学概论"内容重合度过高。

（四）实操类课程占比过低

本次方向课程修订的一大亮点即是将理论课程与实践训练课程相结合，均设置在同一方向课程内，确保专业方向训练的均衡与全面。例如，每一门方向课程的 10 学分都包括所列课程的 8 学分与同方向法律诊所课程的 2 学分。培养方案鼓励各门方向课程开设本方向的法律诊所，如不开设本方向的法律诊所，学生才可以选择其他方向的法律诊所。实践技能是复合型、应用型高层次法律人才的必备职业技能。与此相对应，实践训练是法律硕士（非法学）专业学位研究生教育中必不可少的一环。相比理论课程，方向课程中实操类课程与训练占比偏少。一方面是在现有教学体制下，实操类训练课程的开发与应用的实际困难相对较大，要求各门方向课程均开设法律诊所这种实践教学课程难以实现。另一方面是理论课程开设的成本与难易度确实偏低，课程结构中其占比较大是当然选择。

法律硕士学院 2020 年开课的方向课程共计 11 门，其中本方向开设法律诊所实践教学课程的有 9 门，同时基础学科例如民法、刑法等也开设了法律诊所课程。对于无法开设法律诊所课程的方向课程，产生的悖论是：方向课程中并没有传统学科或者说基础学科方向，实操训练又全部回归基础学科。方向课程教学没有得到实操训练，传统学科实操训练没有足够的理论知识支撑。我们看到，现有方向课程板块中更多的是实务课程与案例研习课程。关于此类课程的性质与功能，很难将其划归于实践教学板块。案例研习与实务课程讲授最大的价值是养成学生体系化的法律思维以及面对具体问题时，如何像法律人一样思考，如何寻找到解决问题的突破口等。但是此类课程并不能代替具体的实操训练，正如理论知识不断地积累也难于解决动手能力差的困境。现有方向课程中，实操训练课程占比过低，对于十分强调应用能力的法律硕士而言，其对实操能力的培养与提升并没有更多贡献。

四、法律硕士（非法学）方向课程的完善

为法律硕士（非法学）研究生开设方向课程，一方面是为了丰富专业学位课程体系，使得基础知识必修课、推荐选修课与方向课程形成逐级递进的培养课程体系，共同推动专业学位研究生职业技能的提升；另一方面，方向课程专注于特定领域的法律知识与法律问题，正好可以与法律硕士（非法学）研究生的本科专业背景相复合，对培养复合型、应用型的高层次法律人才而言是绝佳路径。过去 10 年间，在方向课程的开设过程中虽然出现了一些问题，但并不能据此否定方向课程在人才培养中所取得的实绩。我们需要做的是，在过去经验教训的基础上不断完善方向课程建设，提升法律硕士（非法学）研究生的培养质量，以应对社会发展对应用型法律人才培养带来的新挑战。

（一）方向课程的决策依据

高等教育哲学学者布鲁贝克曾经指出，所有的高等教育教学活动不管采取什么教学形式，都必须先从课程的决策开始。然而，课程的决策标准是个非常复杂的问题。首先，该标准依据的对象是学生个人还是整个社会？其次，该标准的内容依据的是实际的问题还是一门学科逻辑体系的完善？最后，该标准是着眼于短暂的现实还是长期的未来？知识和学问本身发展到今天已经非常丰富而广泛，因而不可能全部容纳在课程之中，必须有所扬

弃，但难题在于不知如何确定取舍。[1] 为保证培养质量，研究生培养单位在面对开设方向课程与否、开设哪类方向课程等问题时，应对以下影响因素进行全面、审慎地考量与动态评价：

1. 学生本科专业的可复合性

培养复合型、应用型的高层次法律人才是设置法律硕士专业学位希望实现的基本目标，也是课程设置与否的根本衡量标准。对于一些特殊领域，例如财会法、审计法、专利法等需要学生具备特殊知识与专业背景，这些领域比较适合进行复合培养。除此之外，还有一些学生具有其他人文社会科学专业背景，也要向其提供难易度适中的方向课程以供研习。近年来，法律硕士学院学生的本科专业主要集中在经济金融、管理、外语、工程、计算机等领域，还有一小部分是医药卫生、农林专业等领域，[2] 因此能够与之进行特殊领域复合法律职业技能培养的范围十分广泛。

专业背景的复杂对方向课程类型的多样性提出了要求，同时也增加了方向课程的设置难度。决定是否开设方向课程进行复合培养，复合的可能性只是决策依据之一，同一专业背景的学生基数、学生的学习兴趣等也应当予以考虑。单一因素无法起到决定性作用，其他因素也应当纳入考量范畴。

2. 法律人才的社会需求

高等教育作为专业教育与职业教育中重要的类型，其最为重要的本源使命就是人才培养。保障高端应用型法律人才的社会供

---

〔1〕　［美］约翰·S.布鲁贝克：《高等教育哲学》，王承绪等译，浙江教育出版社2001年版，第103页。

〔2〕　数据来源于2016年至2020年中国政法大学法律硕士学院招收的全部全日制与非全日制专业学位研究生的本科背景统计。相比于2016年以前的数据，法律硕士（非法学）专业学位研究生的本科专业背景出现固化趋势，这一点同样值得重视。

给，是法律硕士职业教育的重要使命。上述目标的实现，必须重视社会对法律人才的需求。例如近年来，随着我国对外交往的不断加深，涉外法律人才短缺现象严重，有必要对"法律+外语"复合型法律人才加大培养力度。因此，在方向课程的设置与建设上，可以向国际经贸法律方向、国际法方向、WTO 制度与国际争端解决方向进行适当倾斜，也可以在各方向中加入相关的国际法律课程。

3. 职业规划与学习兴趣

考虑到学生的学习兴趣与职业规划，不能要求所有的学生都按照原专业背景进行专业复合。这也同时要求方向课程在类型上尽量实现多样化，为学生提供更多选择。除此之外，职业规划也是选择方向课程的重要影响因素，而职业规划同时又与社会人才需求密不可分。当然，学生职业规划形成也需要培养单位进行有效协助与引导。

4. 方向学科的发展程度与成熟度

开设方向课程的核心目标是为培养应用型法律人才，方向学科的发展程度与成熟度是否能够承担人才培养的重任也决定了是否应就该方向开设方向课程。特别是就一些新兴学科与法学的交叉领域以及新兴交叉学科开设方向课程，需要进行更为审慎的考量。2019 年新修改的培养方案中新增的 3 门方向课程——"体育法学强化系列课程""网络、人工智能与法强化系列课程"与"娱乐法强化系列课程"均是近年来随着社会经济、科学技术蓬勃发展产生的新的法学分支方向。作为新开设的方向课程，需要更长时间与周期进行实践检验，以支撑课程决策。

上述内容，仅是目前在方向课程决策中影响比较大的几项因素。随着生源质量、人才需求的不断变化以及人才培养模式的不断丰富完善，应当对各项因素进行动态衡量，并在此基础上形成课程决策。课程决策是课程开设的前提，而课程效果与培养质量的实现，更依赖具体的授课实践。

（二）方向课程的完善方向

法律硕士（非法学）专业学位研究生的方向课程建设，应当从内外两方面进行系统性完善，一是方向课程本身应当进行合理设计并进行体系建设；二是方向课程的外部保障要全面且富有实效，进而保障方向课程的良性发展，实现培养法律专业人才的教育目标。

1. 完善方向课程的整体规划

完善法律硕士（非法学）专业学位研究生的方向课程，面临的最为重要也最核心的挑战是方向课程（组）自身的发展与完善。相比于单独一门专业课程，方向课程有着不同的内部结构与组成要素，并且对课程体系性有着更高要求。这些特质决定了我们需要在以往课程经验的基础上，对方向课程进行顶层设计与整体规划，才能保证方向课程的教学目标得以顺利实现。

（1）合理架构方向课程。课程教学目标的实现不仅取决于课程内容的选择，也离不开合理的课程设置架构。课程设置架构是课程设置内部各要素、各成分之间内在联系和相互结合的表现形式，在某种意义上可以反映人类科学文化知识发展的总体水平。[1] 与普通课程相比，方向课程是以课程组的形式出现，由相同或者相似专业方向的一系列课程构成，同时包括 4 门到 5 门

---

〔1〕 费安玲等：《中国法学专业本科课程体系设计改革研究》，中国政法大学出版社 2016 年版，第 230 页。

不同的具体课程。课程容积上的差异，使得方向课程的设计还必须要考量各门课程的具体教学目标、课程涵盖内容以及相互之间的关系，等等，这大大增加了方向课程（组）的设计难度。

在架构方向课程过程中，需要衡量方向课程的基本定位，对学生的背景专业、法律知识掌握程度等进行综合评估，并力争兼顾：

第一，国内法课程与国际法课程相结合。对国际化高水平法律人才的社会需求日益增长，为回应社会需求，除设立专门的国际法律方向课程外，还可以在各方向课程中加入相关国际课程。在课程设计上，可以采用纵向结合或者横向结合等不同方式，既可以在每一门具体课程中均加入相关国际法律制度与外国法律制度的内容，也可以就该方向单独设计一门综合性的国际法律课程。鉴于现有的方向课程中，有专门的涉外法律方向课程，故可以更加侧重提升原有方向课程的国际化水平。

第二，理论课程与实践课程相结合。方向课程的定位是就特色或者特定专业方向进行的人才培养，结合法律硕士专业学位的培养目标，方向课程的架构必须要将理论知识的学习与实践技能的培训结合起来。法律是强调实践、强调经验的学科，实践技能是学生将已经掌握的知识转化为相应的分析问题、解决问题的能力。没有实践训练的教育过程，难以培养出合格的专业人才。当然，实践课程要培养的是"学生能在实践中去检验知识、应用知识、并能与新颖的知识融会贯通的能力"[1]，而不仅仅是实现就业的需要。

---

〔1〕 费安玲等：《中国法学专业本科课程体系设计改革研究》，中国政法大学出版社 2016 年版，第 241 页。

现有方向课程进行的尝试是每门方向课程与法律诊所相结合，将实践学分与课程学分打通，要求选择方向课程的学生同时完成本方向的法律诊所。此种课程设置对学生专业能力的培养是综合发力，有利于全面提升学生的专业技能。法律诊所，是美国法学教育的产物，在 20 世纪末与 21 世纪初引入我国法学高等教育中。经过将近 20 年的实践与探索，法律诊所在中国法学院的发展已经基本实现本土化。但是，就法律诊所课程与其他方向课程的协调，特别是与方向课程中的案例研习等传统实务课程之间的关系，还需要进一步厘清。此外，还可以通过开设案例研习、实务技能训练、模拟法庭等多种实践课程，提高实践训练在方向课程中的占比。

第三，基础课程与进阶课程相衔接。法律硕士（非法学）专业学位研究生本科教育背景比较复杂，因此在方向课程的设置上还需要整体考量方向基础课程与方向进阶课程的搭配。在 2019 年新修改的培养方案中，我们已经将方向课程的基础知识单独排课，作为先导课程，一方面是为了更好匹配学生的学习兴趣，另一方面是为了保证方向课程的内容涉及更多的进阶训练，提升培养水平。但是经过方向课程的实践，我们也发现，由于法律硕士（非法学）专业学位研究生的生源十分广泛，[1] 对专业基础知识

---

〔1〕　分析近 5 年法律硕士学院的生源，主要由两部分组成，其中 60%～70% 的学生是各高校推荐免试录取，只有 30%～40% 的学生是通过参加全国法律硕士招生统一考试录取。目前国内各优质法学院校的生源情况大致相同，差异比较明显的是地方院校。生源上的差异导致学生对专业基础知识的掌握程度各异，教学设计与教学难度相对较大。

的掌握参差不齐，相比于本科教育，培养难度显著增加。[1] 因此，在方向课程设计中，对各门课程的难易度以及整个方向课程中各位课程的难易度应当整体把握并有所侧重。建议法律诊所等实践训练难度应当略低于课堂课程，以保证全体学生均能得到实操训练。当然，就具体课程而言，还需要考虑到其与先导课程之间的关系，以及先导课程是否与方向课程有效衔接等。[2] 可以依据课程进度与授课效果，及时调整基础课程与进阶课程所占比例。

第四，法律知识与其他专业知识之间的组合。近代三大教育哲学家之一的怀特海指出，各类型教育之间、各学科之间不可以割裂，他认为，"相关性是一切类型的一切事物的本质，任何一个事实都不仅仅是它本身。"[3] 法律硕士（非法学）专业学位恰恰是为了培养复合型法律人才而存在，是教育规律指导下的教育实践。当然，现有方向课程立足于复合学生的本科专业知识与法律知识，培养学生在特定领域应用法律解决问题的能力。同时我们也应当注意到，受制于方向课程的数量与类型，必然会出现学生的背景知识与方向课程不能完全匹配的现象，[4] 所以专业知识与特定方向背景知识如何进行组合也是完善方向课程架构的重

---

[1] 针对新修订的方向课程，我们对法律硕士学院 2019 级专业学位研究生进行了问卷调查，结果显示学生对同一门具体课程的反馈两极化明显，认为内容过难、不能理解与认为内容简单、重复性高的学生占比均不低，这就需要在课程设计上投入更多的决策精力。

[2] 本次调查中，选修"知识产权法强化系列课程"方向的学生普遍反映方向先导课程与方向课程本身存在脱节情况。先导课程内容比较简单，而进阶课程难度明显增加，在知识体系上不能衔接。

[3] [英] 怀特海：《思维方式》，刘放桐译，商务印书馆 2011 年版，第 10 页。

[4] 在本次问卷调查中，学生反映最为突出的问题是"知识产权法强化系列课程"中涉及专利法的相关课程。由于很多学生缺少理工科知识背景，在专利申请、审查等方面根本无法参与完成相关的实践训练。

要方面。建议对背景知识要求较高的方向课程，例如会计法、审计法等可以适当增加背景专业课程。

（2）丰富方向课程的设置。相比于2017年以前的方向课程，近两年无论是从课程类型还是课程内容上，法律硕士（非法学）专业学位的方向课程建设都大大得到了丰富。尽管如此，还是需要进一步丰富方向课程的类型，以满足不同学生对不同专业方向的学习需求，这一点在新近开展的课程调查中也得到了证实。[1]丰富的方向课程并不意味着每一门方向课程都要在同一学年内开设，但却能够给予学生更多选择，也使得复合型人才的培养面向更广。当然，丰富方向课程也不意味着任何方向都可以与法学复合并开设方向课程，在课程决策中还需要充分考量可复合性、学科成熟度与人才需求程度等因素。但是社会经济的发展方向决定了社会分工只会向更加精细和纵深发展，也决定了职业教育的改革与完善方向。

（3）打造灵活的课程梯队。根据以往开设方向课程的经验以及学生选修意愿，建议将现有的方向课程进行分类，从而形成体系化程度更高、有梯队变化的方向课程体系。例如，法律硕士学院现有的方向课程中的"知识产权法强化系列课程""传播法强化系列课程"以及"税法强化系列课程"，是开设时间最长、课程成熟度最高的几门课程。以往的开课经验表明，学生对这几门方向课程接受度高，选课人数居高不下，属于目前每年均能够成功开课的方向课程。类似这样的方向课程，可以将其归入基本方向课程，作为方向课程体系中的第一梯队。除此之外，"环境保

---

〔1〕　2019级法律硕士学生的反馈主要集中在现有的方向课程中没有刑法、民法等传统学科方向，以及方向课程过少导致每个方向课程的学生人数过多，无法实现充分的实践训练等方面。

护法与能源法强化系列课程"这样难以实现固定开课的方向课程，以及"网络、人工智能与法强化系列课程""娱乐法强化系列课程"这些尚未成熟的新增方向课程可以归入备选方向课程，作为课程体系中的第二梯队。

这样分类的目的有二：一是对不同梯队的方向课程在管理成本、建设需要、资源投入与课程保障方面可以进行区别对待。基本方向课程比较成熟，维护成本相对较小，更多的是需要对课程内容及时更新、教学技能逐步提升等常规建设。备选方向课程需要更多的建设投入、教学技能尝试、教学效果监测等实验性质的创新建设，相比之下需要投入的时间、精力、成本等当然也更高。二是基本方向课程与备选方向课程形成灵活的课程梯队。基本方向课程保证了每年均能开设的方向课程数量，而备选方向课程则可以根据当年学生可复合情况、复合培养意向、上一年度的开设情况、学生选课情况等进行灵活调整，以确定每年是否开设此类方向课程。在丰富方向课程类型的基础上，可以把方向课程整体上打造成方向课程库。那些已经完成建设周期，达到一定标准的备选方向课程可以转入基本方向课程，基本方向课程开设时间过长的，可以进行重新评估，实现课程梯队之间的流转。这样既可以保证基本方向课程在复合型、应用型法律硕士人才培养中持续、稳定地发挥作用，打造培养单位的特色培养方向，又能够紧随社会与学科的发展，不断探索新的方向课程以满足人才培养的需要。

2. 完善方向课程的保障体系

一门方向课程是否能够顺利开设，除其自身的结构设计、逻辑体例、内容方法等因素的影响外，外在保障也起到重要的推动作用。

（1）优化方向课程的师资配置。教学是师生之间的双向活动，且此项活动最普遍的外在表现就是课程。尽管学生是教学活动的接受者、课程开展的核心，教师作为课程的研发者、教学过程的调控者、学生发展的促进者，对教育教学质量也起到决定性影响。

第一，充分利用双导师资源优势。双导师培养是指为每一名研究生配备两名导师，即校内导师与校外导师，其中校内导师是培养单位专职的教学、科研工作人员，校外导师一般选择企业、事业单位的高级工程技术人员、管理人员等专业人员。专业学位研究生的培养工作以校内导师指导为主，校外导师参与实践过程、项目研究、课程与论文等多个环节的指导工作。[1] 2009 年教育部提出专业学位研究生教育要"建立健全校内外双导师制"。法律硕士作为我国设立最早的专业学位之一，已经推行法律硕士研究生"双导师"培养近 10 年。目前，法律硕士专业学位研究生在校内、校外双导师的共同指导下进行研究学习已经在全国各法律硕士培养单位实现。为每一名法律硕士专业学位研究生配备校内导师与校外导师，可以将校内导师与校外导师的知识优势结合起来，将校内导师系统、深入的理论研究与校外导师丰富、务实的实践经验相结合，使得法律硕士研究生的专业素质与实践技能两方面能够得到均衡的发展。同时，"双导师"培养方式很好地解决了校内导师与校外导师单方面的知识结构缺陷，对专业学

---

〔1〕 中华人民共和国教育部：《关于做好全日制硕士专业学位研究生培养工作的若干意见》（教研〔2009〕1 号），载中华人民共和国教育部：http://www.moe.gov.cn/srcsite/A22/moe_826/200903/t20090319_82629.html.

位研究生导师队伍的发展与优化，有积极的推动作用。[1]

方向课程在设计上也秉持了理论知识学习与实践技能训练并重的宗旨，目的在于培养法律硕士研究生全面掌握专业知识，在具体社会实践中进行运用，和分析问题、解决问题的能力。可以说，方向课程是双导师合力开展教育工作最适宜的培养环节。在同一方向，校内导师与校外导师可以合并发力，全面提升方向课程的培养质量。鼓励校内导师与校外导师进行灵活高效的沟通，可以通过共同设计方向课程、同堂授课或者同时指导法律诊所实践、校内导师随行实习实践基地等多样的合作形式，共同建设方向课程。

第二，改革教学评价机制。人才培养、科学研究、服务社会、文化传承与创新共同构成高等教育的四大职能。[2] 其中，人才培养教育是与大学共生的本体职能，是大学存在的根本原因。培养什么样的人才，怎样培养人才是高等教育要面对与完成的基本命题。遗憾的是，大学最本质的使命——教育教学却不是我国现阶段判断一所大学是否成功、一位教师是否优秀最核心的评价标准。我国高校现有的人才评价机制仍呈现"重科研、轻教学"的局面，在经费占比、成果奖励、评价标准、人才晋升竞争中，教学评价比重都落后于科研评价比重。与此相反，任何一门课程的开设，任何一种教学技法的创新，任何一次教学改革尝试以及任何一项教学成果的完成都需要教师投入大量的心血甚至资

---

〔1〕 乌兰：《法律专业学位研究生双导师培养制度的发展与完善研究》，载田士永主编：《中国政法大学教育文选》（第 26 辑），中国政法大学出版社 2019 年版，第 32~33 页。

〔2〕 世界公认的大学三大职能是人才培养、科学研究与服务社会。2011 年时任总书记的胡锦涛同志在清华大学百年校庆讲话中提出，高等教育的第四大职能——文化传承与创新。

金。在此种评价机制的引导下，教学工作成了专业教师的附带性工作。对教师考评，完成科研工作是硬性标准，而教学工作仅仅是几位数字的课时要求。

近年来教育部一直对高等学校"重科研、轻教学"的错误倾向频频出台管理意见。2016年8月，教育部印发《关于深化高校教师考核评价制度改革的指导意见》强调，要突出教育教学业绩，切实扭转对教师从事教育教学工作重视不够的现象。一是教育教学工作量考核。所有教师都必须承担教育教学工作，都负有关爱学生健康成长的重要责任，要将人才培养的中心任务落到实处。二是加强教学质量评价工作。完善教学质量评价制度，多维度考评教学规范、教学运行、课堂教学效果、教学改革与研究、教学获奖等教学工作实绩。三是健全教学激励约束机制。提高教师教学业绩在校内绩效分配、职称（职务）评聘、岗位晋级考核中的比重，充分调动教师从事教育教学工作的积极性。四是强化课堂教学纪律考核。把坚持党的基本路线作为教学基本要求，坚持正确的育人导向，严格高校课堂教学纪律，加强对教师课堂教学活动、教学实践环节等的督导力度。[1] 2020年底，教育部印发《关于破除高校哲学社会科学研究评价中"唯论文"不良导向的若干意见》，提出不得将论文收录数、引用率和影响因子等指标与资源分配、物质奖励、绩效工资等简单挂钩，防止高额奖励论文等十项具体要求。[2]

---

〔1〕　中华人民共和国教育部：《关于深化高校教师考核评价制度改革的指导意见》（教师〔2016〕7号），载中华人民共和国教育部：http://www.moe.gov.cn/srcsite/A10/s7151/201609/t20160920_281586.html.

〔2〕　中华人民共和国教育部：《关于破除高校哲学社会科学研究评价中"唯论文"不良导向的若干意见》（教社科〔2020〕3号），载中华人民共和国中央人民政府：http://www.gov.cn/zhengce/zhengceku/2020-12/15/content_5569588.htm.

上述意见如何对高校教学评价产生影响，如何改革现有人才评价制度需要实践检验。但是对专业学位方向课程的建设，显然影响更为重大。方向课程不仅涉及一门具体课程的理论知识教学，而是一整个课程体系的教学，同时还涉及案例研习、法律诊所、模拟法庭等各种形式的实务训练与指导，对教师的投入有更高的要求。合理的考评机制、有效的激励约束机制对教师在方向课程中的工作表现有至关重要的影响。

（2）建立方向课程质量评价制度。尽管法律硕士学院已经开设方向课程 10 年以上，但就方向课程质量如何、课程目标是否达成等却并没有建立起可持续、可操作的质量评价制度，从而影响到方向课程的发展与完善，以及法律硕士专业学位研究生综合培养质量的提升。完善的课程质量评价制度是教育重要的指挥棒，对实现教育目标、达致教育目的并进而影响法律教育的改革方向具有重要作用。[1] 2020 年方向课程的问卷调查也反映出缺少质量评价环节，已经切实影响了一些方向课程旧有顽疾的及时解决。相比于对高等教育、法学专业教育这种更大规模的质量评价标准，对方向课程的质量评价标准可以设计得更为灵活与精简，更符合课程的特点与教学规律，只要能够反映出方向课程的培养过程、课程效果等质量要素，为及时调整方向课程的结构、内容与开设与否等提供可量化的分析素材即可。

---

〔1〕 谢伟：《论我国卓越法律人才的培养》，中国政法大学出版社 2019 年版，第 293 页。

法科生应当研习经济学

——从熊秉元《正义的成本》说起

◎戴　滢*

摘　要：目前我国法学教学中，更多的是过去传统法学的规范分析思维，这使得我国对法律人才的培养存在一定的局限性，亟待获取其他学科的养分。而开放法学作为一种新型法学教育模型，可大大扩展法律人才的视野，其中经济分析的思维便是一种典型。熊秉元先生的《正义的成本》一书正是运用经济分析的思维方式，运用"供给、需求、价格、成本、效率、外部性"等工具，为法律学者提供另一座有意义、平实可靠的参考坐标。借鉴本书的核心思想，寻求经济学工具与法学之间的内在联系，对法律人才培养具有积极意义。

关键词：正义成本　法经济学　法经济化思维　外部性

---

* 　戴滢，华东政法大学刑事法学院刑法学研究生。

引 言

"虽未使用图形模式，但仍有数学上的精确，以流畅的散文阐释经济学上的'效率'和法律上的'正义'。"[1] 这是王泽鉴对熊秉元《正义的成本》一书所作的评介。的确，将法律现象背后的原因抽丝剥茧，通过"供给、需求、价格、成本、效率、外部性"等工具一以贯之，有助于将法学化繁为简。读罢全书，不由深思：在对自由、公平、正义进行思考的背后，是否还有支撑其内涵变化的条件？对这些条件的研究是否可突破当代现有规范法学教育的瓶颈？如若这些价值可作为工具性概念，从理性自利的角度出发，运用成本收益进行权衡，那么多年以来所接受的传统思维又将归置何处？

要探究经济学工具在法学教育中融合的可行性，首先要以历史的眼光审视法经济学对法学教育的影响。追溯其源，法经济学兴起于美国，由芝加哥大学在 20 世纪 30 年代首开先河。当时，在院长威尔伯·卡茨的领导下，学院开设了为期 4 年的跨学科的课程，[2] 这是法经济学的初创阶段。20 世纪 80 年代中期以来，随着研究的学者和专业期刊越来越多，法经济学进入了一个广泛传播时期。哈佛大学、芝加哥大学、斯坦福大学、加州大学伯克利分校、牛津大学、约克大学、多伦多大学等，纷纷在法学院、经济学院（系）开设法经济学课程。随着法经济学运动在法学教育中的深入，在司法领域，法经济学的理论和方法也被运用到法

---

[1] 熊秉元：《正义的成本：当法律遇上经济学》，东方出版社 2014 年版，第 2 页。

[2] 黄军：《法经济学运动对法学教育影响研究》，载《现代商贸工业》2014 年第 21 期。

官培训中。不少学者纷纷感叹，"今天，在美国接受法学教育的人，几乎没有不接触法和经济学的。"[1]

的确，由法和经济学所带来的法学教育革命在美国前进得最远，而法经济学也在其他国家的法学教育中开始出现。法经济学自美国产生后，相继在欧洲许多国家如德国、奥地利、瑞典、挪威、意大利、法国、英国等掀起了持续不断的研究热潮。在亚洲的一些国家，如日本、韩国，法经济学的研究也开展得较快。那么在我国，运用经济分析的思维探究法学问题是否也有一定的基础呢？

实际上，在国内法经济学者引进和介绍西方法经济学研究成果的过程中，已经出现了大量的研究成果[2]：一大批学者对现代西方法经济学主要文献进行了翻译、介绍；组建了一批专门研究法经济学的机构；跨越法学和经济学界的研究力量团队化和正规化，相互交流成为常态；法经济学基础理论研究取得了许多重要成果；运用法经济学原理分析现实问题取得了一系列重要成果；法经济学教材编写和对学生进行法经济学知识普及取得初步进展；[3] 诸如北京大学、中国人民大学、山东大学、吉林大学、浙江大学、复旦大学、中山大学、中国政法大学、哈尔滨商业大学等高校，已经在经济学或法学专业开设法经济学课程，并开始招收法经济学专业的博士或硕士研究生。[4] 在这些课程中，以

〔1〕　〔美〕杰弗里·L. 哈里森：《法与经济学》（第 2 版），法律出版社 2004 年版，第 57 页。

〔2〕　武长海：《法经济学——以中国成立法经济学研究会为例进行分析》，载百度文库：https://wenku.baidu.com/view/37928bfb700abb68a982fb9d.html.

〔3〕　李超：《法学专业学生需要掌握经济学分析方法——兼论法学研究方法革命》，载《法制与经济（下半月）》2007 年第 10 期。

〔4〕　黄军：《法经济学运动对法学教育影响研究》，载《现代商贸工业》2014 年第 21 期。

熊秉元的课程最为典型。在许多高校法学院里，他都曾讲授短期或正式的"法经济学"，依时间先后包括华中科技大学、上海交通大学、浙江大学、吉林大学、东南大学、浙江工商大学、华东政法大学、上海大学和南京师范大学等，而《正义的成本》一书已经作为教材被使用。[1]

因此，本文重点关注的并非熊秉元在《正义的成本》一书中对经济人及法律人体系的刻画，也非效率与公平二者如何相融的解析，而是从法治人才培养的目的性出发，对当下法学教育的瓶颈进行剖析，继而结合国外法经济学对法学教育的影响情况，得出一种更高层命题——如何以经济学视野正确地窥视当代中国的法学教育？

一、问题的提出

传统法学训练过的师生浑身充满正义之气，重证据、讲程序，遵循权利本位思维，基于恶人为人性假设，掌控公正的天平。但法不外乎人情，法之外的情与理，本质上是利益的分配，是关于分配的正义。因此在现实中，我们需要加以衡量，需要考虑资源的约束，而这就涉及经济学的思维。本文将以传统法治人才培养的局限性为问题的索引，提出一种开阔法学视野下的新型法学教育模式，并以国外现有教育成果作为借鉴，从而深度挖掘问题背后的解决方案。

（一）传统法治人才的培养受限于规范法学理念

规范法学理念在法律人的职业训练中发挥着基础性作用，但

---

〔1〕 熊秉元：《正义的成本：当法律遇上经济学》，东方出版社 2014 年版，第 265~266 页。

也存在思维认知上的局限性。当代法科人对法条的使用掌握得很娴熟，然而面对实践操作的问题往往仅是从"概念"到"概念"的套用，虽然也有逻辑，但往往解释力低，且若要深度挖掘法律规范背后的缘由，容易捉襟见肘、难以应付。例如对于法律产生的问题，法学家们似乎已经从人类社会历史发展进程的角度进行了足够的研究。然而在传统法科人的眼中，对于法律起源都是从自然法的角度理解，这似乎是历史发展进程中公平与正义调整的必然结果。这类缘由大体可以从性质上解释法律产生的基本原因，然而却不能给出明确的标准进行度量划分。例如在习惯过渡到法律的问题上，从历史到今天人们诞生出无数种习惯，为何只有其中一部分习惯可以成为法律，另一部分只能作为习惯传承下来。再例如各国的社会发展与经济生活水平都有所不同，究竟以什么样的标准进行到什么阶段才能产生法律。这些问题的答案对于司法工作者在应对建立新法以及修改旧法的实践中至关重要，但是以传统法学的视野似乎很难给出合理的答案。

究其原因，便是在此之前，法学一直是自足而封闭的体系，仍然依赖着文字记录进而由法学家加以阐释和界定产生的约束力，没有与其他学科进行共融互通，这注定不会是一个可以持续的生长模式，这也被称为法学作为自主学科的式微。[1] 的确，在原始和传统社会里，人际交往和社会结构相对简单，公平正义、人权自由等理念，也许应付有余。然而，现代社会复杂多变，法学必须从其他学科吸取养分，自给自足、自矜自是的美好时光早已一去不复返。在目前的法学教育里，对于人际互动、社

〔1〕 〔美〕理查德·A. 波斯纳：《法理学问题》，苏力译，中国政法大学出版社2002 年版，第 25 页。

会现象并没有一套应用开放法学视野的基本理论体系，基于此培养出的法务工作者，对待社会现象的分析仅仅能得出"这样做"的方案，却难以有理论性的支撑"应该这样做"的解释。并且在应对实践问题上，所能依恃的，除了惯用的法条模板，就是自己的直觉和有限的经验。而这便是传统法治人才培养的局限所在。

（二）为何选择将经济学应用于法学教育

由是，当代法学教育的瓶颈主要在于传统法学训练存在的缺失。随着时代的发展，法学教育在自己自如的体系下难以培养出卓越的人才，必须将法治人才培养的路径从直线的、乌黑的隧道中打开窗口，获取新的养分。例如，法学与社会科学其他部门融合交叉，产生了一批介于法学与其他学科之间的边缘学科，诸如法哲学、社会法学、法经济学等，它们从最基础的社会科学中汲取了一套可应用于法学的分析体系与理论工具。如若将这套工具正确地应用于法学教育，将大大开阔法律人才的视野。

既然法学得到了社会科学的养分便可以发展，法学与其他学科之间的边缘学科的成果也可以一样辉煌吗？实际上不是的。以文学为例，学者们曾经从文学角度来审视和检验司法活动，使得诉讼的文件、双方的辩论乃至判决书的转折起伏充满了修辞、论述、揣摩、想象、暗示、隐喻的空间，这显然可以为法学研究增添许多养分。然而正如同熊秉元所说的，如果法学和文学的融合像是一朵绽放的鲜花，那么法学和经济学的融合可就更是一望无际、美不胜收的。[1] 在深度和广度上，经济学和法学的关联已经远远超出其他学科和法学的互动。因此，本文将选取法经济学

---

〔1〕 熊秉元：《正义的成本：当法律遇上经济学》，东方出版社 2014 年版，第 242 页。

为其中一个切入点进行剖析，由此解读如何运用经济学创设新型法学教育模式。

提及现阶段经济学与法学融合的状况，目前为止，经济学原理应用于法学问题已然创造出许多实效性强的研究成果。例如亚当·斯密在《国富论》中提到的"个体经济学中的需求定律"表明，可以通过分析人个体行为受诱因的变化，进而得出在设计组织和制度时不能忽视的价格反向变动规律的结论[1]。又比如将成本与效率的考量应用于法律制度的设计从而得出法官判案的程序设置以及规制责任分配问题。此外还有科斯定理、波斯纳定理等在法学问题中的应用。诸如此类的研究，都让我们看到了经济学与法学在融合过程中所结出的丰硕成果。[2]

那究竟为什么要将这种融合应用于教育呢？实际上，法经济学因其工具性价值，从其学说开始就走的是现实主义的道路。法学和经济学的结合，意味着法经济学具有比任何学说都更现实的精神。然而，目前我国法学院的课程设置和人才培养模式忽略了法学这一应用学科的根本性质，这种模式下培养出来的学生，往往面对法律实务问题无所适从。因此，对法经济学的学习，有助于我们树立"效率"意识，并针对社会之所需建立教育规划和人才培养模式。并且，现实生活中的法律问题往往不只是单纯的法律问题，它涉及许多的价值取舍，而价值取舍则必然牵涉到对社会现实的判断，因而法经济学有助于法律人才进行正确的价值选择。

---

〔1〕　〔英〕亚当·斯密：《国民财富的性质和原因的研究》，郭大力、王亚南译，商务印书馆1972年版，第129页。

〔2〕　汪丁丁、林来梵、叶航的《效率与正义：一场经济学与法学的对话》及熊秉元的《正义的成本：当法律遇上经济学》等经济学与法学交叉学科的成果作品。

二、现代法科生需要经济学营养

由上文的论述可以看出，当代法学教育的瓶颈及法学学科对于新养分的需求显示了经济学应用于法学教育的必要性。经济学的营养主要表现在"供给、需求、价格、成本、效率、外部性"等成分上，它们为法律学者提供另一座有意义、平实可靠的参考坐标。例如，经济学家研究人的行为并且用经济学理论的思维模式处理成本问题，实则解决了法律中的责任归属以及权利界定的问题。在其他经济学理论的应用实效中，我们也不难发觉处处有法学问题的影子。由是，本文将以对《正义的成本》的解读出发，深入阐述经济学思想如何助力传统法学教育。

（一）正义不能忽视代价："公平"与"效率"的博弈

效率是经济学最基本的概念，而正义则是法学问题的核心。把效率引入司法领域，通过法律行为的成本收益分析，促使法官提高办案效率，并协调好公正与效率的关系，是未来法治人才培养的一项重要课题。然而在现如今的法学教育体系中，往往只强调公平与正义的笼统概念，更深一层会将实质公平与形式公平进行比对，却很少强调效率与代价的问题，而这在实践操作中尤为重要。

在《正义的成本》第四章"人生而自由平等?!"中，熊秉元便将人类历史分为三个阶段：原始社会、传统社会、工商业社会，分别将效率与正义关联。本文想以历史的视角，流动性地探究两者间的互动并深化法律人对正义的理解。

一开始，原始社会的法并无实体上的存在，正义是粗糙而简单的。由于没有独立的司法单位，居民兼任司法仲裁官，然而资源的缺乏使得人对环境的掌握有限，因而居民往往不加以检验判断就省事明快地以"完全责任"来处理法律问题。因为只有以这种方式才能节约资源，在成本最低的条件下维护和平与安定。

当人类发展到以农牧为主的传统社会，在大致稳定和熟稔的环境里，人类试着发展出了互惠的交易网络，使得双方互蒙其利[1]，然而个案的正义往往受到效率的权衡。例如，对于违约方是由于"突发事件"或者"不可抗力"不得不违约的事件，判其赔偿违反一般人直觉上的正义理念。因此，对于违约行为，并不是像古代一样单纯地"一棒打死"，而是综合考虑突发事件、是否不可避免、有无主观过失等各种因素。

到了工商业社会，都市化所覆盖的人口和区域愈来愈可观，在这种高度的物质文明之下产生的处理经济活动纠纷的思维以及效率的观念，也不断地填充"正义"这一名词。此时此刻，正义的意义也有了新的解释，就是从长远来看，能诱发出好的作为、好的价值、创造出更多资源的做法。这种长远，需在"效率""代价"与"成本"等多种经济学的概念上加以考量，司法审判也逐渐地从单一模式的应对转为分类化讨论。而这些正迎合了法经济学中对"公平正义"的要求。

由此可见，当代的法科生需懂得，法律的实践诚然需遵循道德与公正的天平，但正义不能忽视代价。笔者作为法科生对此也有一番新的思索。在某些案件的处理中，特别是在改造一个罪犯的时候，应用的成本是否过高？刑法的罪名分类是否应更加细化？

---

〔1〕　〔英〕詹姆斯·E.米德：《效率、公平与产权》，施仁译，北京经济学院出版社1992年版，第27页。

比如，过失犯罪、交通肇事罪等一些主观恶性不深的罪行，如若将这些犯人全规制于监狱改造，将花费国家大量的人力、物力、财力。从风险上看，也存在监狱是个"大染缸"的可能，即受不良风气影响出狱后变本加厉实施故意犯罪。是否有成本不高，让过失犯罪者少接触故意犯罪，并让罪犯和社会保持密切的接触，以便将来回归社会能够马上适应的方法？一种途径是设置开放式监狱，即类似于不设高墙瓦砾的就读学校，在自律中补充一定的劳逸，为社会创造价值。这也是基于成本的考量，既对政府有利，对当事人及其家属有利，也有助于加害人对被害人的补偿。

在公平与效率的博弈下，司法程序在设置上会专门建立简易程序以区别疑难案件与简单案件，对造成人死亡的法律问题加以过失致死、正当防卫等分类，或者在量刑上将初犯与累犯类型化对待，等等。对于劳务雇佣中的意外伤亡、从属关系中职场性骚扰、电梯制造商事件中注意义务等案件，法官在审判时也会基于防范意外的成本大小的比较，将责任分配给成本较低的一方。当然，或许在个案上，会出现不公正甚至与道德有偏失的情况，但这是均衡效率之下的最优选择。

由此可见，在法学教育课程中强化诸类经济学理念，将有助于法律人才更好地理解、调整与设置司法程序的运行。

（二）不同法系下利益衡量的标准："水平公平"与"垂直公平"

在法治人才培养的进程中，不同体系的对比对法律人理解司法实践中我国与英美国家司法程序的差异性等问题尤为重要。然而，在传统的法学教育模式下，往往仅从历史渊源等应然层面上强调法系的区别，很少应用可量化的维度加以分析。因此本文希望基于《正义的成本》一书中所阐述的内容，将经济学工具互动于不同法系的分化，以更深入的视角探究不同国家的法学家看待公平正义的观念有所差异的缘由，继而区分英美法系和大陆法系，为法科生的培养课程注入新的思维模式。

从整体的思维模式来看，依据大陆法系的传统，学者们习惯以法条为参考点进行研究，法官只能援用成文法中规定的审判案例对成文法进行解释。而英美法系的国家里学者更倾向于以过去存在的案例进行分析比对，法官不仅可以适用法律，也在一定范围内可以创造法律。如果想运用工具对这种现象进行量化，那么可以将其对公平正义的认定作为度量依据。

本文认为，大陆法系下法官判案时对公平正义的认定，实则是一种注重"水平公平"的思维，指相同情况，即相同行为、相同罪状的人，应该受到相同的待遇，这种思维模式下的公平正义的认定必然有一条恒定不变动的基准线，这条基准线则是成文法规定的文字效力。因而在立法上，大陆法系选择以古罗马传下来的法律观作为法律创制的观念基础，而不允许司法机关单独立法，否则正义规范的变动幅度将会脱离虚线规制的波动范围，随着时间的积累发生提升或者下降，这不是大陆法系的"水平公平"思维模式下希望看到的。

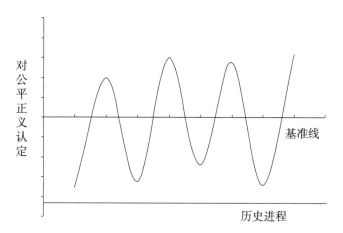

图 1　大陆法系下法官判案时对公平正义的认定

　　而英美法系则相反,"垂直公平"注重于在不同情景或时期下,对于不同行为罪状的人应该受到不同的待遇。这种思维模式则扩展了公平理念的波动幅度,随着法律问题的复杂化与多样化,人们对公平正义的定义也不断更新和变化,英美法系国家的制定法也愈来愈多,甚至成为法律渊源的主体,例如到了现代,原先认定为罪恶的同性婚姻也取得了合法化。另外,由于"垂直公平"的体现是"比较式"或"博弈式"的,使得英美法律在司法诉讼制度上更倾向于律师对抗庭辩的方法,法官往往扮演着消极的裁判者的角色。这两种思维模式使得两类体系中的法学教育以及司法录用体制也大有不同。

　　当然,自进入 20 世纪以来,随着各国经济、政治和文化等方面联系与交流的日益加强,在不断的相互借鉴过程中,两大法系的差别在不断缩小。基于此类的问题,为了能增加法经济学应用和操作的空间,"比例原则"的概念也因此发展而出,它隐含着大小、轻重、高低、多少等在某个方向上的一种排序。这种排序使得在分析不同体系下处理法律问题也有了明确的着力点，比如现如今大陆法系国家法官判案也基本会以成文法典为主，附带援用已有审判的案例。

这便是熊秉元教授在《正义的成本》里提到的"水平公平""垂直公平"和"比例原则"这三个概念。[1]这种可量化的维度对于传统法学中实质公平与形式公平是一种新形式的突破，对于司法实践是一种新的超越，同样也解释了不同法系下法官判案中的利益衡量、价值判断及目的解释会不同的缘由。如若法科生能对照此模式应用经济学工具深化解读不同法系下利益衡量的标准模式，对于司法实践操作的理解大有裨益。

三、法科生经济学思维的课程建设思路

由是可见，随着市场经济的深度发展与民主法治事业的进步，传统法治人才培养模式逐渐暴露出固有的局限性，现代法科生需要经济学营养。学者们也纷纷提出，"满足经济法律人才社会需求的一个有效供给措施，是通过法经济学的教学理论和方法，加快培养既懂法律又懂经济的复合型法律人才。"[2]的确，为适应时代的发展，法学院的学生不仅要扎实掌握法学知识，还要掌握一定的经济学知识并能将两者合理地结合运用。因此，本文将基于此大背景及前文的所思所感，从法理思维和课程布局上提出法科生补足经济学养分课程的建设思路。

---

〔1〕　熊秉元：《正义的成本：当法律遇上经济学》，东方出版社 2014 年版，第172~173 页。

〔2〕　周林彬：《从法学的不自足到法律经济学的推进——兼论法律经济学课程的设置》，载《中山大学学报（社会科学版）》2005 年第 4 期。

（一）重塑法科生法理思维

正如熊秉元在这本书的序中曾述，《正义的成本》主要是为法学界人士而写，目的就是希望厘清经济分析的内涵并应用于法学实践。但，究竟何种经济学工具才更适合法科生法理思维的塑造？在《正义的成本》第七章"经济分析的深层意义"以及第八章"仇人眼中长刺猬"所讲述的"最高指导原则"中，熊秉元便详细地阐述了他对"外部性"一词的理解。具体而言，经济学者在分析人的行为时，不是只把焦点放在单独的个人身上，而是一直保持一种体系或系统的观点[1]。这种牵涉到一个人以上在时空体系中行为之间发生的互动和影响便也就是外部性的本质。借助《正义的成本》一书中阐述的"外部性"工具，可对法科生法理思维的重塑进行一番解读。

首先，法科生要认识到法律存在的意义。在传统法科人的眼中，法律似乎是天然的、被动的、天赋的。这是由于目前法学教育中对于法律起源、法律产生的原因都是从自然法的角度进行理解。而从经济学的角度看，负外部性是由人的行为引起的。而人的行为更多体现在面临社会时的交互性问题，例如买菜时对价格的争论，或是扩大成人身伤害赔偿时价格的认定[2]，由此才有了法律。从这一层面上看，法律正诞生于人际相处时的实际需要。因而，法科生需认识到，法律并不是天然存在的，调整客体行为才是法律最终的目的，一旦人的行为与立法宗旨合意，法律功能的实然与应然距离就会逐渐消失。

---

〔1〕 贾丽虹：《对"外部性"概念的考察》，载《华南师范大学学报（社会科学版）》2002 年第 6 期。

〔2〕 邹先德：《论经济外部性的法律特征》，载《西安石油学院学报（社会科学版）》1999 年第 1 期。

其次，法科生要正确理解法律的边界。基于科斯定理考虑，当其第一条件——交易成本为零不能满足甚至交易成本过高从而抑制交易时，法律就必须进行干预。[1] 然而，这种干预并不是绝对存在的。权利应赋予那些对权利净值评价最高并且最珍视它们的人，只有这样才能有效地限制外部性的扩大。例如，即使是商标重名的规制，如果是有生产性、对社会有正面贡献的经济活动，实际上是得到法律的允许甚至鼓励的。因此，基于外部性工具考量法律的职能的"适度限制"抑或是"相对自由"，将会加深法科生对法律边界的理解。

最后，法科生要对法律与道德的关系作出辨析。既然法律是用来调整负外部性问题的，那么对于未婚先孕、小偷小窃等情况，为何人们往往会采取道德舆论监督，政府、家长、学校教育等手段？实际上作为发挥纠举、裁决、惩罚功能的法律，不是在所有负外部性出现的时候都会适用。法律处理成本太高，且道德谴责往往比法官的判决更加及时有效。但是，对于一些牵涉的利益较大或者产生严重社会危害性的事，由于道德的力量有其限度，故必须依赖法律的支持。道德与法律就像是两条平行线，发挥各自的作用。道德力量的约束与法律的严格限制此消彼长，其衡量的标准便是外部性的大小。

诸如此类，如若重塑起法科生法理思维，我国传统的法理学框架，如法律概念、法律原则、法律规则等将被赋予新的意义，未来的法科生能以全新的视角认识"法学""法治"及"正义"。

（二）改革教学课程设置

当然，从思维上补足当代法科生的理性分析，还仅仅是一种

---

[1]　李劼：《经济分析法学逻辑下外部性问题的解决及价值评判》，载《河北学刊》2010 年第 2 期。

设想。欲其实现，需在制度上将法经济学引进高校，正式成为一门学科，这是我国法学教育发展的必然趋势，这势必会引发一场法学教育的革命。在这场革命的过程中，"效率"及"成本"等概念会被纳入法律价值体系，法律制度也将在事实上而且在"学术理解"上成为社会资源配置的核心。[1] 由此，本文希望在此将"效率""成本"提出以作为增强法科生经济学思维课程建设的思路。

首先，在本科教学中具体布局法经济学课程。研究生教学已经比较重视法经济学课程的开设，但更应在本科阶段给予学生经济学基本思维的引导与法经济学的启蒙。本文对于本科教学中课程布局有如下的建议。大一阶段法科生都在学习公共课，对法最基本的理念还未形成，不适合学法经济学课程。应当在大三或者大四上半年即将出校步入实践之时，补一点法经济学思维。如果条件允许，可以在大二设置简单的"经济学概论"限选课，供有兴趣的同学参与。

其次，需要广大学者集中力量强化法经济学教材的应用。现代的经济学教材，几乎依赖大量的数学、统计和图表数字等。而在法学教材里，仅仅局限于文字和理念论证。[2] 因此，法经济学的教材不能停留在法理学上，也不能只讨论抽象的问题。比较好的方式，是实实在在地以部门法（民法、刑法等）为题材，例如财产法的经济学分析、刑法的经济学分析等，展现经济分析的说服力。一旦掌握经济分析的核心和精髓，又能以具体的法律为

〔1〕 马震：《大陆法系法律经济学的进路——作为方法论的法律经济分析》，载《法学论坛》2006 年第 3 期。
〔2〕 熊秉元：《经济学者走进法学院》，载"经济学原理"公众号，发布日期：2016 年 11 月 25 日。

题材，便可提出有别于传统法学的解释。

最后，法经济学教育可针对我国的法律从业者。法学教育应该与法律社会实践相结合，对法官进行法经济学的培训对于提高法官自身素质有着十分重要的作用，同时也间接影响着我国社会的法治进程。[1] 因此，对法官进行法经济学培训，可以促进法经济学在司法层面的渗透。在法律实践中及时融入法学的新理论、新思维，也是我国的法治经济对法学教育提出的现实要求。

四、结语

总而言之，法经济学以"个人理性"为其研究方法基础，以"效率"作为核心衡量标准，以"成本—收益"最大化方法作为基本分析工具来进行法律问题研究，可弥补我国现有法学教育的空缺，并适应未来法治建设的走向。由此本文希望借熊秉元先生《正义的成本》一书的思想，运用经济分析法学的逻辑进路及思维方法，重新解读现有法学教育中的典型问题，由此为传统法学教育提供一条更开放的路径。笔者也热切期待，未来经济学的养分能更多注入我国现有的法学教育体制中，助力我国法律人才的培养。

---

〔1〕 林军、付泳：《对法学本科专业中西方经济学教学之探讨》，载《甘肃政法成人教育学院学报》2004 年第 4 期。

论监察法学的学科性质与知识 体系*

◎蔡元培**

摘　要:《监察法》是集实体法、程序法、组织法于一身的部门法,而非宪法性法律。尽管《监察法》具有综合性,但是监察法学具有独立性,是一门独立的法学二级学科,而非三级学科或者交叉学科。监察法规范、监察法实践和监察法原理是监察法学的研究对象,监察教义学是其最主要的研究方法。监察法的知识体系包括监察原理论、监察体制论、监察程序论和监察责任论四个部分。监察法学有其独特的理论工具和价值目标,不能简单套用行政法学或诉讼法学的相关理论对其进行解释和分析。纪检监察学、国家监察学的视角虽然

　　* 基金项目:国家社会科学基金青年项目"党政合署背景下监察处置的内部治理功能与实现路径研究"(编号:20CFX020);中国政法大学 2020 年度研究生产学研项目(编号:CXY2008)。
　　** 蔡元培,男,法学博士,中国政法大学刑事司法学院讲师、硕士生导师。

重要，但法治思维是研究监察法的根本出发点。从长远来看，有必要培养专门的监察法学研究团队，早日形成监察法学研究共同体，从而为法治化反腐提供理论指引和智力支持，为国家监察事业输送更多的监察人才。

关键词： 监察法　监察法学　学科性质　研究对象　研究方法

引　言

2018年3月，《中华人民共和国监察法》（以下简称《监察法》）*正式通过并实施。作为国家监察体制改革的最重要成果之一，《监察法》改变了我国以往"一府两院"的政治体制，形成了新的"一府一委两院"的政治格局。随后，在短短的数年时间里，"监察法学"作为一门法学学科得到了飞速发展。一方面，在学术研究上，与监察法有关的科研成果不断涌现。以"中国知网"为例，2017年之前，以"监察法"为主题所检索出来的论文年均不足50篇。而在2018年，这一数量高达1027篇，2019年和2020年尽管有所回落，但依然达到了851篇和608篇。另一方面，在教育教学上，各大法学院校纷纷开设"监察法学"课程，招收监察法学硕士生和博士生，甚至成立"监察法学院"。以西南政法大学为例，2018年4月，西南政法大学监察法学院正式揭牌成立，当年即开始招收实验班本科生、硕士研究生，开设"监察法学""监察法学专题研究""党内法规学""纪检监察信访举报专题研究""监察证据收集与运用实务""国际反腐败合作

---

　　* 本文中所涉及的法律文件均为中华人民共和国法律，下文不再赘述。特此说明。

专题研究"等课程，并于次年招收博士研究生。中国政法大学等高校也于 2019 年前后陆续开设了"监察法学"等相关课程，并设立硕士点、博士点。

然而，任何新兴学科的成长都是一个漫长的过程，监察法学也不例外。尽管近年来法学界已经了出版了一批高质量的教材和论文，但是总体来说这一学科仍然处于起步阶段。首先，监察法学的学科性质存在较大争议。监察法学究竟是一门二级学科，还是三级学科，还是交叉学科？监察法学的研究对象应当更侧重法律规范，还是法律实践？监察法学的根本属性是规范性，还是政治性？这些问题都需要进一步深入探讨。其次，研究方法的单一化。目前，学界对监察法学的研究主要以规范研究为主，也有部分的历史研究、比较研究，实证研究和部门法哲学的研究成果比较少见。在规范研究里，法教义学的方法并不占主流，更多的仍然是对策法学。最后，学科体系的不成熟。目前监察法学的教科书，大多都以《监察法》的章节体例来编写，缺少学理上的抽象和归纳，和法典释义区分不大。

为了进一步提高监察法学的学科水平，有必要对监察法学的学科定位及知识体系进行系统研究。本文认为，监察法学是一门独立的法学二级学科，监察法律规范和监察法律实践是其最主要的研究对象，监察教义学是其最主要的研究方法。宪法学、行政法学和刑事诉讼法学的视角尽管重要，但从长远来看，有必要形成监察法学独有的知识体系，培养监察法学独有的研究力量。

一、监察法学的学科性质

（一）《监察法》的性质

合理界定《监察法》的法律属性，是研究监察法学的起点。

关于《监察法》的性质，学界仍有较大争议。有学者认为，《监察法》属于宪法性法律，这是因为《监察法》是对国家根本问题之一的国家监察制度的规定，是对宪法中有关监察制度安排的具体化，保障了宪法的实施，因此应当与选举法、组织法等法律一样归入宪法性法律的范畴。[1] 也有学者认为，《监察法》是一部综合类型的法律，其规定了监察机关的组织结构、法律责任，以及包括问责、政务处分、监察建议等实体处分内容，同时又有大量的有关监察权限和监察程序的规定，例如留置、讯问、询问、搜查、查封、扣押等措施，以及初步核实、立案、调查、处置、移送审查起诉等程序性处理活动，因此《监察法》既是实体法又是程序法。[2]

首先，《监察法》属于部门法，而非宪法性法律。宪法性法律通常是指在内容上包含大量宪法规范，但是在效力层级和制定程序上又不及宪法的法律文件。《全国人民代表大会和地方各级人民代表大会选举法》《国旗法》《集会游行示威法》《香港特别行政区基本法》等都属于宪法性法律。就《监察法》而言，其内容主要是围绕监察权如何运行以及监察工作如何开展的实体和程序规范，这些规范从性质上讲均不属于宪法规范，而属于普通部门法。尽管《监察法》第二章"监察机关及其职责"是旨在对《宪法》有关条文的落实和具体化，但篇幅较少，且和宪法有相当的重复，不足以将整部《监察法》都认为属于宪法性法律。如果仅以是否落实宪法规定、是否保障宪法实施为标准，那么三大诉讼法都应当划入宪法性法律而非部门法。

---

〔1〕 参见马怀德主编：《监察法学》，人民出版社 2019 年版，第 12 页。

〔2〕 参见杨宇冠：《监察法与刑事诉讼法衔接问题研究》，中国政法大学出版社 2018 年版，第 21 页。

其次，监察法不属于行政法或刑事诉讼法，而是一门独立的部门法。在监察体制改革之前，《行政监察法》（现已失效）通常被归入行政法学这一法学部门，这没有太大的争议。但是在监察体制改革之后，监察权已经从行政权中独立出来，成为和立法权、行政权、司法权并列的"第四权力"，人大领导下的"一府两院"也演变为了"一府一委两院"的格局，此时再把《监察法》归为行政法已经不合时宜。《监察法》和《刑事诉讼法》在内容和性质上更是差别甚远。因此，《监察法》是一门新型的、独立的部门法，其制度结构和规范体系与传统的行政法、刑事诉讼法有着较大的不同。

最后，《监察法》是集实体法、程序法、组织法于一身的综合性法律，而非纯粹的程序法或组织法。从内容上看，《监察法》的制度规范具有广泛性和多元性，既涉及监察机关及其职责、监察人员，也涉及监察机关及其工作人员的法律责任，更有监察管辖、监察权限、监察程序、监察证据等内容，因此是调整国家监察领域的一部综合性法律，既包含实体法、程序法，也包含组织法。[1] 这种综合性立法模式和国家监察体制改革的整体背景密切相关。立法者考虑到分别立法的模式成本较高、周期较长，为了保障各级监察委员会工作的规范、有序运行，尽快将监察权纳入法治的轨道，在制定《监察法》时采取了综合立法的模式，即先制定一部综合性的、框架性的监察法典，随着时机的成熟，再制定《监察官法》《公职人员政务处分法》。今后，立法者还可以根据监察实践的需要，再逐步制定《监察委员会组织法》《监察

[1] 参见莫纪宏：《准确把握监察法的属性》，载《中国纪检监察》2018 年第 7 期。

程序法》《留置场所法》等单行法律。

(二) 监察法学的学科定位

监察法学是研究监察法律规范的法学学科。监察法学的学科定位，除了要考虑到《监察法》的性质和地位以外，还要兼顾当前的学科发展需要。目前，学界对监察法学的学科定位同样存在争议。有学者认为，监察法学是一门独立的二级学科，这种定位符合学科建设的规律和方向。[1] 有学者认为，监察法学除了需要具备独特的研究对象、研究范围、知识话语体系以外，还需要具备独特的研究方法，才能成为二级学科。[2] 换言之，监察法学在未来满足一定的条件后，可以成为二级学科。也有学者认为，监察法学是一门融合了宪法、行政法、刑事诉讼法等内容的，带有交叉性和融合性的三级学科。[3] 还有学者认为，监察法学是宪法学之下的分支学科。[4] 笔者认为，监察法学具有独立性，是一门独立的法学二级学科，理由如下：

第一，监察法学有其独特的研究对象，即监察法律规范和监察法律制度。国家监察制度是目前传统的法学二级学科无法涵盖的法律现象，其既不属于宪法领域，也不属于行政法领域或诉讼法领域。尽管监察制度起源于行政监察，但是国家监察体制改革后，监察权便不再属于行政权，而是属于和行政权、司法权并列的新型权力。这种转变有利于实现国家监察的全覆盖，将公权力关进制度的笼子里。目前，监察法学的学科建设还处于起步阶

〔1〕 参见卢希起：《监察法学学科建设若干问题初探》，载《北外法学》2019 年第 1 期。

〔2〕 参见秦前红：《监察法学的研究方法刍议》，载《河北法学》2019 年第 4 期。

〔3〕 参见马怀德主编：《监察法学》，人民出版社 2019 年版，第 2 页。

〔4〕 参见谭宗泽等主编：《监察法学》，高等教育出版社 2020 年版，第 16 页。

段，难免出现师资力量不足的问题。动员宪法学者、行政法学者、刑事诉讼法学者来支援监察法学的研究，作为权宜之计，也是可取的。但是随着监察法学博士队伍的不断壮大，以及监察法学科队伍的不断增强，有必要建立一支专门从事监察法学研究的科研队伍，而不是继续从其他二级学科"借调"。

第二，监察法学有其独特的理论工具和知识体系，不能简单套用行政法或诉讼法的相关理论对其进行解释和分析。由于权力的构造和价值目标不同，监察权在运行规律上不同于行政权和司法权。行政权是管理国家行政事务的权力，其主要针对的对象是行政相对人，具有强制性，因此行政法学的核心关注点在于"行政行为"。司法权是国家专门机关解决纠纷的权力，具有三方性，作为裁判者的司法机关，必须秉持中立性、独立性，以公开、言词的方式来认定事实和适用法律，因此诉讼法学的核心概念在于"程序公正"。就监察法学而言，监察权针对的对象是全体公职人员，具体内容包括监督、调查和处置三项。为了实现反腐败的权威高效，程序公正可能要适度让位，反腐败的效果和深度是国家监察的重要价值目标之一。

第三，监察法学适应了国家监察体制改革的需要，为国家治理体系和治理能力的现代化提供了智力支持。党的十八届四中全会提出："加快推进反腐败国家立法，完善惩治和预防腐败体系，形成不敢腐、不能腐、不想腐的有效机制，坚决遏制和预防腐败现象。"2016年，国家监察体制改革试点正式启动。2018年，《监察法》正式颁布实施。任何重大制度的改革都必须要有一定的人力基础和理论支撑，需要有越来越多的人投入进来。在这一背景下，各大高校的监察法学科也应运而生，不断为国家监察制度的顶层设计出谋划策，为各级监察机关输送越来越多的专门人才。如果将监察法学定位为三级学科或者交叉学科，不利于监察理论的发展和监察专门人才的培养，也无法起到充分为国家监察体制改革提供智力支持的作用。

（三）监察法学的研究意义与价值

作为新型的法学二级学科，学界应当充分认识到发展和研究监察法学的重大理论意义和实践价值。这种意义与价值不仅体现在学科本身的理论研究层次上，而且表现在人才培养、科学研究、社会服务、文化传承与创新等各个方面。

首先，发展和研究监察法学可以加快培养专门的监察理论人才和监察工作队伍。高素质的监察法治人才是全面推进依法治国，建设社会主义现代化法治国家的重要保障。习近平总书记在考察中国政法大学时明确指出："法治人才培养上不去，法治领域不能人才辈出，全面依法治国就不可能做好。"发展和研究监察法学，可以通过提升监察法学教育的专业化水平，加强对监察法治人才的系统教育和培养，同时加强理论和实践的联系，促进"校监合作"，为监察法治人才培养提供监察实践的机会和平台。[1]

其次，发展和研究监察法学可以完善国家监察的知识体系，构建科学完备的监察理论。目前，监察理论的研究刚刚起步，仍有诸多重大问题亟需理论界予以解决和回应。例如，监察独立和党的领导的关系，监察范围的界定标准，监察监督的方式和功效，监察调查的权利保障，留置的法律控制，监察程序和刑事诉

---

〔1〕 参见张云霄：《监察法学研究体系略论》，载《黑龙江省政法管理干部学院学报》2020年第1期。

讼的衔接，监察机关的内部监督和制约机制，监察人员的法律责任，等等。发展和研究监察法学，可以解决诸多现实问题，应丰富和发展监察法学的相关理论，构建具有中国特色的、符合我国国情的监察法学理论体系。

最后，发展监察法学可以为全面从严治党及法治化反腐提供理论指引和智力支持。推动国家监察体制改革及制定《监察法》的一个初衷，便是推动国家监察全覆盖，构建一个集中统一、权威高效的国家监察体制。但是，开展国家监察工作必须遵循法治的基本原则，有法可依，有法必依，必须用法治思维和法治方式打击腐败。法学可以分为理论法学和应用法学，监察法学主要属于应用法学。作为应用法学，监察法学主要研究现行的具体制度，强调研究的实践性和应用性，为国家发展的大局而服务。监察法学研究的任务体现在两个方面：一是推动反腐败国家立法，为国家的立法工作提供理论支撑；二是推动监察执法工作的开展，通过探寻监察权的运行规律和运作机制，发挥监察法学理论对监察工作的规范和指引作用，推动反腐败的规范化、法治化。

二、监察法学的研究对象与研究方法

研究对象和研究方法标志着一个学科的成熟。监察法学之所以能够成为一门独立的法学二级学科，是因为其拥有独特的研究对象和研究方法，这是划分监察法学和宪法学、行政法学、刑事诉讼法学以及国家监察学的根本标准。

（一）监察法学的研究对象

监察法学的研究对象主要是与监察有关的法律问题，即监察法律现象以及它们之间的关系。[1] 具体而言，包括以下三个方面：

1. 监察法规范

作为一门法学的内部学科，监察法学当然首先关注与监察有关的法律、法规等规范性文件。在所有与监察有关的法律文件中，《宪法》是位阶最高的，《宪法》中有关监察委员会的相关规定，奠定了我国监察体制的根基，任何下位法都不得与其相冲突。在法律层面，《监察法》是最为重要的，其对国家监察制度的规定内容最全、覆盖范围最广、法律适用最为频繁。除了《监察法》，监察法律还包括《公职人员政务处分法》《监察官法》等。此外，监察法规、党内法规、司法解释也属于监察法学的研究对象，研究者不应忽视。

通过对上述法律规范的研究，可以进一步加深对我国监察制度的理解。我国监察制度的基本要素至少包括以下三个方面：其一，监察主体。国家监察委员会和地方各级监察委员会是行使监察权的法定主体，除此之外其他任何机关和个人无权行使监察权。监察机关上下级是领导关系，但同时又受到同级党委的领导。监察机关内部实行集体负责制，即重大事项需经委员会集体讨论决定，个人意志应当服从于集体意志。此外，监察官制度、派驻监察、派出监察、监察机关和其他国家机关的关系等问题，也都属于监察主体之下的具体问题。其二，监察对象。监察范围划定了监察权的作用范围，即哪些人的哪些事受到监察机关的监察。《监察法》第 3 条规定，监察机关依照本法对所有行使公权

---

〔1〕 参见秦前红、石泽华：《新时代监察法学理论体系的科学建构》，载《武汉大学学报（哲学社会科学版）》2019 年第 5 期。

力的公职人员进行监察，调查职务违法和职务犯罪，开展廉政建设和反腐败工作。这标志着监察对象界定标准从"身份标准"向"行为标准"的转型，实现了国家监察的全覆盖。其三，监察权。根据《监察法》第 11 条，监察权包括三项权能：监督、调查和处置。其中，监督是监察的基础，没有监督权，调查和处置就无从谈起；调查是核心，也是监察机关惩罚腐败的重要手段；处置是保障，是保障前两项权能得以实现的落脚点。

2. 监察法实践

除了监察法律规范，监察法学还应当密切关注我国的监察实践。法学是一门实践性学科，离开了实践，监察规范和监察理论再发达也是纸上谈兵。对于实践中较好的做法，学界要善于总结、提炼规律、提出理论、进行推广、完善立法。对于实践中的难题，学界要善于发现问题、分析原因、总结教训、提出对策。为了更好地促进监察理论和监察实践的良性互动和有机统一，学界应当促进高校和实务部门的合作，打破体制壁垒，将监察实务部门中的优质实践资源引进高校，促进法学教育、法学研究者和监察工作者之间的交流。[1] 高校还可以和监察实务部门合作建立实训实践基地，确保学生掌握监察实务技能，从而更好地提高就业质量和工作能力。此外，高校也可以联合知名学者和实务部门的有关专家开展继续教育培训，提高监察人员的职业素养和理论功底。

当然，要想深入促进理论和实践的结合，需要监察机关的大力配合和支持。目前，我国监察系统的组成人员主要以原纪检干

〔1〕 参见金承光：《〈监察法〉施行后的理论、实务与人才培养探索——"2019 年监察法理论与实践暨监察人才培养"学术研讨会综述》，载《西南政法大学学报》2019 年第 3 期。

部为主，以及少部分检察机关职务犯罪案件的侦查人员，其法治意识还有待提高。中央纪委、国家监委对监察工作的保守态度也会影响监察部门和高校、学者之间的合作。笔者认为，监察机关首先是法治机关，是宪法、法律的执行者，应当秉持公开、透明的原则执法。对于实践中的典型案例、重要数据，可以在经过适当处理后予以公开，这有利于消除监察工作在民众心中的"神秘感"，有利于社会对监察工作的监督，也有利于监察法学的发展和繁荣。

3. 监察法原理

除了法律规范和法律实践，监察法学者更应该关注对监察法原理的研究。学者的任务是从现象到本质，提出具有原创性的理论。至于如何修改法律，那是立法者的任务，而非学者的强项。相比宪法、诉讼法，监察法原理仍然十分薄弱，这和学科发展史密切相关。对于监察法原理的研究注定是一个漫长的过程，短期之内很难有丰硕的成果。正是因为如此，才能显现出监察法原理的宝贵之处。在对监察法原理的研究过程中，应当格外注意法学一般理论和中国实践的有机结合，不能简单借鉴历史经验或者移植国外理论，而应当体现中国之特色，否则理论便会很快丧失解释力和生命力。

在对监察法原理的研究中，部门法哲学的研究方法和交叉学科的研究方法不可或缺。部门法哲学的方法，主要是从现有法律现象中进行抽象、概括、提炼，逐渐上升为一般规律。在传统部门法中，这种方法被广泛使用。例如，在刑事诉讼法学界，学者们在比较研究和实证研究的基础上提出了刑事诉讼目的论、价值论、构造论、职能论等诸多理论，这些理论的提出对于完善我国刑事司法制度起到了重要的作用。监察法学同样应当注重发展基础理论，而不应只关注监察规范和监察案例等形而下的事物。

（二）监察法学的研究方法

研究方法是一个学科区别于另一个学科的主要判断标准。相比纪检监察学、国家监察学等政治学下的二级、三级学科而言，监察法学有着明显的法学学科特点，但同宪法学、行政法学、诉讼法学相比，监察法学又有其自身的特色。需要说明的是，尽管在宪法学视角、行政法学视角、刑事诉讼法学视角，乃至政治学视角对于监察法学的研究都是必要的，但是不应各自为学、毫无互动，这样的研究会导致由于自身学科的视野局限性限制研究的系统性和完整性。从长远角度来看，应当培养一批专门从事监察法学研究的学术队伍，深入监察法的内部进行系统研究，在坚持以法学为主要研究方法的同时，将多种研究方法融会贯通，繁荣监察法学的学术科研。[1]

1. 法教义学研究方法

监察法学是法学的内部学科，其主要的研究对象是监察法律规范，这些因素决定了法教义学方法必然是监察法学最主要的研究方法。所谓法教义学方法，是指以法律规范为前提，开展体系化与解释工作的规范科学。从广义上讲，注释法学、规范法学、法解释学都可以算作法教义学的一部分。监察法学在早期的发展过程中，也需要从对相关条文的释明工作做起。但是，法教义学的更高境界，是对实践问题的体系化、理论化，实现法律续造和漏洞填补的功能，在这一问题上，监察教义学仍然有很大的发展

---

〔1〕　参见张云霄:《监察法学研究体系略论》，载《黑龙江省政法管理干部学院学报》2020 年第 1 期。

空间。毕竟，监察法存在的目的是指导监察案件正确适用法律，而监察法是滞后的、不完善的，无法适应千变万化的监察实践。法律存在的空白和漏洞，需要监察教义学这一法律技术予以解决，甚至以监察教义学方法引导未来法律的修改。

2. 实证研究方法

对于监察法学的研究，如果只关注法律规范本身，脱离监察实践和司法实践中存在的问题，会导致学术研究和实践的脱节，难以起到引领法律变革的作用。同时，监察体制改革效果的评估也需要密切联系实践，仅靠纯粹理论的抽象和提炼未必能够提出符合中国国情的法学理论。通过实地考察、发放问卷、个案研究、座谈会等方法，可以更好地了解一线监察人员最关心的问题，以及问题背后的成因，从而提出富有建设性的对策。当然，如前所述，开展实证研究的前提是监察机关乐于接受外界，尤其是高等院校、科研院所的介入，而不是心存芥蒂，排斥学术研究。监察机关可以吸取检察机关、审判机关的相关制度改革经验，在工作的公开、透明问题上加强制度建设。

3. 法哲学研究方法

所谓法哲学研究方法，是指运用抽象、思辨、系统化、理论化的方法去研究法律现象，透过问题看本质。对于监察法学原理的提炼，离不开法哲学研究方法的运用。在法学中，常用的法哲学研究方法包括模式分析法、价值分析法等。通过对不同监察制度的概括和比较，可以跳出监察法的视野，上升到部门法哲学的高度去审视每一项制度的优劣得失。通过对不同价值的取舍和权衡，可以将制度背后所欲保护的利益分门别类，区别对待，从而实现整体利益的最大化。需要说明的是，监察体制改革的初衷是为了深入反腐、实现国家监察的全覆盖，但是监察体制改革的价值和监察法的价值不完全相同，作为法律，监察法的首要价值是依法监察，将国家监察工作纳入法治的轨道，即限制监察权的恣意行使、保障人权，同时兼顾反腐败的效率和效果。

4. 比较研究方法

由于域外国家法治建设起步较早，具有一定的经验可供吸收借鉴，于是比较研究方法成为学科发展早期常用的一种方法。"他山之石，可以攻玉"，在监察法学领域也是如此，通过对域外有关监察制度的深入、全面研究，可以为健全我国监察法律制度提供新的思路。目前，已经有学者对韩国、新加坡及北欧等国家的监察制度进行了系统考察，并总结出了若干可资借鉴的启示。当然，比较法学研究不仅仅可以进行国别上的比较，还可以进行不同部门法上的比较，例如监察程序、行政程序和刑事诉讼程序的比较，留置和强制措施的比较，监察证据和刑事证据的比较，监察官和司法官的比较，监察机关领导体制和纪委领导体制的比较，等等。当然，比较只是一种分析的工具，研究者在进行比较研究时，不应为了比较而比较，而是要坚持问题导向，以分析问题为中心，以解决问题为最终的落脚点。

5. 历史研究方法

以史为鉴，是人文社会科学常用的一种研究方法。通过对历史上该制度演进发展过程的梳理，总结相关经验和教训，可以更好地审视当前制度建设存在的问题，站在前人的肩膀上提出富有开创性的见解。我国自古以来就有发达的监察制度，各个朝代称呼不同。监察制度是中华法系的重要特色之一，是古代封建国家较为重视的国家治理手段之一。从零星条文到专门的法典，从依附于其他制度到独立成篇，古代监察制度的历史发展证明了中华民族在运用法律治理官吏、约束权力等方面具有独特智慧。在对古代监察制度的研究中，研究者应当保持中立的、客观的立场去评价，不应过分夸大也不应过分贬低，而应取其精华、去其糟粕，正确对待历史的发展。

6. 跨学科研究方法

所谓跨学科研究方法，是指打破传统的学科分类，采用其他学科或多学科的方法来研究一项事物。由于在法学内部，各个部门法学的方法大体类似，均以规范研究为主，因此跨学科方法主要是指跨一级学科，即采用经济学、政治学、社会学、心理学、哲学等方法来研究法律制度。这种跨学科研究方法，可以扩展研究者的视野和思路，有利于增强研究成果的综合性、全面性。

三、监察法学的知识体系

尽快构建监察法学的知识体系，是加快发展监察法学的重要任务之一。目前，学界对于监察法学理论体系的研究，仍然相对薄弱，缺乏统一的认识。但是要想让监察法学真正能够在法学内部占有一席之地，充分指导我国的监察实践，就必须注重对知识体系的研究。部分学者对监察法学的知识体系提出了自己的见解。有学者认为，"监察法学的理论体系应当以监察法律关系为主线，由四个主要部分构成，即主体论、权责论、程序论以及制裁论。"[1]有学者认为，监察法学的主要内容包括监察法基本理论、监察法的发展和比较、监察机关、监察行为、监察程序、对

―――――――――

〔1〕 封利强:《监察法学的学科定位与理论体系》，载《法治研究》2020 年第 6 期。

监察机关和监察人员的监督、法律责任七个部分。[1] 也有学者提出，监察法学的主要范畴包括监察法与监察法治、监察权（力）与监察权利、监察机关与监察对象、监察行为与监察责任。[2] 笔者认为，监察法学的知识体系，不等于监察法的体系，也不必然和相近部门法的知识体系相同。监察法学的知识体系应当结合监察法自身的特点，全面概括和总结监察法的相关理论，并随时更新。具体而言，监察法学的知识体系包括以下四个方面。

（一）监察原理论

所谓监察原理，也可以理解为监察法总论，也即在所有监察法律制度和监察法律实践的基础上对监察法学进行抽象研究，类似于部门法哲学的地位。这一部分主要对应《监察法》的第一章"总则"，但又不局限于总则的内容。具体而言，监察原理论的内容可以包含以下几个方面：其一，监察法概述，即"监察""监察权""监察法""监察法学"等基本概念的含义。准确地界定相关概念的内涵和外延，是讨论监察法学的前提和基础。其二，监察法的历史发展。中国古代的监察制度改革，以及近年来的监察体制改革，都可以在这部分予以讨论。其三，监察法的中国特色。我国监察法在诸多方面体现了和其他部门法的不同，例如强调坚持党的领导，统领性、综合性的立法模式，监察机关权威专责的法律地位，监察对象的全覆盖，一元化复合型的监察程序，等等。其四，监察法的基本原则。具体包括依法监察原则、坚持

---

〔1〕 参见马怀德主编：《监察法学》，人民出版社 2019 年版，第 17 页。
〔2〕 参见秦前红、石泽华：《新时代监察法学理论体系的科学建构》，载《武汉大学学报（哲学社会科学版）》2019 年第 5 期。

党的领导原则、监察权独立运行原则、互相配合互相制约原则、当事人权利保障原则、监督优先原则。其五，监察法的目的和价值。监察法的目的和价值，不能简单地从深入反腐的角度设定，而应当坚持多元化的目标，秉持法治的基本精神。笔者认为，监察法一方面旨在为监察权的有效运行提供法律依据，另一方面是约束监察权的行使，明确监察权的边界，促进反腐败的规范化和法治化。如果仅仅是为了打击腐败，只需要设立监察机关而不需要制定监察法。需要说明的是，监察原理论是一个高度开放的知识结构，未来学界关于监察法学基础理论的优秀研究成果，均可以置入进来，丰富监察法的基本原理。

（二）监察体制论

所谓监察体制，是指监察法律关系中最为根本的制度和机制。监察体制决定监察程序的基本构造，是监察权配置的法律依据。监察体制论的内容可以包括以下四个方面：其一，监察机关。监察委员会是行使国家监察职能的专责机关，是独立于"一府两院"的新型国家机关。我国各级监察委员会的组织形式是委员会制，内部领导体制实行混合制，即在重大事项上实行集体负责制，一般事项上实行个人负责制。监察机关的职责包括监督、调查和处置，其中，监督是基础，调查是核心，处置是保障。其二，监察人员。监察人员是根据《监察法》的规定享有监察权力并承担相应义务的人员。监察人员不仅包括监察官，还包括派驻机构的监察人员和派出的监察专员。其三，监察对象。监察对象又称监察范围，指何种类型的人可以进入监察权的视野，由监察机关对其进行监督、调查、处置。监察对象（监察范围）是监察权运行的逻辑起点，监察范围的界定涉及监察权的大小和边界。

我国在监察对象的界定标准问题上采取行为标准，即只要能够行使公权力均应当作为监察的对象，纳入"公职人员"的范围，从而为实现"国家监察全覆盖"奠定基础。其四，监察管辖。监察管辖是指确定对某一监察事项应由哪一级或者哪一个监察机关办理的法律制度。我国的监察管辖制度包括地域管辖和级别管辖两个方面。同时，对于有争议的案件管辖问题还应当确立变通和补充规定。

（三）监察程序论

所谓监察程序，是指监察机关在履行监督、调查、处置职责时所应当遵守的程序性规范。《监察法》主要是由程序性规范构成的，监察程序是《监察法》最为核心的部分。监察程序论具体包括四个部分：其一，监察权限。监察权限是指监察机关为履行职能所行使的权力和限度。监察职责是监察权限的前提和基础，监察权限是监察职责的保障。监察监督的权限包括谈话、检查、廉政教育等非强制措施，带有限制人身自由或限制财产权的强制措施只能在立案调查后行使。监察调查的权限包括谈话、要求作出陈述、讯问、询问、查询、冻结、搜查、调取、查封、扣押、勘验检查、鉴定、留置、技术调查、通缉、限制出境。监察处置的权限包括谈话提醒等非处分措施、政务处分、问责、移送审查起诉、提出监察建议。对于诸如留置等重大的监察措施，必须严格遵循法律所为其设定的条件和程序来行使，不得随意超越法律的边界。其二，监察程序。程序的目的是约束权力、防止恣意，程序决定了法治与恣意的人治之间的基本区别。我国的监察程序包括监督程序、调查程序和处置程序。由于监察监督通常不涉及人的实体性权利，因此《监察法》对监督程序没有特殊要求，主要是对调查程序和处置程序进行规制。调查程序又可以分为问题线索处置程序、立案程序、调查程序、留置程序和审理程序。在监察程序中，监察机关应当牢牢遵守法定原则、公开原则、协调与制约原则、履行审批手续原则和保护当事人合法权益原则。其三，监察证据。不同于三大诉讼法，我国《监察法》并没有对监察证据进行专章规定，而仅仅在第 33 条和第 40 条进行了原则性的规定。但是，监察证据的地位在实践中不言而喻，其是确保监察案件事实认定准确性的重要方法。对于监察证据的研究，学界可以结合监察实践的需要，重点探讨证据种类、证据规则、非法证据排除、证据移送、证明标准等实务界最为关心的问题。其四，监察监督。监察权是监督公职人员的国家权力，其也应当受到充分、有效的监督。目前，监督监察权的方式主要有：人大监督、民主监督、社会监督、舆论监督、内部监督和其他监督。其中，内部监督的方式最为重要，因为其可以形成逻辑闭环，也不损害监察机关的独立性，在监督的效果上也比其他监督方式更为切实、可行。

（四）监察责任论

所谓监察责任，是指任何主体违反了《监察法》的有关规定所应当承担的不利法律后果。《监察法》一方面是为了确保国家监察工作的顺利进行，防止阻碍国家监察的情形发生，另一方面是规范监察权依法行使的规范，如果任何人（包括监察机关、监察人员、其他单位和人员）违反《监察法》的规定，阻碍国家监察的顺利进行，都应当承担不利法律后果。监察程序是程序控制，监察责任则是实体控制。监察责任具体包括四项：有关单位的法律责任，有关人员的法律责任，监察对象与控告人、检举人、证人的法律责任，监察机关及其工作人员的法律责任。需要说明的是，监察责任并非《监察法》新创设的法律责任类型，而是一个集违纪责任、违法责任、刑事责任、国家赔偿责任等传统法律责任于一体的复合型法律责任。《监察法》既是有关监察责任的实体法，也是保障监察责任得以实现的程序法，这种模式在理论上可以称为"监察法的自我实施"。

四、结语

党的十九届四中全会提出："推进纪检监察工作规范化、法治化"。监察体制改革和《监察法》的出台，是党中央运用法治思维和法治方式反对腐败的重要成果。为了进一步巩固这项成果，为国家监察事业培养和输送监察人才，提供理论指导和智力支持，大力发展监察法学这一法学二级学科势在必行。"法治是国家治理体系和治理能力的重要依托"，"法治兴则国兴，法治强则国强。"监察权的行使，同样需要遵守法治的基本逻辑。全面推进依法治国的一项基本要求，是实行"依法治官"，努力构建完备的监察法律体系，将权力关进制度的笼子里。不同于纪检监察学和国家监察学，法治思维是研究监察法学最重要的思维。学界应当抛弃传统的政治学视角，打破原有的思维定式，从监察技术的层面上升到制度建设的层面，以《宪法》和《监察法》为立足点，关注监察体制背后的法律问题，逐步构建起监察法学独立的知识体系，并早日形成监察法学研究共同体。

论鉴定式案例分析方法的本土化价值[*]

◎ 于程远[**]

摘　要：鉴定式案例分析方法与请求权基础思维方法不同，二者虽然在民法中紧密结合，但应当对二者予以区分，鉴定式案例分析方法具备更为广阔的适用空间。鉴定式案例分析方法是一种微观的、逻辑的、体系的案例分析方法，可以在教学活动中带动学生思维方式的转变，强化学生理论联系实际的能力，进一步提高学生的研究能力。鉴定式案例分析方法有其局限，主要体现在较高的成本与风险两个方面。鉴定式案例分析方法是一种极佳的法学案例教学方法，具备在本科教育中普及的价值。

关键词：鉴定式案例分析　请求权基础　本科教育三段论　案例教学

---

[*]　本文系中国政法大学民法学青年学术创新团队（19CXTD01）阶段性研究成果。
[**]　于程远，中国政法大学民商经济法学院讲师。

近年来，鉴定式案例分析方法成为法学教育领域十分引人注目的"新星"，该方法在收获大量关注与支持的同时也引发了的诸多争议，其中最主要的担忧在于，这一源自德国的案例分析方法是否会在我国水土不服，陷入尴尬境地。[1] 毫无疑问的是，对德国案例分析方法的学习与借鉴绝不应变成对德国法学教育方法的亦步亦趋。鉴定式这样一种与德国思维方式、法学传统甚至德语表达习惯紧密相连的案例分析"格式"，本不可能百分之百地照搬到我国的法学教育中来。我们既应当正视和承认鉴定式案例分析方法在思维训练、实践导向以及科研能力培养方面的优越性，也应当看到这一方法因其成本和存在的风险而受到的局限。

一、鉴定式与请求权基础思维的区分与结合

尽管近年来鉴定式案例分析方法成为一个炙手可热的概念，但对于究竟何为鉴定式案例分析方法，教学活动中并未真正形成统一的意见。在民法的鉴定式案例教学活动中，鉴定式分析方法与请求权基础思维方式紧密结合，[2] 也因此使得二者经常被混淆，从而带来一系列诸如"形成权的论证是否适用鉴定式方法""合同无效的论证是否适用鉴定式方法"的问题。因此有必要先行对该问题进行说明。

---

[1] 参见季红明：《德国法律人培养模式对中国法学教育的借鉴意义》，载《中南财经政法大学研究生学报》2018 年第 3 期，第 13 页。

[2] 参见朱晓喆：《请求权基础实例研习教学方法论》，载《法治研究》2018 年第 1 期，第 25 页。

（一）鉴定式与三段论推理方法

1. 鉴定式的解题步骤

从最广泛的意义上看，鉴定式案例分析方法本不涉及请求权的概念。正如夏昊晗老师所指出的，鉴定式案例分析方法是"德国法学院在教学中所采用的一种案例分析方法或者说模式。'鉴定式'系'判决式'的对称，用于强调此种方法先假设所有可能的情况、再逐一进行论证、最后得出结论的特点。在解答案例时，对于涉及的每一个法律问题，鉴定式均要求学生严格遵循设问—定义—涵摄—结论的步骤"[1]。鉴定式的核心并不在于请求权基础思维，而是在于通过"设问—定义—涵摄—结论"的步骤，将三段论的推理有效地运用到具体案例的解决之中。在这一过程中，每一个步骤都有其自身的意义与价值。

（1）设问。设问的目的在于为接下来的论证设定目标与终点，其通常的表达方式为"甲可能依据某某条文向乙主张如何如何"，此处采用假设的方式，进而在接下来的论证中检验该假设是否成立。在完成设问之后，接下来的全部论证都应当指向设问中意图证明的结论，也只能指向该结论。例如当设问为"甲可能依据《民法典》*第 147 条主张撤销合同"，则接下来的论证应当对《民法典》第 147 条规定的构成要件进行拆解，并逐一检验各个构成要件是否得到满足。如果各个要件均被满足，则其结论为甲"能够"依据《民法典》第 147 条主张撤销合同。需要注意的是相关的论证也就终结于此，在鉴定式之中，不存在完成对设问的论证之后，再以"题外话"的方式说明，甲在根据《民法典》

---

〔1〕　参见夏昊晗：《鉴定式案例研习：德国法学教育皇冠上的明珠》，载《人民法治》2018 年第 18 期，第 33 页。

　*　本文中提及的《民法典》皆为《中华人民共和国民法典》，特此说明。

第 147 条撤销合同之后，还可以根据《民法典》第 157 条的规定请求返还已经给付的价款。因为其论证已经终止，结论已经得出，论证的任务已经完成。如果要探究甲是否可以向乙请求返还价款的问题，则应当改变设问，假设"甲可能依据《民法典》第 157 条向乙请求返还已经给付的价款"，则此时拆解出的构成要件与此前便不再相同。就此例而言，《民法典》第 147 条规定的是法律行为的可撤销事由之一，即因重大误解的撤销，而《民法典》第 157 条规定的则是法律行为被撤销后的法律后果，其中包含返还给付。因此当以是否能够返还给付设问时，论证者需要寻找合同被撤销的"事由"以满足《民法典》第 157 条的构成要件，而该事由需要从《民法典》第 147 条中找寻，后者此时成为前者的构成要件之一。

（2）下定义。下定义的过程实质上是拆解构成要件的过程。在完成设问之后，论证者便需要分析，如果要得出假定的结论必须满足哪些构成要件，并且进而对该要件进行描述，从而为接下来的涵摄奠定基础。在下定义时，论证者并非一成不变地誊抄教科书上的定义，而要以论证任务和定义功能为导向。例如在论证"甲可能依据《民法典》第 1165 条第 1 款向乙主张损害赔偿"时，可能需要证明甲的"权利"受到了侵害，此时则需要对何为权利做出定义。那么对于该设问而言，有价值的定义绝非"依据法力说，权利是可以享受特定利益的法律上之力"，如此定义对论证而言毫无价值。之所以在此处定义权利，实际上是为了实现绝对权、债权以及纯粹经济损失的区分，三者在侵权法上的保护力度完全不同。[1] 此时如果抛开学理对侵权法的保护范围的讨论而从一般意义上空谈"何为权利"，显然是毫无意义的。

（3）涵摄。所谓涵摄，指的是将具体的案情带入抽象的构成要件，比较、检验其是否成立的过程。过往的案例分析实践中，学生通常会养成"重规则，轻分析"的习惯，认为只要引出法条，说明抽象规则，论证即告完成。例如当考试中要求学生就恶意欺诈导致合同撤销的问题进行分析时，多数学生会回答，"因为《民法典》第148条规定，一方以欺诈手段，使对方在违背真实意思的情况下实施的民事法律行为，受欺诈方有权请求人民法院或者仲裁机构予以撤销。本案中甲实施了欺诈，所以合同可以撤销。"涵摄解决的问题是，甲在该案中究竟实施了什么行为最终被认定为欺诈？欺诈行为既可能包括恶意主动做出不实说明，又可能包括恶意隐瞒与缔约相关的重要事项，[2] 案件事实中的哪一个情节彰显了甲的"恶意"？此种"代入"与"比较"是论证分析中必不可少的步骤，鉴定式案例分析方法通过一个固定的"涵摄"步骤将其固化下来，力求培养学生良好的论证习惯，从这意义上看，鉴定式具有案例分析的规范功能。

（4）得出结论。完成上述分析之后，便可以最终得出结论，即最初设问中提出的假定成立或不成立的结论。

2. 鉴定式与三段论的结合

基于上述步骤，鉴定式分析方法与三段论推理方法存在天然

---

〔1〕 参见刘志刚：《侵权法视域下纯粹经济损失与基本权利的联结》，载《哈尔滨工业大学学报（社会科学版）》2018年第3期，第1页。

〔2〕 参见朱广新：《欺诈在法律行为范畴中的规范意义——对〈合同法〉第52条、第54条解释之检讨》，载《学习与探索》2009年第2期，第119页。

的契合。[1] 它可以有效地解决过往的法学教育中一个根深蒂固的问题：当学生在大一开始"学会"了三段论推理方法，并且明确了这一法律人赖以生存的基本技术的重要地位之后，在其后的四年本科学习生活中却可能再也没有运用过三段论的推理技术。而当鉴定式成为一种案例分析的"范式"，学生再进行案例分析时便会不自觉地运用三段论的推理技术，有利于良好习惯的养成。

鉴定式案例分析方法中，分析者在设问阶段便需要为自己的假定寻找"大前提"，在"甲可以依据什么主张什么"的范式中，甲的依据便是接下来逻辑推理的大前提。确定大前提之后下定义的步骤，实际上是进入到了小前提的推论范畴。分析者通过搜寻构成要件，并对要件下定义的方式，构筑小前提层面进一步推理的基础。而涵摄部分，则属于将案件事实带入到定义之中，检验小前提是否得到满足，从而进一步得出结论。

但是鉴定式案例分析法作为一种法学案例分析方法，其逻辑方式虽然建诸三段论之上，但观察视角却更加微观细致。以著名的"苏格拉底之死"为例，如果从鉴定式案例分析的视角观察，会给分析者带来与此前不同的感受。"人都会死—苏格拉底是人—苏格拉底会死"的三段论范式中，"人都会死"构成了推理的大前提，在法学案例分析中通常表现为某种抽象的法律规则，具体而言可能是某个法律条文。那么此时按照鉴定式案例分析法的操作规范，分析者不应过于急切地进入"苏格拉底到底是不是人"的涵摄，而应当首先对"人"这一概念下定义。在对这一概

---

〔1〕 参见任中秀：《法学本科生科研能力的培养与鉴定式案例教学》，载《黑龙江教育（理论与实践）》2020 年第 2 期，第 56 页。

念下定义时我们会发现接下来的任务远不像想象得那么简单。分析者可以从动物、哺乳动物、能够直立行走的哺乳动物、具有社会性能够独立行走的哺乳动物等生物、社会、文化、精神多个角度和层次对人的概念加以定义，例如生物学意义上人的概念与精神文化层面讲的"做人""人性"显然具有不同的内涵和外延。不同的定义带来的论证任务以及最终的推理结果有可能截然不同。而究竟哪一种定义对于当下的推理而言是有意义的，还需要进一步结合论证的任务加以区分，此处使用"人"的概念，实际上指的是"凡人"，与不朽的"神"相对，因此如果分析者大费周章地引经据典试图在理论上构造完美的"人"的概念，则实际上与论证的根本任务南辕北辙。在完成对"人"的定义之后，便需要进行涵摄，即检验苏格拉底所具备的特征，是否符合此前分析者关于"人"的定义，并在小前提层面得出苏格拉底是人或不是人的中间结论，进一步得出苏格拉底会死或不会死的最终结论。

因此，鉴定式案例分析方法从本质上看是三段论推理方法在法学案例分析中的具象化。它将逻辑学上相对复杂的关系用清晰、简单的步骤呈现出来，使学生在对案例进行分析时无须再去从逻辑上甄别"大前提"与"小前提"，而只需保持对法条规范基础、法律概念定义的敏感度即可，而纯粹逻辑上需要处理的问题，已经内化于"设问—定义—涵摄—结论"的基本架构之中。

（二）请求权基础思维方式的独立价值

请求权基础思维方式也是一种至少对民法而言极端重要的思

维方式,[1] 其意义在于将案例分析从"问题式"思维中解脱出来,转而关注当事人可能享有的请求权及其法律依据,即"谁得向谁依据什么请求什么"(Wer will was von wemwoaus)。以买卖合同无效请求返还价款的分析为例,问题式的思维方法会先对其中可能蕴含的法律问题进行甄别,则该案中至少存在例如"合同是否成立""合同因何无效""合同无效的法律后果为何""是否已过诉讼时效"等问题,然后对相关问题进行依次检验,最后得出结论。

请求权基础思维方式则首先考察当事人意图请求什么,继而结合案情进一步检查基于何种法律规定可能产生相应的法律效果。例如在合同无效返还价款的案件中,当事人的意图并非单纯宣告合同无效,而是在于"要回"已经给付的价款。那么此时需要检查的便是基于何种法律规定可能产生"返还价款"的法律效果。至此方涉及在既有的关于鉴定式案例分析方法的介绍中经常出现的所谓"请求权基础检索顺序",即按照合同请求权、准合同请求权、物权请求权、侵权请求权、不当得利请求权的顺序进行检索。[2] 之所以如此,一方面是为了全面检索请求权基础,尽量不遗漏,另一方面也是为了避免重复检验。例如在不当得利请求权的检验中,需要考察当事人受领利益是否"无法律上原因",而一个有效的合同就可能构成法律上的原因,此时便需要检验双方当事人之间是否存在成立且生效的合同,而有效成立的合同可能直接导致合同上的请求权,此时则无需再检验不当得利

---

〔1〕 参见［德］本德·吕特斯、阿斯特丽德·施塔德勒:《德国民法总论》(第18 版),于馨淼、张姝译,法律出版社 2017 年版,第 86 页。

〔2〕 清晰的划分可参见郝丽燕:《鉴定体案例分析法简述——以民法为例》,载《新西部》2017 年第 30 期,第 146 页。

请求权的存在。

与问题导向的思维方式不同的是，此时分析的起点就不再是"合同是否成立"的问题，而是"合同无效的法律后果为何"的问题，学生并非依次检验合同成立、无效事由、无效的法律后果进而"发现"其恰好能够满足当事人的需求，而是反过来检验要实现合同无效的法律效果（返还）需要满足何种构成要件。此时则需要对相关法条进行拆解，得出其构成要件的分析框架。简而言之，请求权基础思维的作用在于变"问题导向"为"结果导向"，将全部需要讨论的问题转化为最终请求权基础的构成要件，如果不能转化，则说明该问题与当事人诉求无关，原则上不需要讨论。

在对具体的请求权进行检验时，应当遵循"请求权是否产生""请求权是否消灭"与"请求权是否可执行"三层次的框架。[1] 在请求权是否产生部分，一方面需要检验请求权产生的积极要件是否满足，例如要约、承诺是否存在；另一方面需要检验是否存在阻碍请求权产生的消极要件，即权利阻却的抗辩，后者主要包括例如法律行为无效、被撤销、当事人不具备民事行为能力等事由。如果请求权基础的积极要件均告满足，且不存在权利阻却的抗辩，则可以判定请求权成立。但请求权成立并不代表检验的结束，在请求权是否消灭部分，还需要检验该已经成立的请求权是否因某些事由而消灭，即是否存在请求权消灭抗辩，例如债的清偿、免除、抵销等。如果请求权已经因为相关事由而消灭，则当事人不能主张请求权。如果请求权已经成立，且尚未消

---

〔1〕 参见郝丽燕：《鉴定体案例分析法简述——以民法为例》，载《新西部》2017 年第 30 期，第 146 页。

灭，则应当在第三步检验该请求权是否可执行。此处主要涉及对民法上各类抗辩权的审查，例如诉讼时效、同时履行抗辩权、不安抗辩权等。如果请求权已产生、未消灭、可执行，则当事人的请求权能够实现；如果请求权已产生、未消灭，但是不可执行（存在对方当事人的抗辩权），则请求权本身并不消失，至于其是否可以实现，则取决于对方当事人是否行使抗辩权。[1]

（三）鉴定式与请求权基础思维方式的结合

鉴定式案例分析方法与请求权基础思维方式的关系十分密切，在民法上二者往往是同时出现的。在鉴定式民法案例分析的课堂上，教师不可能不强调合同请求权、准合同请求权、物权请求权、侵权请求权、不当得利请求权的检索顺序，更不可能不讲授请求权产生、请求权消灭与请求权可执行的三层次检验方式。之所以如此，是因为民法上大多数的诉讼请求最终的落脚点都在各种各样的请求权之上，请求权是否成立的问题构成了民事诉讼中绝对主体的争议类型。例如上文所述合同无效返还的案件中，当事人的诉求通常不仅在于希望法院判决合同无效，而更在于基于合同的无效请求返还已经做出的给付。因此，绝大多数此类案件中，分析者依据鉴定式案例分析方法进行分析的出发点和最终的落脚点都是当事人是否基于《民法典》第 157 条享有不当得利性质的返还请求权，而不能止步于当事人是否享有撤销权，单独检验当事人撤销权的成立或者合同是否因法定事由而无效是没有意义的。当然，鉴定式案例分析方法并不局限于对请求权是否成立的分析，而是同样适用于例如确认所有权、确认合同无效等各

---

[1] 参见朱晓喆：《请求权基础实例研习教学方法论》，载《法治研究》2018 年第 1 期，第 29 页。

类型的问题之上，甚至非民法专业的其他法学领域都可运用鉴定式案例分析方法解决问题，[1] 其核心在于先寻找抽象规则，再拆解构成要件并下定义，进而涵摄的推理过程。

不同的法律部门应当逐步探索自己的鉴定式"范式"。以继承法为例，遗产的分配与其说是单个继承人依据自己的继承权请求分割特定遗产的过程，不如说是在被继承人死后针对遗产整体进行清算的过程。这一过程必然是以确定遗产范围为开端的，不属于遗产范围的财产，不能基于继承程序进行分割。然而显示生活中继承纠纷涉及的财产中很有可能夹杂着不属于遗产的财产，此时就应当首先对遗产范围进行甄别，将不属于遗产的财产排除出继承范围。[2] 例如著名的"泸州二奶案"中，丈夫立下遗嘱，将自己的住房补贴金、公积金、抚恤金、一套住房的售房款的一半（四万元）及自己所用的手机一部全都遗赠给了情妇。[3] 然而在上述诸多财产中，抚恤金不属遗产范围。公积金和住房补贴属夫妻共同财产，需要先进行析产。该案中的售房款八万元在继承时已经仅剩五万元，其一半也非遗嘱中注明的四万。事实上该遗嘱中仅丈夫自己所用的手机一部可以直接进入遗产范畴，其他部分均需要进一步分析。这就造成了请求权基础分析在设问步骤的疑难：如果单纯地以财产中的不同项目进行分别设问，则在财产种类繁多的情况下会造成大量的重复工作；如果预先将不同项

---

〔1〕 参见［德］弗朗茨-约瑟夫·派纳：《德国行政合同鉴定式案例分析：儿童游戏场案》，黄卉译，载《法律适用》2020 年第 10 期，第 141 页。

〔2〕 参见黎乃忠：《遗产范围界定的误区与修正》，载《法学论坛》2016 年第 1 期，第 79 页。

〔3〕 参见四川省泸州市中级人民法院（2001）泸民终字第 621 号民事判决书。

目进行合并处理,[1] 则实际上违反了鉴定式先假设再求证的逻辑过程,而是在事实上完成了全部的论证过程之后反过来对"确定"的结论进行"虚假"的检验。若如此,则鉴定式会丧失自身的意义和价值。因此,继承法在设计鉴定式分析范式时,不能照搬总则、合同、物权等编的范式,而应当遵循继承法固有的底层逻辑,真正从《民法典·继承编》条文出发,立足于法条的体系结构,才能设计出逻辑缜密,实用性强,体系结构完整的鉴定式范式。同样的问题还出现在婚姻法中,在离婚财产分割时,应当首先对于哪些财产属于夫妻共同财产,哪些财产属于夫妻一方的个人财产进行区分,而非直接依据当事人诉求检验其"是否有权请求对方当事人给付特定财产"。[2]

二、鉴定式方法的工具价值

鉴定式既是一种案例分析的工作方法,又是一种法学案例分析的思维模式。作为工作方法,鉴定式案例分析方法为法学案例分析提供了形式上的范式:就如同论文写作中的学术规范,法学案例分析同样需要某种规范,使得分析者不能够任凭自身喜好恣意妄为,而必须遵循一定的逻辑线索与形式规范,从而使得不同的分析者针对同一案例的分析能够保持在同样的框架之下,避免出现"鸡同鸭讲"的尴尬情况。作为思维模式,鉴定式案例分析方法作为一种微观的、体系化的、实践导向的分析方法,给既有的法学分析方法带来了重大的内在改变,在教学工作中主要体现

---

〔1〕 例如公积金、住房补贴在该案中均涉及夫妻共同财产的析产问题,二者检验步骤几乎相同。

〔2〕 参见贺剑:《夫妻财产法的精神——民法典夫妻共同债务和财产规则释论》,载《法学》2020 年第 7 期,第 22 页。

在以下方面：

（一）学习思维的改变

鉴定式案例分析方法给学生的学习思维带来了重大变化，此点十分明显地体现在日常的教学活动中。这一方法不仅给学生提供了分析案例的"框架"，还从根本上改变了学生剖析问题的视角，给学生审视、反思既有的知识提供了清晰的路径，也有助于学生深入了解本国的法律体系。[1] 从思维方式上，鉴定式案例分析方法主要给学生带来三点改变。

1. 从宏观到微观

鉴定式案例分析引领学生将案例分析的视角从宏观转向微观。例如 19 岁的甲与 13 岁的乙订立买卖合同，约定甲以 2000 元的价格购买乙价值 5000 元的手机，已经完成给付，而乙的父母得知此事，认为乙未经其同意不能将自己的手机出卖，向甲主张返还，问是否有权？在传统的思维模式之下，在案例分析中对法律问题较为敏锐的学生可能直接意识到 13 岁的乙属于限制民事行为能力人，其订立的法律行为效力待定，需要法定代理人的追认方可生效。于是学生通常会在案例分析中直接指出该问题，并以此作为最终答案。然而鉴定式案例分析则能够引导学生跳出此种问题导向型思维方式，从微观的构成要件视角探索讲授课上学习到的知识的意义。[2] 例如本案中，民事行为能力本质上是一种表意能力，是法律对于当事人能否独立有效做出意思表示的判

---

〔1〕 参见罗钢、陈正湘：《刑法鉴定式案例教学改革刍论》，载《教育观察》2020 年第 25 期，第 111 页。

〔2〕 这一变化一定程度上也得益于鉴定式分析方法与请求权基础思维的结合，参见吴香香：《请求权基础思维及其对手》，载《南京大学学报（哲学·人文科学·社会科学版）》2020 年第 2 期，第 102 页。

定，尽管我国从习惯上通常表述为法律行为的无效或效力待定，但该后果其实是当事人意思表示无效或效力待定所间接导致的。简而言之，在鉴定式案例分析方法下，分析者应当从微观层面观察到合同的有效成立需要要约、承诺两个构成要件，该案中已经成年的甲可以独立有效地做出要约的意思表示，但 13 岁的乙为限制民事行为能力人，出卖价值 5000 元的手机的行为既不属于纯获利益的法律行为，又不属于与其年龄、智力相适应的民事法律行为，因此需要父母的同意或者追认方能生效。而该案中乙的父母拒绝追认，因此乙的承诺不能发生法律效力，因此该合同不发生法律效力。由此，在鉴定式案例分析的框架之下，对于民事行为能力这一要素的检验便不再停留于意思表示之外，而真正与意思表示效力的检验有机结合在一起。这一思维过程的具体区别如图所示：

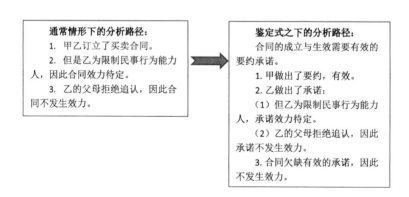

图 1　由意思表示到检验的有机结合展示

当案例变得更为复杂时，这一微观视角就可能变得极有意义。例如将上述案件稍做变化：16 岁的甲与 13 岁的乙订立手机互易合同，甲父追认，乙父拒绝，问负担行为以及处分行为的效力？这是一个对于初学者而言很容易出错的案例，学生对于负担行为的效力通常而言不存在疑问，通常会按照："甲乙之间订立了互易合同——但甲乙均为未成年人，均需要法定代理人追认——乙父拒绝追认——因此合同无效"的思路进行分析。然而当同样的思路迁移到处分行为之上时便会出现问题，因为此处存在两个处分（转让）行为，即甲将自己的手机转让给乙的行为与乙将自己的手机转让给甲的行为。此时学生在既有的分析习惯之下很容易陷入错误的思维惯性之中，即按照"甲乙之间达成了处分的合意——但甲乙均为未成年人，均需要法定代理人追认——乙父拒绝追认——因此处分行为无效"的思路判定两个处分行为均不发生效力。然而限制民事行为能力制度所影响的实质上是限制民事行为能力人所做出的意思表示的效力，其实质在于限制民事行为能力人能否独立有效地做出意思表示，这就导致了两个处分行为效力判断的不同结果。对于甲将自己的手机处分给乙的行为而言，甲需要做出转让手机的要约，该要约因甲为限制民事行为能力人而效力待定，本案中甲父进行了追认，因此该要约有效，而乙做出的接受手机转让的承诺虽然原则上也因为乙为限制民事行为能力人而效力待定，但此时则需要注意基于该转让行为，乙单纯地获得了甲手机的所有权，其实质属于纯获利益的民事法律行为，因此无须法定代理人的同意或者追认即可生效，因此本案中对于该处分行为而言，乙父的拒绝追认在法律上不产生阻止该行为生效的后果，乙做出了有效的承诺，该转让行为就此成立且生效。而对于乙将自己的手机处分给甲的行为而言，乙需要做出转让手机的要约，该要约因乙为限制民事行为能力人而效力待定，此时该转让行为会使乙丧失自己手机的所有权，因此不属于纯获利益的法律行为，此时乙父拒绝追认方可具备阻却乙的意思表示生效的法律效果，该要约不发生法律效力，因此该转让行为不发生法律效力。此时甲的承诺的效力已无须检验。

总而言之，对于知识掌握纯熟、能够一针见血地分析出问题实质的学生而言，是否采纳鉴定式案例分析方法实际上都不改变案例分析的结果，此种分析方法的意义主要在于使学生的分析节奏"放慢"下来，一步一步地按照稳妥的流程接近最终的答案，从而避免"自以为扣中了知识点"而轻率得出结论。从这一意义上看，鉴定式案例分析方法在教学过程中的优越性是不言而喻的：它虽然不能自动产生正确的知识，但却能帮助学生不自觉地拆解其中的法律问题。

2. 从重点到体系

鉴定式案例分析方法具有引导学生从零散的"重点问题"中解脱出来，学会体系化思考问题的功能。[1] 过往的案例分析习惯于将案例"简化"为几个核心争议问题，仿佛将几个核心争议问题解决之后，整个问题即宣告解决。这一过程存在一个重要前提，即被简化掉的问题已经宣告解决。所谓的核心争议问题，是在解决了其他问题之后遗留下来的难以解决的问题。但对此种方式习以为常之后，人们经常会产生一个错觉，即只要解决了某些案件中的核心问题，就等于解决了该案件，却忽略了核心问题之外的未决事项。

上述问题最典型的体现便是对于职业打假问题的讨论。对于

---

〔1〕 参见章程：《继受法域的案例教学：为何而又如何？》，载《南大法学》2020年第 4 期，第 24 页。

该问题，过往的讨论热点均集中于职业打假人的消费者身份问题上，在知网上搜索"知假买假"，最早的一篇论文可以追溯到1996年，而在二十多年后的今天，职业打假人的法律地位依旧悬而未决：一方面，《中华人民共和国消费者权益保护法》第2条明确规定："消费者为生活消费需要购买、使用商品或者接受服务，其权益受本法保护"，似乎通过明文排除了以营利为目的的职业打假人的消费者身份；但另一方面，至少在食品安全领域，职业打假人的消费者身份依旧得到认可。然而当法律使用者将目光聚焦于最高人民法院《关于审理买卖合同纠纷案件适用法律问题的解释》第24条的规定时便会发现，支持职业打假人知假买假的行为，不仅在价值衡量上产生了"以恶制恶"的效果——法律人为制造了一种新的不诚信行为，并承认其效力，而且从教义学的角度上看，该行为并不满足"欺诈"的构成要件——买受人已知瑕疵的存在，因而不具有任何信息需求，出卖人无须说明，自然也不构成欺诈。[1] 学界就职业打假人是否属于消费者，能否获得惩罚性赔偿的问题讨论了二十余年，几乎将该问题讨论成了一个伪命题。然而如果人们以鉴定式的方式对该问题进行体系化的检视便很容易发现，职业打假人若要请求惩罚性赔偿，其不仅需要满足"职业打假人属于消费者"这一构成要件，还需要满足"存在出卖人恶意欺诈"这一要件。但过往的研究却鲜少思考，一个已经知道标的物存在瑕疵的买方，还能够"被骗"吗？由此可以看到，鉴定式案例分析方法带来的体系性思维，不仅仅在学生阶段可以产生作用，还会对学生未来的思考方式、观察案

---

〔1〕 参见于程远：《论先合同信息风险分配的体系表达》，载《环球法律评论》2020年第6期。

例的视角产生长远的影响。

3. 从盲目到主动

鉴定式案例分析方法的运用，可以引导学生从盲目、被动接受老师灌输的分析结论，到主动辨识、甄选不同的论证方法，主动搜集、摄取可能的论证资料。仍以上文所述职业打假为例，学生在运用鉴定式分析方法对职业打假的案例进行分析时，通常均不满足于查到的论文中关于职业打假人是否为消费者的讨论。因为学生清楚，即便职业打假人具备消费者的身份，其请求权最终可能也难以成立，此时则需要主动搜集我国法律制度中与恶意欺诈相关的文献资料，查明我国司法实践中对于欺诈是如何认定的。

此种从盲目接受到主动思考的转变，其内在动因源自鉴定式案例分析方法极强的可操作性。在鉴定式案例分析方法下，学生受到引导，将一个又一个宏观的、抽象的法律问题，转变成一个又一个微观的、清晰的、具体的构成要件。由此就避免了学生在"高深"的理论面前不敢说话的窘境，他们可以能动地运用所学到的法律解释、续造方法，结合相关的理论、实践成果，对既有的法条进行拆解、分析。而这些工作在既有的文献成果中，往往是理论研究无法顾及、甚至不屑于去做的。学生需要自主分析各个知识点之间的内在机理，在运用中体会、理解各个法律条文在体系中的定位以及相互之间的配合适用方法。[1] 此种从"甲说、乙说、丙说"，到"我认为，法条说"的转变，对于激发学生能动性，培养独立思考的习惯，有着极大的助益。

---

〔1〕 参见陈文、王中昊：《鉴定式案例分析教学法刍议》，载《中国多媒体与网络教学学报（上旬刊）》2020 年第 4 期，第 131 页。

（二）实践导向的强化

鉴定式案例分析方法能够有效地提升案例分析的实践导向。案例教学本身就是与实践相结合的教学方法，鉴定式案例分析方法能够在既有的案例教学基础上进一步强化理论联系实际的效果。

此种效果的强化得益于鉴定式案例分析方法微观、具体的观察视角。每次鉴定式案例的分析过程都是一次对既有知识体系的梳理。学生在这个过程中受到方法的强制，不得不去思考法条在各种案例类型中的适用顺序与适用逻辑。[1] 例如《民法典·继承编》第1155条规定："遗产分割时，应当保留胎儿的继承份额。胎儿娩出时是死体的，保留的份额按照法定继承办理。"该条在理论与实践中一度被认为确立了胎儿继承的权利能力。然而如果仔细思考、比较胎儿继承权利能力的既有理论与《民法典·继承编》第1155条的规定就会发现该条根本不能成为胎儿继承权力能力的法律依据。在人们习以为常的"问题式"法律适用习惯之下，此种模糊而不准确的"对号入座"不仅发生在学生之间，还被延续到了理论与实务中。[2] 首先，从文义上看，第1155条明确规定的是"遗产分割时"胎儿尚未出生的问题，然而胎儿是否有继承权利能力，是否享有继承权，并非在遗产分割时方才确定，而是在继承开始时即告确定。[3] 换言之，被继承人死亡时继承开始，此时胎儿是否有权继承已经确定，至于遗产分

---

〔1〕　参见夏昊晗：《鉴定式案例研习：德国法学教育皇冠上的明珠》，载《人民法治》2018年第18期，第33页。

〔2〕　参见李贝：《胎儿继承权利保护规则的反思与重构》，载《法治研究》2019年第4期，第78页。

〔3〕　参见蒋月主编：《婚姻家庭与继承法》（第3版），厦门大学出版社2014年版，第379页。

割时胎儿是否出生，其实都不影响其继承权的取得。因此，第1155 条处理的并非胎儿继承权利能力的问题，而是遗产"分割"时胎儿尚未出生的问题。在"问题"导向的教学与学习过程中，无论是学生还是老师都很容易不假思索地将第 1155 条对号入座到胎儿继承权利能力的问题上。然而当人们以鉴定式案例分析方法按部就班地进行分析时便很容易发现，这样一种对号入座首先在法条文义上便会遭遇障碍。其次，从法条目的角度观察，《民法典·总则编》第 16 条规定："涉及遗产继承、接受赠与等胎儿利益保护的，胎儿视为具有民事权利能力。但是，胎儿娩出时为死体的，其民事权利能力自始不存在。"胎儿能否继承遗产在理论定位上属于民事权利能力问题，而胎儿的民事权利问题在总则编已经有专门的法律条文予以解决，如果立法者在继承编做出重复规定则毫无必要。在民法法典化尤为重视体系性的背景下，实在难以解释立法者为何要在总则编与继承编就完全相同的问题进行重复规定。因此，从法条目的上看，《民法典·继承编》第1155 条所意图处理的必然是与《民法典·总则编》第 16 条所不同的问题。最后，《民法典·继承编》第 1155 条位于"遗产的处理"一节，从体系解释上看其体例安排也清晰地表明该条所处理的问题并非继承"资格"，而是获取继承资格之后遗产的分割。

因此，鉴定式案例分析方法之下，学生不再是单向地听老师"讲"某一个法条"应当"对应某一个法律问题，而是真正运用所学知识尝试建立实践需求与既有理论之间的桥梁，个别情况下，学生甚至能够发现既有知识在实践运用中的"乏力"。

（三）对学生科研能力的提升

鉴定式案例教学在激发学生主动性的同时，可以有效地提升学生自主发现问题、解决问题的能力，进而提升学生的科研能力。[1]

正如前文所述，每一次鉴定式案例分析实质上都是一次对既有理论和知识的体系化梳理，学生在将法条拆解成一个又一个构成要件，并运用既有理论对每个构成要件进行分析时，经常会发现既有理论的粗疏或体系性悖反。而这在原本的问题式思维方法下是很难发现的，因为老师在课堂上已经给出了确定的答案——某理论"足以"解决某问题。但当学生真正以鉴定式的方式运用法条对案例进行剖析时，却经常发现该理论本身可能根本不是从法条中生发出来的，也难以在实在法中找到根基。这就进一步带动学生对既有的理论进行反思，同时也强化了学生在研究法律问题时的"本土意识"——所有理论都应当在我国的实在法中找到生存的土壤，空谈理论与"应然"，不顾现实与"实然"的分析方法，在鉴定式案例分析方法下天然地没有生存的空间。

三、鉴定式方法的局限

（一）成本高昂

与传统案例分析方法相比，鉴定式案例分析方法拥有巨大的优势，但其局限性同样不可忽视。这样一种案例分析方法中的"精细作业"面临的最主要困境便是"成本高昂"。其高昂的成本主要体现在以下三个方面：

首先，思维成本高昂。鉴定式分析方法要求分析者逐一检验每一个构成要件，这就使得很多在过往的讨论中被理论与实践忽

---

〔1〕 参见任中秀：《法学本科生科研能力的培养与鉴定式案例教学》，载《黑龙江教育（理论与实践）》2020 年第 2 期，第 55 页。

视的问题不得不浮出水面。尤其是在我国既有的理论与实践对法律概念以及法条构成要件建构不足的情况下，鉴定式案例分析中的"实践问题"（法条适用问题）往往会因既有理论阐释的不足而转化为"理论问题"，从而要求分析者进行一定程度上的理论研究。而很多在实践中被人有意或无意"忽略"的请求权基础可能也需要在鉴定式之下进行检验，这就对整个案例分析的思维过程提出了较高的要求。

其次，教学成本高昂。鉴定式案例分析方法本身对法教义学基础要求较高，尤其是对法律条文的体系化理解要求较高。[1]这不仅对学生而言是一个挑战，教师在备课时同样需要投入大量精力去检验自己的理解是否存在谬误。由于鉴定式案例分析的全面性，教师在备课时也无法仅仅做"专题式"的讲解，而需要对案例所涉及的全部法律问题进行预先的准备。在鉴定式案例分析的精密框架之下，如果没有足够的样本积累，教师通常很难预料学生在课堂上究竟会针对哪一个步骤或问题提出疑问或理解存在偏差，这也使得备课的成本极大地提升。另外如上文反复强调，鉴定式案例分析方法实际上产生一种强制，使得分析者不得不将自己所学的零散法条整合成一个体系，发掘法条之间的内在联系。但是很多时候教师自身也未必对法条之间的内在联系进行过深入的思考和体系化梳理，这一工作是必须在上课之前完成的，其任务量无疑是艰巨的。

最后，学习成本高昂。鉴定式案例课程本身应当配合基础课程开设，即从民法总论开始，以诸如"民法总论讲授课—民法总

---

〔1〕 参见章程：《继受法域的案例教学：为何而又如何？》，载《南大法学》2020年第4期，第23页。

论鉴定式案例课""债法讲授课—债法鉴定式案例课"直至"亲属继承法讲授课—亲属继承法鉴定式案例课"的配套形式进行授课。唯有如此，才能及时地帮助学生梳理所学，让学生在讲授课上学到了抽象理论之后，立刻能够接受"法律适用"的培训，如此方能理论联系实际，发挥最佳的授课效果。这也是德国法学基础教育的通行模式。然而我国如果要采用此种课程组织形式，则本科生需要选修的案例课数量必然激增，在现有课程已经十分丰富的条件下能否实现这样一种扩充，存在疑问。[1]

（二）风险较大

鉴定式案例分析方法的另一个局限体现在其清晰性带来的"高风险"。鉴定式案例分析方法将法条依据拆解成一个又一个细碎的构成要件，从微观的角度上对案例进行分析，这就导致一旦分析者的论证推理出现问题，检验者很容易定位其论证薄弱与模糊之处。拆解构成要件的精细操作也使得分析者面对此种质疑无处闪躲，必须予以正面的回应，否则便会导致论证失败。如上文所述，在职业打假的案例中，即便职业打假人具备消费者身份，也不意味着其有权请求惩罚性赔偿，因为在知假买假的情况下，职业打假人并未被"欺诈"，但这并不意味着学界二十余年来对职业打假人消费者身份的讨论全无意义，因为要否定职业打假人的惩罚性赔偿请求权很容易，只需要否定其"欺诈"要件即可，但若要证明职业打假人的惩罚性赔偿请求权成立，则依旧需要证明其消费者身份。

因此，鉴定式案例分析从另一个角度上构成一种分析者的自

---

[1] 参见朱晓喆：《请求权基础实例研习教学方法论》，载《法治研究》2018年第1期，第38页。

我约束。分析者主动采用一种精确的、微观的、逻辑的方式对案例进行解析，同时也将自身的论证逻辑完全暴露在检验者的眼中。[1] 在教学工作中，鉴定式方法显然有利于教师清晰了解学生的知识掌握程度以及对相关知识的体系性理解，但在实务工作中，鉴定式案例分析方法无疑给论证者的工作增加了被证否的风险。从长远来看，一个能够采用此种禁得起检验的案例分析法的实务工作者显然会比拒绝使用此方法的实务工作者更有竞争力，这也是德国法律从业者享誉世界的秘诀之一——他们更为诚实地面对有待解决的问题，勇于面对自身知识的不足。但从短期来看，鉴定式案例分析方法显然提高了案例论证与解决的难度。[2]

四、结语：鉴定式案例分析方法的未来

总而言之，鉴定式案例方法属于一种"高端的基础方法"，该方法之所以是一种"基础方法"，是因为它是本科教育从大一开始便可以且应当伴随基础课程不断学习、掌握的一种案例分析规范。而该方法之所以是一种"高端方法"，是因为该方法对分析者的知识掌握程度、体系化程度以及应用能力的要求都更高。鉴定式案例分析法是一种极佳的教学方法，它可以在潜移默化中强化学生的知识体系、理论联系实践能力以及科研能力。随着鉴定式案例分析方法的逐渐普及，它可能会逐渐取代那些较为随意的、不稳定的案例分析方法，而成为法学案例分析的"学术规范"。

---

〔1〕 参见胡祥甫：《请求权基础的实务分析》，载《法治研究》2018 年第 1 期，第 40 页。

〔2〕 参见张淞纶：《作为教学方法的法教义学：反思与扬弃——以案例教学和请求权基础理论为对象》，载《法学评论》2018 年第 6 期，第 128 页。

涉外法治人才教育培养模式对比研究

◎赵静静　刘玮玥*

摘　要：加强涉外法治人才的培养是中国适应世界变革、参与全球治理发展的战略需要。2012 年，教育部办公厅和中央政法委员会办公室联合发布《关于公布首批卓越法律人才教育培养基地名单的通知》，确立了 22 所高校作为涉外法律人才[1]教育培育基地，开启了我国涉外法治人才培养试点工作。时至今日，22 所涉外法律人才基地都采取了哪些措施？实现了哪些突破？各基地之间采取的措施有哪些异同？本文从人才培养模式、培养目标设定、课程设置、国际化路径等方面进行了综

---

　　*　赵静静，女，中国政法大学外国语学院法语所所长，副教授。刘玮玥，女，中国政法大学外国语学院法语专业研究生。

　　[1]　2014 年党的十八届四中全会《中共中央关于全面推进依法治国若干重大问题的决定》明确提出，要建设通晓国际法律规则、善于处理涉外法律事务的涉外法治人才队伍，此后"涉外法治人才"逐渐取代了"涉外法律人才"的表达方式。

合对比研究。

关键词：涉外法治人才 课程体系 国际化

一、涉外法治人才培养模式

改革开放以来，随着中国对外经贸合作的不断深入，国际商事、海洋海事、国际仲裁和反垄断纠纷层出不穷。特别是我国加入 WTO 后，从"走出去"战略的提出到"一带一路"倡议的推进，合作虽加深，摩擦也增多，加强涉外法治人才培养愈发重要。自 2012 年 11 月，教育部和中央政法委联合确定 22 所高校[1]作为涉外法律人才教育培育基地以来，经过近十年的探索、建设和改革，中国的涉外法治人才培养取得了一定的进展。各高校、司法部门积极响应国家的号召，落实培养计划，形成了别具本院特色的培养模式。万猛教授和李晓辉教授曾提出了三种培养模式，分别是理念强化型、实验班型和专门化型[2]。借鉴以往学者分类，基于 22 所基地培养模式分析，考虑与时俱进的发展，笔者认为当前的培养模式可划分为新三种模式：循序渐进型、特色化型、精英化小班型。

（一）循序渐进型

循序渐进型是在本科阶段通过加强国际化教育水平或增强学科交叉课程数额的方式，进行统一的涉外"豪放式"培养；到硕

---

〔1〕 22 所高校分别是：北京大学、中国人民大学、清华大学、北京师范大学、北京外国语大学、对外经济贸易大学、中央财经大学、中国政法大学、外交学院、吉林大学、复旦大学、上海交通大学、华东政法大学、南京大学、浙江大学、厦门大学、山东大学、武汉大学、中南财经政法大学、西南政法大学、西安交通大学、西北政法大学。

〔2〕 万猛、李晓辉：《卓越涉外法律人才专门化培养模式探析》，载《中国大学教学》2013 年第 2 期。

士阶段则通过精英化的模式，培养高层次的涉外法治人才。

譬如，复旦大学法学院本科培养层面，需修读通识类、基础类和专业类三大模块的课程，其中基础类课程需必修国际法以及4学分的经管类等课程；硕士培养层面，要求法学硕士跨二级学科和一级学科选课，还开设全英文授课的"中国商法"国际硕士项目以及"法律硕士双（硕士国际班）"，以实现高层次精英化的涉外法治人才培养。中国人民大学法学院本科阶段，通过双语教学以及国际小学期全英文课程群设置，提升学生国际化水平，并在专业课选修课中设置跨学科专业方向；硕士阶段，设立了比较法学科，聘请中外学者开展"中文与英文同时授课、中国法与外国法复合教学"的"双语双法"模式的国际型比较法律人才培养实践，并通过"中欧欧洲法项目"打造双语双法国际型法律人才。北京大学法学院通过课程的不同功能层级，将本科法学专业课程划分为基础类、专题类、实务类、国际类四大模块的课程，要求学生在夯实基础理论上构建某专业领域知识图谱强化专业知识、技能与语言表达的结合；在研究生培养层面，对于法本法硕和非法本法硕，根据不同的培养目标，设置针对性的课程体系和培养方案。

（二）特色化型

特色化型是法学院依靠本校的教学资源优势以及教学特色，将本校资源和法学教育相结合的最佳优化培养。比如外交学院国际法系基于独特的国际法教学、科研及实践的资源优势，开设了包括必修课和选修课两大板块课程，其中40多门课程以国际法与涉外法律为主的专业选修课。为了优化学生的知识结构，法学专业学生可以从大学二年级起，辅修英语、国际经济与贸易等专业。北京外国语大学法学院充分发挥外语资源优势，通过构建涵盖中国法模块（双语）、英美法模块（英文）和英美语言与文化模块，着力构建涉外法治人才培养。浙江大学光华法学院的"2+2+2"卓越涉外海洋法律人才培养模式充分利用国家海洋战略，通过浙江大学海洋学院建设背景，联合外交部、国家海洋二所、浙江大学海洋学院培养卓越涉外海洋法律人才。

（三）精英化小班型

精英化小班型是通过设定合理的培养计划以及切合目标的教学安排配置卓越的师资、教资，培养高水平的涉外法治人才。通常下各院校通过设置实验班的小班教学和精英教育，以专业的课程体系、国际化的涉外法学培养框架以及校内最具实力的法学教育师资队伍配备，实现精英化的培养。22所基地中，近三分之二的院校都采取小班精英化模式，具体如表1。

表1 部分基地开设精英化小班情况

学 校	小班精英化模式
中国政法大学	涉外法律人才培养模式实验班（含法语项目）、西班牙语特色实验班
吉林大学	英特尔实验班
华东政法大学	涉外卓越商事法律人才实验班、涉外卓越国际金融法律人才实验班、沪港交流涉外卓越法律人才实验班
北京师范大学	卓越实验班和瀚德实验班
山东大学	涉外卓越法律人才实验班
对外经贸大学	国际化特色人才实验班、涉外型卓越经贸法律人才实验班

续表

学　　校	小班精英化模式
上海交通大学	法科特班
南京大学	卓越法律人才国际班
中南财经政法大学	法学卓越法律人才实验班、法学国际班
西南政法大学	涉外法律人才实验班、"一带一路"法律人才实验班
西北政法大学	卓越涉外法律人才培养基地班
清华大学	英美法实验班
中央财经大学	卓越法律人才涉外班
武汉大学	中法、中德法学双学士学位试验班，英语法学涉外法律人才试验班、哈萨克斯坦国际联合培养班
西安交通大学	卓越复合班、中澳丝路班

多元化、多层次的涉外法律人才的培养不同于传统法治人才培养，其"卓越""精英式"培养模式意味着教学资源、师资力量、专业设备等"资本"的大量投入。所以并不是所有的院校都可以举全院之力打造全方位、系统化、一条龙的卓越人才培养体系，也决定了各学校难以形成统一的、普遍化的涉外培养模式。传统法学院校，虽然拥有雄厚的教学资源、强大的师资力量，但由于此类院校承担着全社会的繁荣、安定义务，法律人才的多元化是其办学目的根本宗旨[1]，所以小型实验班更符合院情和培养任务。而其他复合院校，尽管法学资源可能不足，但是其专业

─────────

〔1〕　万猛，李晓辉：《卓越涉外法律人才专门化培养模式探析》，载《中国大学教学》2013年第2期。

的多样性以及法学资源的集中性有利于法学学生量化培养。22 所基地有设立实验班的，也有通过其他方式强化人才培养的，但无论是实验班还是非实验班措施，都是合理且符合院校实际的。

在实践中，个别院校突破传统教学培养模式和教育体制框架，以确保生源质量的优越性并保障涉外法治人才培养的高效性。比如中国政法大学国际法学院设立自主招生考试，提前招录一批既在法学等相关专业有突出特长、取得突出成绩，且有较高外语水平的自荐申请学生。在培养涉外法治人才方面，涉外班学生通过 3 年国内学习以及第四年赴杜兰大学的深造，在最短、最优质的时间内取得法学学士学位以及 LL. M. 学位，高效地实现了卓越法治人才的培养。如浙江大学光华法学院的"2+2+2"涉外海洋法律人才创新培养模式，在两年学习基础上，学生通过自主选择和学院选拔，择优进入涉外海洋法律人才培养，其余的学生进入职业复合型法律人才培养。第二个两年的学习，学院将择优选择部分学生进入法律硕士学习阶段。"2+2+2"模式使学院有足够的时间塑造应用复合型的海洋法律专业人才。上海交通大学凯原法学院面向法科特班本科生，实行"三三制"培养模式，通过三年本科基础学习以及三年硕士高阶段学习，实现时间上的最佳配置，人才上最优培养。

二、各基地培养目标设定与差异

根据卓越涉外法治人才教育培养计划，各培养基地均公布了各自的人才培养目标。总的来看，都是积极响应国家政策，司法部、外交部、商务部、国务院法制办公室联合印发的《关于发展涉外法律服务业的意见》中，强调法学人才扎实的专业基础和国际化的法律知识、全球视野、语言运用能力培养，目标设定较为宽泛宏观。就其卓越人才的培养目标，只有华东政法大学、对外经济贸易大学、浙江大学、中南财经政法大学在国家提出的宏观目标框架下，详细论述了分类培养的具体目标。

对此，李建忠教授指出，大多高校混淆了人才培养的近期目标和长期目标，涉外法律人才的培养目标不能一概而论，应区分具体的学科方向，并结合具体的涉外法律实务，确立合理的分类培养目标。[1] 但王文华教授认为，外语尚可进行分层教学，法学就较为困难，特别是外教的法学课程、双语的法学课程。分层施教，意味着不仅多一倍时间上的投入——至少再讲一遍，而且还要分出难易程度、差别化教学，这就不只是工作量的问题。而这个问题不解决，必然带来学生饥饱不均、差学生跟不上好学生而吃不饱的现象，教学效果差强人意。[2] 因此，对于涉外人才培养目标设定问题，仍需要在宏观目标下更加细化，体现面向不同领域、不同国家（地区）、不同能级等多层次、多类型目标。

三、各基地课程体系设置与特点

课程设置作为培养人才的一道防线，其合理性与人才培养的成功与否息息相关。传统的法学课程无法满足涉外人才法学知识体系的多元化，传统的案例教学也无法培养涉外法学人才的实务技巧与实践能力。各基地围绕涉外法治广泛的知识性需求和高超的实践性要求，积极探索人才课程设置的改革。

〔1〕 李建忠：《论高校涉外法律人才培养机制的完善》，载《浙江理工大学学报（社会科学版）》2017 年第 4 期。

〔2〕 王文华：《论涉外法治人才培养机制创新》，载《中国大学教学》2015 年第 11 期。

（一）加强外语教学比重，探索外语双学位或者辅修二学位的培养方式

外语是国际谈判的交涉工具，是获取涉外知识的桥梁，是培养卓越涉外法治人才的生命线。法律人外语水平的高低往往成为界分他们是法学精英与否的重要指标。[1] 加大中外法治文化交流，推进我国法律外交，让世界倾听中国声音，了解中国方案，并积极推动我国从国际规则参与者转变到制定者的身份，已经不能靠传统的外语教学实现。如今涉外法治的外语教学不再是传统意义上的外语教学，而是专业性、学术性强的法律英语。法律英语考试已经成为衡量法律人才是否具有涉外语言水平的重要参照标准，法律英语教学也成为涉外法治人才培养的重中之重。根据22 所涉外法治人才教育培育基地的培养路径，所有院校都采取了"多院联合"和"英语+法语或其他语种融合"的模式，少数有外语资源条件的院校还会添设小语种培养路径，实现跨国涉外法治人才的卓越培养。比如中国政法大学从 2020 年开始面向涉外法学法语实验班的学生开设法语专业，满足辅修条件的学生可以获得法语第二学位；北京师范大学瀚德学院将德语、法语、西班牙或葡萄牙语作为第二外语培养。通过增强课程的外语"介入"，合理分配法学课程和外语课程比例，保证法学教学的基础性以及外语教学下法学的突破性。同时，一些国际化课程譬如国际法等实行双语或全英授课模式，让外语真正融入教学以及学生日常学习和生活中。

---

〔1〕 屈文生：《建设涉外法治工作队伍需要法律外语人才》，载《中国高等教育》2017 年第 7 期。

（二）注重学科交叉融合，增设法律、经济、金融等多学科的知识课程

为了更高效地培养卓越的涉外法治人才，各高校根据其培养目标进行了相应的法学课程调整，打造形成讲授课、研讨课和案例课相结合，专业必修课和交叉选修课相结合，理论教学与实践教学相结合的专业课程体系。中国政法大学为"涉外班"单独开设特色选修课程，增设了外国商法、美国合同法等国外法学类选修课组和国际税法、国际金融法等国际法学类选修课组以及研讨类、案例类、务实类专业选修课程组。中央财经大学法学院结合培养目标和学科特色安排了金融法、竞争法、房地产法、担保法、企业合规等特色课程，并在选修课中面向不同的培养方向、结合学生未来就业以及其行业适用法律，针对地推荐相应的课程供其选修学习。华东政法大学金融法律学院的涉外卓越国际金融法律人才实验班，遵循美国耶鲁大学等"通识教育＋专业教育"的教育理念，融合法学专业以及金融知识教育，培养拥有法律、金融财会、数理统计等复合型知识结构及外语能力娴熟的卓越涉外国际金融法律人才。中南财经政法大学法学院利用学校的学科优势，增设经济学、管理学等学科的选修课，同时设置多元课程模块供学生选择，打通专业壁垒，培养学生领域专业能力。外交学院国际法系开设多门以国际法、涉外法律为主的专业选修课，在校内选修有关国际经济与贸易、金融、外交学、国际关系课程及人文素质修养课程。上海交通大学凯原法学院的法科特班除将民法、刑法、诉讼法等列入核心课程外，还强调经济法、商法与其他学科知识的交叉。

（三）重视导入实务课程，通过模拟法庭、仲裁机构等进行实战式训练

不同于其他学科，法学是理论与实践相结合的产物。一味追求理论教学只会塑造"夸夸其谈"的学生。因此，除了添设课程内容，丰富课程形式也非常重要。各基地积极设置实践课程，通过设立模拟法庭、仲裁机构等，让学生真切体验涉外实践，解决学生的理论与实践脱节现象，促进学以致用，学以即用。譬如中国政法大学国际法学院开设了"法律诊所""国际模拟法庭双语教学"等特色鲜明的实践类课程，以及"法律实践基本技能""法庭论辩技巧"等在国内具有首创性的法学特色实务课程。外交学院国际法系通过案例研习课、模拟法庭、法律援助以及其他社会实践，全面提升学生实际运用法律的综合能力。中国人民大学法学院将 JESSUP 国际模拟法庭课程化以培养学生的实务水平。浙江大学光华法学院改造传统教学法，保留其体系性规范性的优势，增加互动性实践性的内容，引入诊所式法学教学方法，开发适合中国现状的案例教学和实践教学方法。山东大学法学院不仅通过模拟法庭比赛塑造学生的理论与实践能力，还依托学生法学社开展法艺博览、学术沙龙、法庭旁听、普法宣传、模拟法庭等活动，促进学生学习法律知识、弘扬社会正义、维护社会权益、扶助弱势群体。吉林大学法学院通过理论拓展、实务研习、项目研究或模拟演练三部分，运用经典研读、专题辩论、信息处理训练、论文写作、模拟法庭、专业竞赛、法律机构实习等多元教学手段，由此培养学生形成知识、理论、文字、技术、制度、政策、社会实效融会贯通的复合型能力结构。

（四）结对组织实践实习，构筑融学于做、学以致用的产教融合机制

"书中自有黄金屋，书中自有颜如玉"，但没有实践打磨，一切都是纸上谈兵，容易功亏一篑。涉外法治人才的"卓越"不仅是知识体系上的卓越培养，社会实践也是同等重要。为了满足涉外人才培养需求的多元化以及专业性，22所基地与政法机关、各省市的法院着力构建实践平台，与国外法院、仲裁机构接洽，与海牙国际法院等国际机构建立合作关系，选派学生去合作机构实习，强化法律实务技能培养，提高解决涉外法律实际问题的能力和社会适应能力。如中国政法大学国际法学院积极资助涉外学生赴国际组织见习。中央财经大学法学院推行实践基地—实践导师—实践课程"嵌入式"教学模式。复旦大学法学院与政法部门、司法实务机关、大型企事业单位法务部门、律师事务所深入接洽，并签署了一系列《复旦大学法学教学科研实践基地合作协议》为本校涉外学生提供优质的实践平台。上海交通大学凯原法学院通过安排学生去法院、检察院、高端律所和跨国公司法务部门等进行为期半年的一对一指导的专业实习。浙江大学光华法学院依托"双千计划"及教学实践基地建设，与各级人民法院、监察机关以及各部委、各级政府开展合作。北京大学法学院通过创设法律学生俱乐部、创业沙盘、实务工作坊等法科学生社区，搭建覆盖政府机关、司法部门、高等院校、律师事务所和金融机构等各类型单位的法律人才交流平台，开辟第二课堂。西南政法大学国际法学院在海外实习上，对每个学生建立个人档案，实行"一人一档，服务终生"，在管理模式上，把握"七个一"，即每人每天一篇实习日志、每个小组每周一篇实习新闻、每个小组每月一份工作简报、每个小组每周一次行政报告、每人一份调研报告、每人一份实习鉴定表以及每人一份实习档案。

四、各基地采取的国际化培养措施

放眼全球，优秀的涉外法治人才，除了精通本国的法律体系，也需要谙熟世界主要法系国家的法律制度，还要具备灵活运用外语的能力，这是涉外学习、涉外谈判最基础的要求，加强国际化培养，是有效推动卓越法治人才培养和建设的重点。

（一）扩大国际课程比重，掌握国际法律知识

为了培育熟练运用国际法律知识的涉外法治人才，各个高校改革传统的课程体系，通过全英或双语的教学模式，加大国际课程的比重。中国政法大学国际法学院专门增设国际法、国际私法、国际经济法概论等国际法律课程。北京师范大学瀚德学院增设全英国际经济法、国际贸易法等国际课程。吉林大学法学院涉外学生除了学习法学主干学科外，还需修习国际法学、国际经济法学等核心课程。北京大学法学院为了打牢学生的涉外法律基础，大力推动学生的国际化发展，直接开设了多门用英文教学的英美法系知识的普通法精要、美国侵权法、美国劳动法等课程，鼓励学生了解英美法知识，还有增设 "Global & Comparative Law" 等英文课程，从比较法和全球化视角出发观察法律。中南财经政法大学法学院通过设置国际法学、国际私法、国际经济法等系列双语课程加强学生国际化知识体系的掌握。

（二）通过对外联合培养，搭建合作交流平台

为了避免国内外语教学的局限性、知识授面的狭窄性，22 所基地积极推动国内外联合培养模式，扩大本国学生涉外法律知识

储备，同时利用外校师资力量，实现卓越涉外法治人才语言水平的快速提升。22 所基地均通过联合办学、学期交换、暑期交流等多样的模式，积极推动中外合作办学，多国合作项目以及短期访学项目，为学生提供互访互学、对外交流的机会，实现内外联动的最优化。中国政法大学国际法学院增设国际交流学分，要求所有涉外班学生参加暑期国际小学期课程或进行正规的国际交流学习。中国人民大学法学院是牛津大学法学院本科生交换项目中唯一的中国合作伙伴，是哈佛大学法学院建立的亚洲地区唯一的全面合作伙伴，此外中国人民大学法学院与悉尼大学法学院开展"LLB+JD"双学位培养项目，与日内瓦大学法学院开展"中欧欧洲法国际组织后备人才培养项目"。南京大学法学院设立"法学实践教育基地"以资助优秀学生暑期境外实习以及学术交流。西南政法大学、清华大学法学院、浙江大学光华法学院等通过设立奖学金，资助优秀法律学子到国外一流大学法学院深造。另外，西北政法大学国际法学院、武汉大学法学院等推出了"3+1 本科联合培养"和"3+1+1 本硕联合培养"。

（三）"引进来"和"走出去"相结合，完善涉外师资队伍

涉外法治人才的培养，离不开师资队伍的革新。作为人才培养的领路人，高水平国际化的教师队伍为高效运行的涉外法治人才培养机制保驾护航。而现阶段传统法学的师资力量供不应求且部分教师不能胜任涉外法治教学任务。为了解决当下涉外师资紧缺的燃眉之急，各基地通过中外合作办学机制，建立合作战略，互派教师访学以及任教，增加国际化师资力量，同时不断提高国内师资的国际化水平。譬如复旦大学法学院与哥伦比亚大学、康奈尔大学等 38 所世界一流大学的法学院建立了稳定的院际合作

关系，互派师生开展交流学习。外交学院国际法系通过互派教师学者讲学、进修，参加或举办国际学术研讨会等学术交流形式，大力推进与国外高水平大学及科研机构的深度交流与合作。华东政法大学金融法律学院邀请耶鲁大学、宾夕法尼亚大学、约克大学等教授来校讲学。各基地通过互派教师以及聘请外籍教师，极大地提高了我国教师的国际化水平，同时推动了教学的外向发展。另外，为响应《中共中央关于全面推进依法治国若干重大问题的决定》中提出的法学教师队伍建设的基本要求，各大基地还聘请经验丰富的律师或在国际机构任职人员任教，实现双向互聘，完善实务课程，保障理论、实务教学的循序渐进、有序进行。除了"引进"外籍教师、实务专家，丰富院校师资资源，让莘莘学子受益外，校内师资还积极"走出去"。各基地不仅外派教师去国外访学交流，也利用"双千计划"推选本校教师去法院、律师事务所等处兼职、挂职，促进教师理论能力与实践能力相结合。

五、完善涉外法治人才培养的建议

总结过去，才能更好地开拓未来。2019 年，习近平总书记在中央全面依法治国委员会第二次会议上强调，要加快推进我国法域外适用的法律体系建设，加强涉外法治专业人才培养，积极发展涉外法律服务，强化企业合规意识。党的十九届四中全会也明确要求加强涉外法治工作，提高涉外工作法治化水平。尤其在疫情蔓延全球的今天，西方国家无理由对中国企业的打压，对中国技术的排斥，甚至某些专家、律师企图用法律，让中国担责。面对这些无事生非、层出不穷的贸易纠纷、商业壁垒，甚至政治诬陷，中国应如何拿起法律武器，捍卫中国的尊严与利益？涉外法治日渐成为依法治国、全面推进我国法律外交的重中之重。对于提高涉外法治人才培养的数量与质量，笔者提出以下未来发力点。

（一）国家层面做好顶层设计，引导各基地形成错位互补协同发展

尽管推进高等教育国际化已成为国家战略，卓越涉外法律人才的培养也已成为法学领域的重要使命，但至今中国并没有出台推进法学教育国际化的顶层设计方案，也没有确立准确的发展理念。目前，各个涉外法律人才培养基地基本上还是单打独斗的状态，没有形成一个互相补益的状态。我国目前涉外法治人才培养缺乏国家的统筹体制管理，使涉外队伍"小"、人才"少"、分布"散"、市场"乱"[1]等问题无法被及时解决。所以国家不仅应从思想上高度重视涉外法治人才培养，也应积极推出相关政策，为各个基地的培养工作、实践工作提供绿色通道，减少高校因合作问题造成的人才培养壁垒。在加强与其他国家良好的外交关系的同时，积极探讨并推动两国教学合作等问题。此外，国家应健全涉外人才培养体制机制，从国家层面统筹教学资源，实现教学资源的优势互鉴、劣势互补，推动各高校卓越的人才培养。同时可召集国家水平的专家组，进行机制考核以及方案制定与落实，有效避免突出问题不解决等教学培养弊端。

（二）丰富完善学科课程体系，构筑"外语+通识+专业"复合培养体系

经济全球化时代，律师执业时更需要具有运用多种语言进行

---

〔1〕　全国政协：《建设高素质的涉外法律服务人才队伍》，双周协商座谈会综述。

人际交往的技能，使用外语特别是英语成为涉外律师执业的基本技能[1]。外语水平的高低是法治人才能否成为涉外法治人才、能否参与国际事务的重要因素。调查显示，外国律所驻华代表处在北京、上海等办事处"招聘中国律师的要求，首先是要英语好，英语不好的人面试肯定过不了，虽然不是都这么讲，但实际上英语就是第一位的"。因此，涉外法治人才培养必须要求学生持续加强外语学习，把外语的学习内化到法律专业的学习和实践之中。法学院系可适度增加外国法律制度课程、国际法学课程，外国语学院加强法律外语教学，有条件的院系可以申请成立法律外语专业，系统地教授法律外语课程。

除了合理地分配外语、国际法、交叉学科、传统法学课程比重，通识教育也是衡量涉外法治人才卓越与否的关键。通识教育不仅仅在传统的教学中塑造卓越人格，在涉外法治教学中更能发挥培养高层次法律人才国际视野与人文情怀的作用。目前各个院校以及学生对通识教育缺乏正确的认识。中国传统的"重主课、轻副课"的教学观念深深影响着一代又一代师生。培养具有正确价值观、具有高尚职业道德、具有深厚的文化素养且具有全球视野的卓越涉外法治人才，与培养通晓国际规则、善于处理国际事务的涉外法治人才同等重要。各基地应继续优化课程，拓展通识教育。

（三）"本土化"和"国际化"并重，推动中国法与国际法的融合应用发展

涉外法治人才不等于国际法、比较法人才，也不等于国外法

---

〔1〕 屈文生：《法律英语教学须直面的若干问题》，载《中国外语》2017 年第 4 期。

人才。因为即使学生未来从事涉外法律事务，他首先必须是个""'中国法'通"，因为他首先要捍卫我国的国家利益。因此，学好中国法，是"本色"，学好国际法、外国法，是"特色"。[1]在传统法律人才培养的基础上，涉外法治人才培养需要重视"涉外"因素，即涉外法律以及法律外语。但培养涉外人才同样需要"国际化"和"本土化"的有机结合，除了教学内容、教学实践需要与当下国际政治、经济以及法律的发展相结合以接轨国际化的教学模式，还要将培养理念融入当下中国社会、人文以及政治、经济的发展，如结合"一带一路"的发展、自贸区的法律建设等。涉外法治人才只有平衡"本土化"和"国际化"，才能真正成为保护人民利益、国家利益的卓越涉外法治人才。目前我国法律体系域外适用仍存在目标不明晰、法律责任规定模糊等一系列问题，如何在不违反国际法的基础上，加强中华法律体系的域外适用，不仅是立法者的责任，也是涉外法治精英所需要思考的问题。此外，各高校还要加强中国法对外的培养与建设，鼓励热爱中国、对中国感兴趣的国外法学者来华深造，不断扩大中国法在世界的影响力。

（四）"引进来"和"走出去"相结合，大幅增加涉外法律实习实践教学比重

我国现有的涉外法治人才培养主要以"输出型"人才为导向，而国外的国际化法律人才的培养则以涉外法律实践需求为导向，从教—研—企方面"自下而上"的变革，以此促进国际化法

---

〔1〕　王文华：《论涉外法治人才培养机制创新》，载《中国大学教学》2015 年第 11 期。

学教育和实践融合。[1] 乔治城大学的跨国法学习中心（Center for Transnational Legal Studies）除了邀请全世界的国际法学者加入此中心授课外，还开辟了全球实践演练课程，通过大量的跨国法和比较法的实践操作，引入国际仲裁实务，让学生亲自解决真实的跨国法律问题。[2]

社会需要的更多是具备良好语言技能的、能够解决具体问题的、工匠式的法律服务或法律语言服务人才。[3] 实践实习是涉外法治人才培养的最后阶段，各个基地也积极推动院校与国内外司法部门合作。但我国涉外学生对实践实习高效的产出阶段认识不足，暂未从思想上高度重视实践的作用。我国目前涉外人才实践实习还存在拘泥于法律条文、对环境了解不足、不能从全方位角度看待问题与纠纷的弊端，所以，除了立足于我国的国家战略，将实践实习融入各自贸区以及"一带一路"沿线，加强涉外实践合作，我们还应积极推动涉外法治人才实践深入企业、机构的各个环节，不断扩宽思维，提高解决问题的效率与能力。各院校应增加实践实习的比重，内化实践实习，使其成为成绩测评的重要参照标准之一。只有从思想上重视实践实习，才能让知识更好的协同实践实习，发挥更优的价值。

结 论

涉外法治人才的培养是个系统工程，需要调动各方面的力量

---

〔1〕 杜承铭、柯静嘉：《论涉外法治人才国际化培养模式之创新》，载《现代大学教育》2017 年第 1 期。

〔2〕 杜承铭、柯静嘉：《论涉外法治人才国际化培养模式之创新》，载《现代大学教育》2017 年第 1 期。

〔3〕 屈文生：《法律英语教学须直面的若干问题》，载《中国外语》2017 年第 4 期。

和资源，形成强大合力，共同加以推进。我国在涉外法治人才培养方面进行了近十年的摸索，取得了一定的成果，但在各个环节仍存在不足。如何提高涉外法治人才的培养质量，如何创新培养模式以培育适应日新月异的国际形势且具有世界眼光、中国情怀的卓越涉外法治人才，是国家发展战略需要，也是各高校以及司法实务部门需要继续探索创新完善的重要命题。

课堂与教学

Curriculum and Teaching

法学课堂内实践性教学中"双向场景案例讨论法"研究*

◎廖振中　高晋康　汤火箭**

摘　要：对于 95 后的学生而言，国内既有的以文本材料为中心的课堂内实践性教学效果不尽如人意。其桎梏之一在于"问题场景"缺位造成的学习抽象基础不足。课题组基于能动性学习、自媒体可视、当事人中心、软技能养成、平行型对抗和低成本复制五个核心机理，围绕"学习合同清单—类案检索分析—反向涵摄编剧—自媒体可视化—平行模拟法庭—集体讨论评估—理

　　* 本文为 2020 年西南财经大学教学成果一等奖建设项目"卓越法治人才培养自媒体多方互动教学平台建设"，2020 年中央高校教育教学改革专项"金课"线上线下混合式建设项目"民法总论"，2020 年中央高校教育教学改革专项"金课"小班化课程建设项目"卓越财经法律人才思维与技能实战培训"，2020 年西南财经大学双师同堂教学课程"法税同审：高端商事业务中的法税思维与技能"的阶段性研究成果。
　　** 廖振中，男，西南财经大学中国金融法研究中心研究员，博士，主要研究方向为金融法。高晋康，男，西南财经大学法学院教授，博士，博士生导师，主要研究方向为金融法。汤火箭，男，西南财经大学教务处处长，博士，博士生导师，主要研究方向为刑事诉讼法。

论后续延展"七个环节设计出双向案例讨论流程，从当事人与法律人的角度双向重构课堂内实践性教学。这一方法尤其契合95后学生数字原生之禀赋，有效兼顾知识学习、技能培训与伦理养成，有利于培养德法兼修的法治人才。

关键词：课堂内实践性教学　问题场景　能动性学习

引言：如何通过课堂内实践性教学提升职业技能

理论知识学习与职业技能培训一直是法学教育相互颉颃的两面。美国在20世纪摈弃了之前的实习学徒制（Apprenticeship），代之以训练学生"像律师一样思考"的法学院教育，学生毕业之后必须在实际工作中修习职业技能。而大陆法系将职业技能视为法学教育目标之一，实行"两阶段法"：学生在法学院学习理论知识之后通过司法考试，再进入实务部门接受两年的强制性实习学徒训练（Referendarzeit）。近年来，两大法系法学教育思路出现了再融合的趋势。美国开始通过建构经验性课程逐步再造职业技能培训，而大陆法系德日则开始弱化学徒训练，转而强调法学院教育的作用。这一趋势凸显出两个共识：其一，在市场的压力下，职业技能培训作为全球法学院教育目标之一的重要性正在复苏与回归；其二，课堂内实践性教学将部分取代运行成本过高的实习学徒训练成为职业技能训练的主要路径。[1]

近十年来，我国各法学院陆续引入了海外的课堂内实践性教

---

〔1〕　国内多数学者赞成将法学院定位于法律职业教育。参见王晨光：《法学教育改革现状与宏观制度设计——日韩经验教训反思与中国改革刍议》，载《法学》2016年第8期；郜占川：《新时代卓越法治人才培养之道与术》，载《政法论坛》2019年第2期。也有学者认为，在法学院完成智能技能培训较为适合，参见李红海：《统一司法考试与合格法律人才的培养及选拔》，载《中国法学》2012年第4期。

学模式，如模拟法庭，法律诊所、请求权基础案例研习等，但这些模式在中国语境下都有南橘北枳之虞。学界由此开始探讨中国本土化实践性教学方法，如个案全过程教学法（章武生，2013）、法律医院（高晋康，2017）、文本分析与法律诊所的二元互补（班小辉，2018）等。[1] 从总体上看，法学实践教学的效果与质量评估并不理想。[2] 2018 教育部《法学类教学质量国家标准》第 5.2.2 条提出了"改革教学方法，强化案例教学"的改革方向。

　　考虑到当前法学教育的对象正在转向 95 后数字原生代学生，如何开发出有中国特色的课堂内实践性课程，以满足全球化背景下市场经济和实践部门对当代法学院毕业生的需求，就成为"立德树人德法兼修抓好法治人才培养"至关重要、亟待回答的一个问题。本文所提出的"双向场景案例讨论法"正是对此问题进行回应的一个初步尝试。

一、法学课堂内实践性教学的阿喀琉斯之踵："问题场景缺位"

　　对于课堂内实践性教育效果不佳的原因学界有多种解释，但几乎所有学者都同意，课堂内实践性教学诸多模式中有一个共同的瑕疵之处，即均只从纸面代入了法官视角的判决结论，而有意无意间忽视了当事人与律师，随之造成真实"问题场景"

---

〔1〕　章武生：《"个案全过程教学法"之推广》，载《法学》2013 年第 4 期；高晋康：《从法律诊所到法律医院：法学实践教学模式的重构——基于西南财经大学实践性教学改革的探索》，载《中国法学教育研究》2017 年第 3 辑；班小辉：《论法学案例教学方式的二元化及其互补发展》，载《法学教育研究》2018 年第 3 期。

〔2〕　例如，何美欢认为，中国法学教育在技能训练方面"全方位缺席"，参见何美欢：《理想的专业法学教育》，载《清华法学》2006 年第 3 期，第 68 页；葛云松尖锐地批评，法学院教育类似于疗养院，参见葛云松：《法学教育的理想》，载《中外法学》2014 年第 2 期，第 287 页。

（factual context）之缺位。沙莱克（1993）就指出，"在法学课堂上，如果当事人（客户）仅以纸片人（cardboard figures）的形象出现，将使得案例研究脱离引发纠纷的社会环境和关系网络。"[1]考虑到法学院本科生往往都是 20 岁左右莘莘学子，"多像在温室里培育的花朵，社会经验相当匮乏"[2]，如果分析基础仅是文本材料而非真实世界中当事人或律师所面对的场景时，就会出现"抽象基础不足"的学习障碍，"文本中的抽象词汇对缺乏经验的学生没有任何意义"。在此背景下，既有课堂内实践性教学的种种问题势必在所难免。

第一，信息传导扭曲导致研讨效率低下。由于众所周知的原因，判决文本本身往往并不能构成案件的全貌，相当部分的"隐性细节信息"在法官写作过程中被有意无意地过滤掉了，而恰恰这些高度个人化的、却很难形式化的隐形细节信息却对案件分析非常重要。当"实践教学的案例往往并不是现实生活中所发生的案例，而是教师为说明某一问题而编制的"[3]，案件信息传导有限扭曲势必注定研讨的低效化。一个明显的反例是，教师能向学生提供自身执业经历、具有"隐性细节信息"的真实案例往往教学效果更好。有学者提出了同步观看真实法院庭审的方案[4]，

〔1〕 沙莱克认为，传统案例分析往往把当事人通常被故意刻画为以牺牲他人为代价最大化自己的经济利益的单维度纸片人，忽视了关系、声誉和价值观等其他对当事人起作用的因素。See Shalleck Ann，"Constructions of the Client Within Legal Education"，*Stanford Law Review* 45，1993，p. 1732.

〔2〕 Lo，Chang-fa，"Driving an Oxcart to Catch up with the Space Shuttle: The Need for and Prospects of Legal Education Reform in Taiwan"，*Wisconsin International Law Journal* 24，2006，p. 43.

〔3〕 房绍坤：《我国法学实践教学存在的问题及对策》，载《人民法治》2018 年第 16 期，第 81 页。

〔4〕 卢春龙：《"四型人才"导向的"四跨"——中国政法大学法治人才培养新模式》，载《政法论坛》2019 年第 2 期，第 26 页。

但枯燥冗长的观看内容会提前耗尽学生的精力。

第二，真实客户缺位导致学习激励不足。实践中律师对一个案子的投入度往往高于法官，是因为其在案件中具有经济激励，而后者仅仅将案件作为日常工作的一部分。同样，如何激励学生对案件产生"移情和共情"的投入，而非草率应付书本作业是实践性教学必须解决的难题，"（学生）往往缺乏真实世界中律师代表客户时那种不可预测性和紧迫性。"[1]受教育消费主义的影响，95 后学生很容易对单纯的文本材料产生厌倦感，研讨的学习动力会因此下降。教育部也注意到了这一点，特别指出应当"围绕激发学生学习兴趣和潜能深化教学改革"[2]。

第三，师生比例失调导致研习效果异化。95 后学生很容易拒绝接受"自上而下的权威模式"（top-down authoritative model）教育。为了补充文本材料信息的不足，教师势必在课堂上依靠口头表达输出"问题场景"。这种依赖于师生一对一高度互动进而创建"问题场景"的办法本质上是一种师徒式的个体培养，其有效性系于师生比例——理想情况下每位教师面对不超过 10 名学生，否则教师会进退失据，无法应对。但考虑到中国的实际情况，要求个位数的师生比对国内法学院而言并不现实。因此，实践中大课状态下的文本案例研习效果往往不由自主地异化为改头换面的知识灌输或者剧本导向的话剧表演。

第四，抽象要件空洞导致职业技能偏废。除了三段论的逻辑

---

〔1〕　Serge A. Martinez, "Law Clinics in Taiwan: Can Clinical Legal Education Succeed in This Civil Law Jurisdiction with an Undergraduate Legal Education System", *National Taiwan University Law Review* 7, 2012, p. 347.

〔2〕　参见 2018 年教育部《关于加快建设高水平本科教育全面提高人才培养能力的意见》，载中华人民共和国教育部：http://www.moe.gov.cn/srcsite/A08/s7056/201810/t20181017_351887.html，最后访问日期：2020 年 12 月 31 日。

推理和请求权基础分析能力，全球化的市场至少还需要法学院学生具有两方面的技能，一是站在商业角度从成本效益分析为客户降低交易成本、增加交易价值的复合技能；二是可视化表达、客户沟通、团队协作、业务发展、形象塑造甚至压力管理等对于其职业生涯至关重要的"软技能"。单纯文本的案例教学法过于重视概念与逻辑，让学生在情感真空状态下按图索骥地寻找要件事实，交易场景缺位无法使得学生意识到其中的潜在风险，也不利于学生培养复合职业技能。换言之，即便文本研习某种程度上能够教会学生"像律师（法官）一样思考"，但绝对无法教会他们"像律师（法官）一样做事"。

第五，诚信教育匮乏导致职业伦理失范。法学教育的任务之一是要让学生意识到诚信和声誉比金钱和不惜一切代价的胜利更重要。法学教育理应鼓励学生重视职业伦理，但由于缺乏"问题场景"，学生很难通过"移情"体验到当事人在真实案件中的直观感受，也无法通过单薄的文本感受案件中的人性化与同理心，因此单纯的文本案例分析很难实现诚信教育，从而提升学生的职业伦理认同。[1]

完整的法学教育应当由"三个学徒"来定义：一是"认知学徒"，即学生拥有法律知识与三段论的分析思维；二是"实践学徒"，即学生获得专业人员所需的种种技能；三是"身份学徒"，即学生认同法律职业价值观。[2] 缺少"问题场景"的既有课堂

---

[1] 有学者注意到了国内法律职业伦理教育缺失的问题，中国政法大学为此专门成立了法律职业伦理教研室，参见刘坤轮：《"学训一体"法律职业伦理教学模式的实践与创新》，载《政法论坛》2019 年第 2 期。

[2] William M. Sullivan et al., *Educating Lawyers: Preparation for the Profession of Law*, John Wiley & Sons Press, 2007, p. 28.

实践性教学模式的失败之处在于无法提供后两种教育功能。

二、双向案例分析实践性教学的运作：机理与流程

（一）"双向案例分析法"的六大运作机理

与既有研究不同，本课题组并未停留在单纯的情景模拟层面，而是创新性地提出以下六点作为双向场景案例讨论法的基本运作机理：其一，基于建构主义的能动性学习理论引入"学习合同"以解决后 95 后学生与教师之间"代际交叉"（generational crossroads）问题；其二，根据信息时代的多媒体网络传播的经验，要求学生通过自媒体制作，主动创造可视化的"问题场景"；其三，实现教学中心从传统案例分析以法官视角为中心向以当事人视角为中心的转移；其四，将类案检索、诉讼可视化、商务谈判等近年来实务界亟需的法律技能与传统请求权案例研习的要件涵摄要素相融合，实现法律思维与职业技能的复合养成；其五，采取双组"平行宇宙"的模拟法庭，实现案例研讨的同构归因与竞争效应；其六，为了低成本可复制性和资源保留，开发了统一的多方互动教学平台以实现多种课程技术支撑底层模块的共用。

需要特别指出的是，建立在建构主义基础上的能动性学习模式与基于网络自媒体的法律信息传播经验是双向场景案例讨论法的任督二脉：前者鼓励学生有意识地主动尝试个性化学习，后者则赋予了能动性学习的互联网工具理性。与传统认知主义观点相反，建构主义教学方法提倡"人类创造意义而不是获得意义"，由此产生了"能动性学习"（agentic engagement）模式，即强调

"学生对所接受的教学流程的建设性贡献"[1]。所谓"能动",一方面,是指赋予学生更广泛内在化学习选择,促使学生从提高专注,调动情感和调整认知三方面自我改善学习效能,另一方面,以简短动态视听剪辑为核心的自媒体文化构成了 95 后的法律信息来源的重要渠道。

(二)"双向场景案例讨论法"的运作流程:以表见代理案例研讨为例

双向场景案例讨论法的运作流程包括"学习合同清单—类案检索分析—反向涵摄编剧—自媒体可视化—平行模拟法庭—集体讨论评估—理论后续延展"七个核心步骤。

第一,学习合同清单。首先,教师与学生通过协商事前制定学习合同(learning contract)[2]清单。换言之,不能单方面由教师指定需要讨论的案例类型,应当让学生提前参与到案例讨论的选择中,教师转而扮演引导、推荐和补充的角色。一般而言,学生会选择更有直接体会、更感兴趣的案例类型,如夫妻债务的承担、虚拟财产的界定或是消费者格式条款维权。教师则需要提示、补充学生暂时没有直接生活体验,但是对未来工作或理论构建有重要意义的案例类型,如善意取得、表见代理等。教学双方通过学习合同形成整个学期的案例分析清单,兼顾知识点与学生兴趣点。同时,学生互相选择完成组队,然后在每一个案件中指定不同小组为当事人组(A 组)、原告及被告平行代理组〔B、C

---

〔1〕　Johnmarshall Reeve and C. M. Tseng, "Agency as a Fourth Aspect of Students' Engagement During Learning Activities", *Contemporary Educational Psychology* 36, 2011, p. 2.

〔2〕　学习合同被界定为:"由学生与教师协商拟定,具体说明学生在给定时间段内将学习什么和如何学习的文件。"See Jane H. Aiken et al., "The Learning Contract in Legal Education", *Maryland Law Review* 44, 1985, p. 1048.

（原告），E、F（被告）]、法官组（G 组）和观摩组（其他学生）一共七个小组。由于每个小组在不同案件中所扮演的角色不一样，可以使得学生在不同案件中得到当事人、律师、法官以及旁观者四种角色体验。

第二，类案检索分析。A 组的学生负责提前完成学习清单上某一类案件检索分析。以表见代理的案件为例，师生协商确定以 2014—2018 年金融行业、省级以上高院的表见代理二审或再审案件作为类案分析的对象。A 组学生通过中国裁判文书网、北大法宝、无讼案例进行相关类案检索，共计得到符合条件的案例 52 个（见下表），A 组学生由此出具《类案检索报告》。

表 1　52 个案例列表

省份	总数	年份	数目	案号	省份	总数	年份	数目	案号	省份	总数	年份	数目	案号
湖南	3	2018	0	无	浙江	3	2018	2	(2018)浙民终827号 (2018)浙民终830号	湖北	2	2018	1	(2018)鄂民终1091号
		2017	1	(2017)湘民终342号			2017	0	无			2017	1	(2017)鄂民终2291号
		2016	1	(2016)商民终691号			2016	0	无			2016	0	无
		2015	1	(2015)湘法民二终字第40号			2015	1	(2015)浙民终字第22号			2015	0	无
江苏	1	2018	0	无	新疆	1	2018	0	无	云南	3	2016	1	(2016)云民终699号
		2017	1	(2017)苏民终1554号			2017	1	(2017)新民终456号			2017	1	(2017)云民终964号
		2016	0	无			2016	0	无			2018	1	(2018)云民终554号
		2015	0	无			2015	0	无					
福建	3	2017	2	(2017)闽民终822号 (2017)闽民再101号	四川	4	2015	0	(2014)川民终字第728号 (2015)川民终字第31号 (2015)川民终字第389号	辽宁	3	2018	3	(2016)辽民再168号 (2017)辽民终957号 (2018)辽民终745号
		2018	0	无			2017	1	(2017)川民终120号			2017	0	无
		2016	1	(2015)闽民终字第2182号			2018	3	无			2016	0	无
		2015	0	无								2015	0	无
山西	1	2018	0	无	安徽	2	2017	1	(2017)皖民中377号	河南	1	2018	1	2018豫民再150号
		2017	0	无			2016	1	(2015)皖民终字第00070号			2017	0	无
		2016	1	(2015)晋民终字第357号								2016	0	无
		2015	0	无								2015	0	无
山东	5	2018	1	(2018)鲁民终69号	甘肃	1	2018	1	(2018)甘民终1849号	北京	1	2018	1	(2018)京民终239号
		2017	1	(2017)鲁民终338号			2017	0	无			2017	0	无
		2016	0	无			2016	0	无			2016	0	无
		2015	3	(2015)鲁一终字第231号 (2015)鲁民终229号 (2015)鲁一终字第257号			2015	0	无			2015	0	无
最高院	12	2018	5	(2018)最高法民终820号 (2018)最高法民终901号 (2018)最高法民终147号 (2018)最高法民终36号 (2018)最高法民终302号	黑龙江	3	2015	0	无	吉林	3	2015	0	无
		2017	1	(2017)最高法民终209号			2016	1	(2016)黑民再222号			2016	2	(2016)吉民终520号 (2016)吉民终56号
		2016	3	(2016)最高法民终800号 (2016)最高法民终508号 (2016)最高法民终219号			2017	1	(2017)黑民再397号			2017	1	(2017)吉民终405号
		2015	3	(2014)民四终字第48号 (2015)民二终字第64号 (2015)民二终字第311号			2018	1	(2018)黑民再292号			2018	0	无

第三，反向涵摄编剧。根据《类案检索报告》，A 组学生发现 2014—2018 年期间"以表见代理为诉由将金融机构列为被告"

的案件值得研究，基于此标准又从上述 52 个案例中提炼出 11 个类案[1]，同时根据表见代理构成理论中的表象外观、第三人善意无过失、本人可归责等事实要件，对以上 11 个案件进行再涵摄与归纳，总结出这些案件中出现频率最高，最容易产生法庭辩论争议的真实世界场景情节，例如无权代理人身份、公章或其他印章、合同签订场所、金融机构是否受益、第三人身份、金融机构是否具有过错等（见下表）。

表 2 11 个类案列表

案号	表象				第三人善意无过失	本人可归责	判决结果
	无权代理人身份	加盖公章与否	行为场合	本人获益			
（2014）民四终字第48号	曾任鼓楼支行行长，但出具《借条》时已不再担任	公章 ×			赵宝燕不存在合理的信赖。	鼓楼支行印章的管理尽到了必要的监管义务	×
（2016）最高法民600号	张某并非光大长春分行员工	公章和负责人名章均系犯罪分子伪造			招商无锡分行不仅没有与光大长春分行员工或相关业务部门工作人员核查		×
（2018）最高法民再302号	戴鸿翔作为交行场中支行员工	公章 ✓	在工作时间于行长办公室向郭世亮出具涉借款条		郭世亮此等信赖符合常人理性判断，相关信赖利益应予保护		✓
（2016）最高法民申3057号	白山工行营业部的个人信贷业务专用章				李子江在明知于竹兵借款非白山工行业务范围的情况下，依然向于竹兵借款，未尽到善尽相对人的一般注意义务，主观上存在重大过失		×
（2017）吉民终405号	工作人员	公章 ×			刘艳实际控制银行卡长达两年之久，在两年中李致学对该银行卡置之不理、不闻不问，有悖常理		×
（2018）黑民再292号	金山屯支行员责人	公章 ✓	借款未在银行柜台办理，签订借款合同的地点系非在金山屯支行	未将所借款项汇入金山屯支行账户			×
（2016）湘民终691号	支行副行长	公章 ×	均系廖建华在其办公室签订的		根据诚实信用原则和公平原则，农发行××县支行应当对廖建华的行为后果承担法律责任		✓
（2015）川民终字第 31 号	信托公司营业部工作人员	业务公章 ✓	不能证明在信托公司的营业场所内办理		陈家礼有理由相信李犀的行为系职务行为	信托公司因管理不严，本人可归责不当	
（2015）浙民终字第22号	专职个贷经理	印章系高喜乐伪造×		资金亦未进入银行指定的结算户头	第三人将该账户的网银设备及密码交由高喜乐保管，丧失了银行客户的基本注意义务，导致高喜乐冒名实施犯罪行为的便利条件	内部管理制度混乱，存在巨大漏洞，对员工的业务监管也存在严重缺失	50%的责任
（2018）浙民终827号	工作人员	伪造公章 ×	银行路边车上	平均年化利率达78.85%	綦建华为具有丰富从商经验的完全民事行为能力人，应对该利率标准有清晰认知…綦建华并不属于善意且无过失		×
（2018）浙民终830号	工作人员	伪造公章 ×	银行路边车上	綦涉业务年化利率达78.85%	华荣仲为具有丰富从商经验的完全民事行为能力人，应对该利率标准有清晰认知…不属于善意且无过失		×

[1] 其中最高法院案例 4 个，浙江高院 3 个，黑龙江、吉林、四川、湖南高院各 1 个。

根据反向涵摄的结果，当事人（A 组）学生将所有出现频率较高的案件情节浓缩改编形成一个虚拟剧本。在本案中，A 组学生得到了这样一个虚拟剧情：A 银行（被告）的支行行长（法定代表人）甲在 2015—2017 年间从事民间借贷资金掮客角色，多次签字从房地产开发商乙（原告）处借贷资金共计人民币 1000 万用于放贷给资金需求方。甲为规避监管，利用其妻子丙在 A 银行开立账户，该账户中混同了银行自身的工作经费与甲对外放贷本息。2017 年甲乙双方在某茶楼补签借条（待证事实），此时甲已经被 A 银行内部罢免支行行长，但工商登记尚未变更。甲签字让 A 银行支行秘书丁从银行内部拿出《个贷业务专用章》在担保人栏下盖章。随后，乙起诉要求 A 银行承担担保责任。（法律关系图如下。）

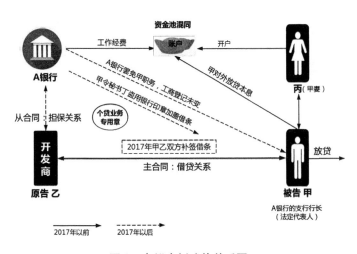

图 1　虚拟案例法律关系图

第四，自媒体可视化。根据上述剧情，A 组学生采用 PS 技术，制作相关的借条、《个贷业务专用章》、转账记录等书面证据，同时分别扮演甲、乙、丙、丁、银行代表等角色，将案件事实制作成 15 分钟左右的自媒体视频。

第五，平行模拟法庭。A 组扮演甲、银行代表的同学委托原告律师组（B、C 组）、被告律师组（E、F 组），B、C、E、F 四组同学此时听取其陈述并查看证据。然后组织模拟谈判，即由 B—E，C—F 四组同学根据手上的材料，分析自身优势与劣势，在法庭组（G 组）的主持下，模拟和解谈判。同时，要求 B、C、E、F 四组提交建议委托人是否接受和解提议的书面电子邮件。

随后，B、C、E、F 四组分别提交《起诉状》和《答辩状》。在法庭组（G 组）的主持下，按照 B—E 和 C—F 的对决顺序分别进行两次模拟法庭，完成证据交换、质证程序与法庭辩论。同时，观摩组（其他同学）负责观摩庭审，并通过多方互动教学平台软件对每个小组整体进行评估打分，同时可以上传留言和点赞。最后，法庭组（G 组）合议之后出具《判决书》。在此环节，观摩组（其他同学）基于"上帝视角"可以提前观看 A 组制作的自媒体视频，其他组同学则基于"无知之幕"不得观看该视频。

第六，集体讨论评估。模拟法庭结束后，向全体同学播放 A 组制作的自媒体视频并提供《类案检索报告》下载。观摩组同学负责制作《讨论提纲》，组织集体讨论。本案中，观摩组所提出的讨论问题包括：法定代表人的工商登记变化影响有多大？如本案盖的是公章而非个贷业务专用章是否会导致判决不同？合同签订具体地址（茶楼或银行营业场所）的影响？第三人的身份是否应当认定为职业放贷人？个人与银行资金混同是否构成银行管理责任？等等。

　　而后，邀请校外专家——本省高级人民法院做出过类似判决的资深法官和 J 银行资深法务专员在线进行点评。校外专家（法官 25%+银行法务 25%）、观摩组（25%）与教师（25%）的打分加权平均作为平时成绩。

　　第七，理论后续延展。教师在课后需要布置相关中英文理论文献供学生阅读，同时提供中国庭审公开网（http：//tingshen. court. gov. cn/）相似真实案件的庭审录像链接供有兴趣的同学观看。学生则可以自愿选择将某类案件作为自己毕业论文或科创项目的选题方向。

三、双向场景案例讨论法的教学效果评估与分析

　　近五年课题组在民法课程中对同一年级不同班级有意识地差别化地实行了双向场景案例讨论法。从客观效果来看，使用了该方法的班级（A 班）与没有使用该方法的班级（B 班），最终同一套期末考试题平均分相差 4 分之多，尤其在案例分析题上，两者百分制总分差达到 6 分。从主观效果来看，根据我们下发的调查问卷，评分显示，大多数人认为过程有趣（85%）和有指导意义（64%），29% 的人认为任务比预期要难。其中，学习合同（60%）、自媒体案情展示（74.5%）和平行宇宙模拟法庭（78.6%）三个因素得到了学生最多的认可。同时，法学院本科学生科创立项数量明显增加。根据我们的观察，以上教学效果提升可能是以下七个方面共同作用的结果。

（一）案例信息的高效传递

　　双向场景案例讨论法有利于提高案例信息传递效率。其一，学习合同清单利于学生形成金字塔结构化思维，使其主动学习相

关法条和学说，从而夯实了实践性教学的理论知识基础。其二，类案检索与反向涵摄环节实现"逻辑要件与事实经验之融合"，案例信息不再受制于教师输入，学生亦不再单纯地将其等同于书面抽象符号，从而同时改变了案例信息的提炼深度。其三，自媒体可视化给予了学生利用情感来构建学习体验的机会。通过制作证据材料与案件视频，学生通过类似于 VR 的客户视角，使其获取了可感知、可移情、可共情信息，从而部分弥补了学生所缺乏的社会经验。其四，外部专家担任一个信息补充者的角色，将课堂分析与司法实践缀连起来。

（二）学习激励的合作产生

95 后学生面临的课余选择和诱惑之多，使得实践性教学必须提供"利用不同的资源创造个人有意义的学习体验"[1]才能获取（甚至是争夺）学生的时间与精力，从而实现从"为获得知识而学习"过渡到培养解决问题的技能。其一，学习合同清单直接回应了 95 后希望参与重大决策和目标设定的期许。其二，A 组学生扮演了委托人的角色创造出一个真实的委托主体，这使得代理组学生意识到自己不仅仅是在完成作业，而是在履行一个真实的代理义务，由此带来的使命感与主人翁精神有效地提升了学习激励。其三，将纸面信息转化为自媒体视听材料刺激了学生的学习欲望。正如一名学生在问卷调查中谈到："我越是陷入自己角色的表演，就愈加感受到这一事件演变成一场官司的可悲之处，也就更加试图寻求解决的办法。"其四，模拟法庭环节中 B—E 和 C—F 的两次平行对抗性庭审提供了竞争激励，学生不仅要对抗

---

〔1〕 Steven K. Berenson, "Educating Millennial Law Students for Public Obligation", *Charlotte Law Review* 1, 2008, p. 2.

本组的对方代理人，还必须争取比另一组同样角色的学生表现突出。同时，观察组现场打分与网络平台点赞功能提供了95后最为看重的"即时的满足感和频繁奖励"[1]。第五，将所有信息公开后的综合讨论环节给学生提供了一个头脑风暴的机会，形成学习吸收率最高的转教别人模式[2]。同时，外部专家评议给予了学生之前的努力以有效反馈。

（三）深层反思的习惯养成

习近平总书记"五三"讲话指出，"青年时期是培养和训练科学思维方法和思维能力的关键时期。"反思是实践性学习形成深层思维的重点环节。95后学生数字原生的重要印记之一就是过于依赖快节奏的信息吸收，缺乏批判性思维，故而需要学习如何练习放慢速度，集中精力深入思考材料和信息。其一，不同组别的学生对某一类案件先是从当事人、律师、法官多视角有限信息的情况下介入，最后披露所有信息（自媒体视频与类案检索报告）进行全面讨论。这使得学生有机会反复检讨之前自身思维的局限性。其二，将教师分享信息转变为学生交流讨论，通过"自我生成的观察"（self-generated observations）养成深层思考的习惯。其三，B—E 和 C—F 的两次模拟法庭对抗所创造出"平行宇宙"（parallel universes）使学生有机会"同构归因"（isomorphic attribution）地观察、比较和解读相同案例中不同小组的工作思路

---

〔1〕　有学者从心理学角度解释，后千禧一代的学生从小就被教导他们是参与的"赢家"，并习惯于接受即时奖励。See Emily A. Benfer, and C. F. Shanahan, "Educating the Invincibles: Strategies for Teaching the Millennial Generation in Law School", *Clinical Law Review* 20, 2013, p. 309.

〔2〕　哈佛大学的"学习吸收率金字塔"指出，听讲、阅读，往往属于被动的个人学习，学习吸收率低于30%，而如果采取主动的学习方式，例如小组讨论学习吸收率可以达到50%以上，而将所学到的知识转教别人的学习吸收率可以到达90%。

与结果，尽收切磋之益。其四，钳制 95 后对学习功利消费主义之倾向，促进学生能动思考促进个人成长。

（四）技能培训的多元提升

传统案例研习另一个被人诟病之处在于忽略了学生所亟需的多元法律职业技能，这正是双向场景案例讨论法可资展布之处。其一，类案检索与反向涵摄有效提升学生检索和消化大量信息的能力，即信息化社会亟须之"搜商"。其二，"庭审是一种用故事解决问题的实践"[1]，多媒体视频制作不单本身是一种必要技能，更可培养学生通过金字塔思维整合思路讲故事的能力。视频制作思路清晰的小组，往往在集体讨论中表现更好。其三，学生对某一类案件（如表见代理）在某一行业（如金融业）产生的深层次原因的分析潜移默化地提升了学生整合法律知识与其他专业背景知识的能力。其四，"善律者不诉"，现代商业社会需要学生掌握通过谈判妥协、避免诉讼的能力。诉前纠纷解决课程已经成为全球法学院常见的技能课程设置。双向场景案例讨论法的重要特色之一就在于要求学生"模拟谈判"，评估显示，42% 的案件学生都能够通过谈判形成妥协方案。其五，训练学生沟通能力，要求学生就调解方案向当事人小组拟定书面邮件，并尝试说服后者接受这一方案。其六，多项工作同时展开的时间协同、能力互补和相互激励要求学生的团队合作及部分学生的领导技能。其七，给予学生面对不确定性时心理训练，从而培养他们暴露在波动性、随机性、压力和混乱下的复原力。[2]

---

〔1〕 Gerald P. Lopez, *Rebellious Lawyering: One Chicano's Vision of Progressive Law Practice*, Westview Press, 1992, p. 39.

〔2〕 ［美］纳西姆·尼古拉斯·塔勒布：《反脆弱：从不确定性中受益》，雨珂译，中信出版社 2014 年版，第 2 页。

（五）职业伦理的潜移默化

双向场景案例讨论法通过场景革命鼓励学生移情和批判性思考，进而引入了培养职业伦理、提倡公平正义的三条路径：其一，自我意识的激发。场景革命可以使得学生主动意识、提前修正面对真实世界时的自身性格弱点。其二，伦理敏感的驯致。通过可视化的构建场景并在讨论环节评估可能的道德困境，学生由此潜移默化地逐渐形成当自身行为与法治价值体系发生冲突时自动叫停的直觉。其三，移情反思的养成。学生在讨论中将理解并间接体验当事人的感受，从而学会换位思考和沟通交流。这不仅对于习惯于以自我为中心的 95 后尤为重要，而且有利于消弭法学学生常见的法律帝国主义倾向。

（六）案例资源的传承扩散

在教学案例完成后，视频以及讨论所形成书面材料将物化保留于数字化介质以增加记忆黏性，从而解决了教学经验无法"代际传承"的问题。通过保留每一届学生的学习过程痕迹与记录，使得不同届、不同专业学生之间可以实现跨空间、跨专业互动交流。云储存上的每一个视频都可以成为建立后续教学案例数据库的真实题材，学生甚至新晋老师都可以通过平台随时复查以前的知识，进而推动学生教学和教师培训模式的创新。[1]

（七）理论研究的涟漪效应

课题组还发现，双向案例研讨法有利于解决既往学生毕业论文选题空洞的难题，同时显著提高了学生科创立项数量。其原因有二：一是学生已经在类案检索与反向涵摄中发现了真实世界中

---

〔1〕　为保留与分享视频和材料，西南财经大学法学院课题组申报了《卓越法治人才培养自媒体多方互动教学平台建设》项目，并设计了相关软件和建立校内云储存服务器。

存在的疑问,从而激发了问题意识;二是前期的集体讨论与后续文献研究相对照,使得学生产生了深入研究兴趣,因此会自主地投入更多的时间和精力。

四、双向场景案例讨论法的若干经验及检讨

(一)强调"互嵌式团队"合作参与案例讨论

课题组发现,双向场景案例讨论法的最大潜在问题在于性别差异、性格差异与交流障碍。首先,学生在参与过程中往往分为驱动型、妥协型、表达型与分析型四种情况。学生的性格往往决定了自身参与讨论的深度。其次,双向案例讨论中女生往往承担驱动型与表达型的角色,而男生之中妥协型较多。这也和课后调研中,女生对双向场景案例讨论法的肯定比例高于男生(88%:68%)相印证。那么,是否会存在个体上男生的发言权或自信被女生压制或者剥夺的可能?[1] 另外,95 后视网络交流优于口头交流,原因在于前者带给他们的安全感更大。这也导致了部分学生在模拟法庭与集中讨论时的交流障碍。

由此,我们鼓励采取性格、性别、专业三方面的"互嵌式组队":一是考虑到比较内向的学生不愿意单独暴露在群体面前。因此,通过组队创造一个"安全空间"能让不同性格的学生发挥自身能力。二是组队时男女比例合理,以发挥性别优势互补。三是学生专业组成多元化往往可以通过两种相互关联专业视角来观察案例,取得意想不到的效果。例如,在表见代理的案件中,金

---

〔1〕 考虑到西南财经大学所在省份(四川省)女性较为强势及财经类院校女生占比超过 65%这两个前提,课题组尚缺乏广泛数据,不能确定是否不同地域、不同类型的高校采取双向案例讨论法时都会存在上述性别差异。

融专业的学生对银行内控的知识给案件分析提供了重要支持。[1]

（二）基于 95 后学生对及时积极反馈和奖励紧密的依赖性，评价的客观公正与事后反思对教学效果至关重要

最开始课题组选择公布所有学生的分数，但发现低分带给学生的消极反馈可能是毁灭性的。因此，对于评估小组的打分调整为程序上只公开发布表现最好（最高分）的前三组，个体得分则只能由学生自己查询。另外，将校外专家和教师的打分调整为只针对小组而非个人，从而缩减负面影响。尤其重要的是，专家和教师需在事后主动对得分较低的小组提供挫折反馈，通过反思会议（review sessions）组织小组内部开展自我评估，引导学生检讨与总结，从而有效改变学生对负面评价的接受度。

（三）关于开展双向场景案例讨论法的时间与年级

调研显示，大二与大三的本科生对该方法的反应优于研究生（好评率 92%∶83%），这一数据与上课教师的主观感受一致。这有可能是因为研究生受科研、兼职或生活事务的牵制，不愿意投入过多的时间精力。从另一个角度来看，这一数据也反映出法理知识掌握与实践性教学并不存在必然的前后因果关系，印证了将法律实践教学与理论知识讲授同步甚至更加前置化的呼吁。[2]

（四）不同教师对双向场景案例讨论法的接受度差异

部分教师提出了三个担忧：一是自媒体过于娱乐化从而降低

---

〔1〕　在另一个医疗纠纷的侵权案例中，我们邀请了四川大学华西医学院的学生加入讨论，使得法律与医学的学生可以从各自角度对照分析病人的法律投诉，利于"推进法学与外部各学科的理性对话、交叉融合、优势互补、资源共享"的趋势。参见张文显：《在新的历史起点上推进中国特色法学体系构建》，载《中国社会科学》2019年第 10 期，第 34 页。

〔2〕　刘坤轮：《走向实践前置：中国法律实践教学的演进趋势》，载《政法论丛》2019 年第 6 期，第 156 页。

教学的严肃性；二是教师对部分学生提出的学习合同要求自身知识专业储备不足，例如学生提出了对网络主播跳槽、第三方支付违约等娱乐法、网络法前沿课题的学习要求；三是存在教师电脑技术上无法控制自媒体教学过程。对此，课题组认为，其一，大量研究显示适当地使用娱乐性教学资源或方法以推动教育改革有益无害，传统教学观念在互联网时代的转变则是应有之义。其二，学生前沿化的教学需求正是推动教学内容改革的重要参照，亦是对教师职业终身学习的希冀所在。其三，教师自媒体培训以及给年纪较大的教师配以熟悉多媒体技术的学生助教似乎是技术问题的应对之道。

（五）考虑到双向场景案例讨论法对教师与学生时间精力的消耗，必须通过规模效应降低该模式的运行成本

本课题组在将不同课程使用双向场景案例讨论法所需共通逻辑链汇总的基础上，开发了统一的自媒体多方互动教学平台，可以实现多个课程对底层应用和技术支撑的模块公用，统一技术标准的同时避免重复成本。同时，疫情期间上课的经验显示，通过 QQ 群或其他在线办公软件可以在线完成一对一会议、小组会议、研讨会课程，换言之，除了模拟法庭之外，其他环节均可以通过线上完成，这大大提高了沟通效率。另外，双向场景案例讨论法当然不止适用法律专业，商学院、医学院等学科也适用推广这一方法，从长远来看，建立跨院系、跨学科与跨学校网络合作和讨论成果共享机制将进一步增加该方法的规模效应。

法学"云课堂"的实践性与互动性进路

——从多平台多维度构建线上案例教学说起

◎张贝特*

摘　要：传统的法学课堂教学在此次疫情特殊时期几乎完全被线上教学所取代。法学"云课堂"在带来便利的同时也产生了许多突出的问题，比如缺乏互动和实践性不足。笔者认为解决这些问题的有效措施之一便是开展线上案例教学，通过多平台和多维度构建线上案例教学的框架，使得虚拟课堂中的学生在积极互动的同时获得一定的法律实践能力。

关键词：法学教育　线上教学　案例教学法　互动性　实践性

＊　张贝特，男，华中师范大学法学院 2018 级法律硕士，研究方向：法理学，诉讼法学。研究生导师：黄新民。

一、疫情期间的网络教学概况

网络课堂与线上教学一直被作为传统面授教学的补充方式存在。虽然 MOOC、SPOC[1] 等新兴的在线课程自出现以来便在全球教育领域，特别是高校教学方面逐渐升温，[2] 有力的例证便是接连涌现出的大量网络 MOOC 平台，譬如国外的 Coursera、edX，以及国内的"中国大学 MOOC""智慧树"等，[3] 但其自始至终都未完全取代传统的课堂面授教学模式。

直到此次新冠肺炎疫情暴发，全国各地、各级学校都不得不完全采取了线上教学的形式。在没有复学通知的前提下，学生不能返校，教师不能利用课堂空间实地教学，线上教学就成了最好的，也是唯一的手段。根据教育部高等教育司公布的数据显示，从 2020 年 2 月 17 日至 4 月 3 日，全国在线开学的普通高校共计 1454 所，95 万余名教师开设 94.2 万门次、713.3 万门次在线课

---

〔1〕 MOOC（Massive Online Open Course）即"大规模线上开放课程平台"，其形式是学生在网络平台上通过观看录制的课程视频、阅览相关资料来完成自主学习，成熟的 MOOC 平台一般都拥有海量的各科各专业课程内容，并有完整的教学环节：开课、上课、作业、反馈、讨论、评价、考核、颁发结课证书等；SPOC（Small Private Online Course）即"小规模限制性线上课程平台"，其"small"是指学生规模一般在几十人到几百人，"private"是指对学生设置限制性准入条件，达到要求的申请者才能被纳入 SPOC 课程。

〔2〕 参见康叶钦：《在线教育的"后 MOOC 时代"——SPOC 解析》，载《清华大学教育研究》2014 年第 1 期，第 85 页。

〔3〕 主流的 MOOC 平台远不止正文中所列举的这几家。美国现有所谓的"MOOC 三巨头"：Coursera，edX 和 Udacity，其中的 Udacity 平台自 2012 年成立至今，在全球已拥有 160 万用户，详情参见其官方网站：https：//www.udacity.com/，最后访问时间：2020 年 4 月 25 日。国内亦有所谓"五大 MOOC 平台"："学堂在线""中国大学 MOOC""好大学在线""智慧树"和"超星慕课"，其中"中国大学 MOOC"平台由高等教育出版社和网易公司合作开发运行，目前已有共计 677 家高校和教育机构入驻并在该平台上传课程，详情参见其官方网站：https：//www.icourse163.org/，最后访问时间：2020 年 12 月 25 日。

程，参加在线课程学习的学生达 11.8 亿人次。[1] 线上教学也成为法学教育的主要形式，法学院的教授、讲师们一边摸索着合适的网络教学方式，一边适应起看不见讲台下的学生，只能对着摄像头和麦克风讲授的"云课堂"来。[2]

二、法学"云课堂"及其主要问题

（一）法学"云课堂"的主要模式

当前法学"云课堂"主要模式有两种，一种是依托现有的视频会议平台或线上办公平台（"腾讯会议""企业微信""钉钉"等），将原本应在课堂讲授的法律知识通过视频、音频会议的形式传授给参与虚拟会议中的学生，学生于课后完成作业布置和考核评价。此种模式的优势是已有较为成熟的线上办公软件作为教学的技术支持，法学教育者只需熟悉操作相关操作即可，而且线上会议支持屏幕共享、视频和音频接入，具有进行互动的条件。另一种是在原有的开放或校际专用 MOOC 平台、SPOC 平台上，上传供学生学习的资料和教学视频（主要是文献和重要知识讲解），通过统计在线学习时长和作业完成情况等指标来进行考核。此种模式方便学生随时随地学习教学资源，同时便于教学者统一管理和评价。

---

〔1〕 《教育部启动中国高校在线教学国际平台建设》，载人民网：http://edu. people. com. cn/GB/n1/2020/0410/c367001-31669550. html，最后访问时间：2020 年 12 月 25 日。

〔2〕 《提前谋划、全程服务法学院为师生满意的网课保驾护航》，载《浙江大学报》：http://www. zju. edu. cn/2020/0313/c46880a1969089/pagem. htm，最后访问日期：2020 年 12 月 25 日；《法学教授直播授课，空中课堂师生互动》，载《湖北日报》：http://news. cnhubei. com/content/2020-03/19/content_12872676. html，最后访问时间：2020 年 12 月 25 日。

以笔者本学期研修的课程为例，授课老师同时采用了上述两种模式，在课外于"华中师范大学云课堂"[1]设立了专门的课程栏目，选修的学生均可通过教务系统录入到该课程中，在课程栏目中授课老师提前上传了大量的文献资料以供课前预习。在正式授课时，师生统一使用"腾讯会议"作为交流的平台，老师可以利用平台内的屏幕共享功能进行课件的展示，同学们则可以利用音视频接入的功能提出问题、进行交流。这种课前学习、课堂探究的模式正是所谓新兴的"翻转课堂"（the Flipped Classroom），利用合适恰当的网络工具便能让学生成为自主内化知识的学习者。[2]

（二）法学"云课堂"面临的主要问题

线上法学教育"云课堂"的网络平台和视频、音频会议的形式，在接触之初通常会使学生产生不同于传统课堂教学的热情和积极性，[3]但随着线上教学的持续进行，学生发现教师只是换了一种形式"照本宣科"，对"云课堂"的新鲜感和期待感可能迅速淡去，网络教学的问题也不断暴露出来。

1. 互动不便，督学有困难

虽然线上法学教学有极大部分使用了先进的音频、视频会议的形式，允许师生在一个虚拟的"会议室"中实时交流，但在互

---

〔1〕 "华中师范大学云课堂"是由华中师范大学国家数字化学习工程技术研究中心维护运行的，满足校内师生网络教学需求的云端一体化 SPOC 教学平台，师生通过个人账户登录后可在相关课程中教授或学习并完成作业及评分任务，详情参见其官方网站：http://spoc.ccnu.edu.cn/starmoocHomepage，最后访问时间：2020 年 12 月 25 日。

〔2〕 参见张金磊等：《翻转课堂教学模式研究》，载《远程教育杂志》2012 年第 4 期，第 46 页。

〔3〕 参见肖永平：《法律的教与学之革命——利用多媒体开展国际私法教学的理念、模式和方法》，载《法学评论》2003 年第 3 期，第 158 页。

动上仍存在一定的障碍。线上会议极大地依赖使用者的硬件条件，对于网络速度、流畅性和个人电脑或移动终端的处理运行能力都有较高的要求，比如曾有过新闻报道，部分偏远地区的网络信号覆盖不足，信号强度低，有些学生或教师只能在高山等信号稍好的地方进行线上教学。[1] 试想一下，对于家处农村偏远地区，勉强能接收到网络信号并进入线上课堂学习的部分学生，如果老师在教学时向他们提问，受制于网络速度他们可能无法及时听清课堂提问，也无法流畅完整地做出回答，课堂内的其他学生和老师都只能听到断断续续、卡顿延迟的回答，会极大地影响课堂教学的正常有序进行。

采取音频、视频会议形式进行课堂教学，同时也会导致教学者无法直观监督学生投入学习情况，让教学者的监督、纠正作用不能正常发挥。对此笔者深有体会，首先是难以要求在老师讲授课堂中的所有学生都打开视频，因为客观上存在网络和平台容量的限制。其次是就算所有学生以视频接入，也不能保证其是在认真听讲还是在移动终端上浏览其他无关信息。另外如何在网络课堂上快速、方便地考勤和统计人数也是一大问题。

2. 流于形式，实践性不足

如果说上一部分的问题是网络教学的客观条件造成的，那么法学"云课堂"实践性不足的问题则是一贯以来国内法学教学之通病在网络时代的显现。国内法学教育主要是继受和改良后的大

---

〔1〕 《藏族男生零下 8 度山顶上网课，每天花 40 分钟到"教室"》，载《新京报》：http://www.bjnews.com.cn/wevideo/2020/03/16/704509.html，最后访问时间：2020 年 12 月 28 日；《山坡上的特殊网课：西安被"困"湖北女老师每天上山"寻网"上课》，载搜狐网：https://www.sohu.com/a/377839209_100067459，最后访问时间：2020 年 12 月 28 日。

陆法教学方法，其教育内容注重对较抽象的概念和原理加以阐释和分类；在教学方法上，强调教师的系统讲授而不是与学生讨论，旨在向学生传授知识，授课的形式主要有课堂讲授、谈话答疑、指导阅读、作业练习、课堂讨论（包括案例分析）、指导论文撰写、社会实践和实习等，其中占主导地位起主要作用的是讲授方法。[1] 单纯理论原理和法条教义的讲授在法学教学者面授时就已经很让学生觉得抽象而枯燥了，更遑论让学生紧盯着手机或电脑屏幕持续听讲几十分钟乃至几个小时了。需要我们正视的是，网络教学虽然具有极大的便利性，但小小的终端屏幕远不能有效完整地传达教学者富有感情、循循善诱的语气以及富有感染力的肢体动作，在正常的课堂教学里，这些都是除了讲授的内容外吸引法学学生积极认真听讲的其他重要因素。枯燥的内容加上有距离感的虚拟的讲授，让法学"云课堂"中的众多的学生都只是在"流于形式"地听课，而不是积极思考并消化知识。

缺乏实践性是线上教学的另一大问题，当然这也是国内法学教育长期以来存在的顽疾。法学教育具有的深刻的职业背景决定了法学教育是一门应用性学科，具有政治性、社会性和实践性强的学科突出特点，法学教育应重视对法律职业能力、思维和素质的培养。[2] 在普遍采取讲授教学方式的情况下很难给予学生法律职业能力的提高，是故国内法学教育业已开展较长时间的职业

---

〔1〕 参见邵俊武：《法学教学方法论要》，载《法学评论》2000 年第 6 期，第 146 页。

〔2〕 参见霍宪丹：《法律职业的特征与法学教育的二元结构》，载《法律适用》2002 年第 4 期，第 9 页。

教学实验，比如设立专门的"法律专业硕士学位"，[1] 开设案例研习、实习课及法律诊所等职业技能课程。[2] 但是网络教学大环境下实地实习和法律诊所都无法正常开展，学生们无法接触到真实的当事人，也就无法接触到鲜活的法律案例，在以讲授为主要学习方式的"云课堂"里，实践性的教学内容似乎被有意地淡忘和漠视了。

三、问题的进路：线上案例教学

笔者认为，不应将法学线上教学当作特殊时期一个替代形式而忽视和容忍其在互动性和实践性方面存在的问题，因为疫情的常态化防控使线上教学还有长期存在的必要，另外线上教学日渐成为新兴的潮流。法学教育者应对此重视并可以利用线上案例教学这一方法很好地解决上述种种问题。

传统的案例教学法滥觞于美国的判例教学（Case Method of Teaching Law），由哈佛大学法学院院长兰德尔 1870 年首次提倡并创造。[3] 20 世纪 80 年代，案例教学法传入中国，国内各大学法学院系纷纷效仿，将案例教学引入法科学生的课堂。[4] 线上案例教学是在网络技术和线上平台支撑下，将典型案例与法学知识相结合传授于法科学生，并同时培养其一定的法律职业技能的

〔1〕 有关法律硕士等国内高级法律职业教育的报告，参见霍宪丹主编：《中国法律硕士专业学位教育的实践与探索》，法律出版社 2001 年版；曾宪义、张文显：《中国法学专业教育教学改革与发展战略研究》，高等教育出版社 2002 年版。

〔2〕 参见龙卫球：《法学教育和法律职业关系的双重意蕴》，载《中国法学教育研究》2006 年第 2 期，第 38 页。

〔3〕 参见范卫红等：《国外案例教学法与中国法学教育》，载《重庆大学学报（社会科学版）》2006 年第 2 期，第 94 页。

〔4〕 参见刘燕：《法学教学方法的问题与完善途径：以案例教学为例》，载《中国大学教学》2013 年第 7 期，第 62 页。

教学方法。下文笔者将详述如何开展线上案例教学，主要包括教学内容和阶段的安排、不同阶段合理工具与平台的选择运用以及和其他教学方法的协调衔接等。

（一）选取合适的案例

线上案例教学以案例为中心，教师的教和学生的学通过案例的组织、分析讨论、总结评论把抽象的理论和呆板的法条与实际相结合，使普遍性的理论观点和特殊的事实材料相统一，记忆性的知识学习和操作性的分析思考相统一。故此案例是线上案例教学的核心与灵魂，在选择时应认真考量。所谓"合适"是指案例内容要契合所讲授的具体专业课程知识，对某一制度或法学原理有较好的体现。"合适"也要求所选案例具有相当的权威性和典型性，权威性一般应指案例由最高人民法院或最高人民检察院发布，这样的案例判决专业性和正确性都有保证。典型性强调案例能够深刻反映需要学生掌握的某一方面的法律知识、思维和技能。

（二）划分科学的教学阶段

线上案例教学按时间先后顺序可具体分为：确定教学目标及体系；参照目标找到合适案例；分发案例；指导学生成立案例小组，帮助学生进入角色（法官、仲裁员、原告、申请人、被告、被申请人、代理人等）；扼要讲授或提示相关法律与理论；指导学生写出案例摘要，归纳出问题或争议点等阶段。[1] 细分各个阶段是为了让学生充分参与到研习具体案例，避免囫囵吞枣，仅将案例的价值停留在理解具体法律条文的适用上，而忽视背后深

---

〔1〕 参见梁西、宋连斌：《法学教育方法论：同读者讨论国际法研究论文写作和课堂教学等问题》，武汉大学出版社 2009 年版，第 95 页。

层次的价值与原理。为了保证学生的自主性，老师无需在每个阶段都进行指导或干预，仅需在必要的环节给予有限的指导即可，比如需要由老师确定具体案例，对法律理论进行提纲挈领的讲解等。当然上述阶段划分是笔者基于个人经验和思考的建议，在具体专业课程和实际案例教学时需要因材施教，增减部分阶段。

（三）利用多种网络工具和平台

在划分了线上案例教学的具体阶段后，需要课程老师根据各阶段不同的学习要求和内容使用不同的工具和平台配合教学。具体来说，在确定讲授和讨论的案例后，需要指导学生使用检索工具与查询类网站充分了解案件情况和诉讼当事人背景等，老师不必全部地准备案件材料，而应当鼓励学生利用"中国裁判文书网""中国执行信息公开网""国家企业信用信息公示系统"等网站自主查询；涉及国外的案例或文献时，还应鼓励学生使用外文检索工具比如"West Law"一类专业网站。[1] 上传由教师准备的资料和课件视频等文件时，可以选择校际的 SPOC 平台，不具备相应条件的亦可上传至开放的学习平台上，如上文提及的"中国大学 MOOC""智慧树"等，方便学生提前下载预习并反复阅览。在正式的案例讨论也即上课环节，可根据不同的需求选择不同线上教学平台，课程人数较少、无需录制上课内容的情况下可使用诸如"腾讯会议""Zoom"等即时线上平台，而课程人数多且需要录制内容反复播放的，可使用"腾讯课堂""钉钉"等专业平台。当然，对于部分法学教学者而言，直播教学所要求的多媒体和网络平台运用能力可能过高，此时可联系课程内学生志愿

---

〔1〕 有关案例的检索网站亦可推荐非官方网站，比如"无讼案例"：https：//www.itslaw.com/home；"Open Law"裁判文书检索网站：http：//openlaw.cn/.

进行协助和管理。

（四）联系其他法学教学方法

线上案例教学可以与线上模拟法庭、法律文书、法律谈判等多种实践性教学方法相结合，这样不仅能加深学生对案例和原理的理解，同时也能加强线上教学的职业性和实践性，让法学学生熟悉必要的法律职业能力。以法律文书课程为例，在对案例进行充分剖析和讲授后，老师可以让学生选择特定的角色，就特定的案件撰写简要的文书，比如让扮演案件代理律师的学生起草答辩状或上诉申请书等。法学教学方法不是单一的、孤立的、分散的某一具体手段，而是一个多面性的、多层次的结构体系，适合于法学教学的所有教学方法共同构成的手段。[1] 因此线上案例教学不应是孤立和乏味的，而应是和其他教学方法衔接协调，相得益彰。

四、总结与希冀

笔者有关线上案例教学的构思以案例为核心，多种工具和平台为骨架，联系其他可行的教学方法形成了多维度的线上法学教学框架。诚然，案例教学在本质上只是一种教学方法，其受制于教学目的和培养目标的要求，[2] 即使在其现代发源地的美国，学界对其真实作用也一直有所批评和怀疑。[3] 对于法学教育者和学习者而言，单纯的一种工具可能无法彻底解决大环境下诸如

---

〔1〕 参见邵俊武：《法学教学方法论要》，载《法学评论》2000 年第 6 期，第 149页。

〔2〕 参见唐世纲：《案例教学论》，西南交通大学出版社 2016 年版，第 2 页。

〔3〕 Courtney Kenny, "The Case-Method of Teaching Law", *Journal of the Society of Comparative Legislation*, Vol. 16, No. 2 (1916), pp. 182-194.

法学教育的互动性和实际性等问题，线上法学教育的根本还是要回到教育者和学习者本身上来，正如康德所言："人所愿欲的和他能够支配的一切东西都只能被用作手段；唯有人，以及与他一起，每一个理性的创造物，才是目的本身。"[1]笔者希望在挖掘二者自身积极性和能动性的同时，辅之以恰当的方法，让特殊时期的国内法学教育依然能培养出既掌握一定法律原理和法律思维，又有着基础的法律实践能力的法律人才。

---

[1] [德]康德：《实践理性批判》，韩水法译，商务印书馆1999年版，第95页。

论民法典时代中国的罗马私法教学

——以清华大学"罗马法与现代民法"课程为例

◎汪　洋*

摘　要: 清华大学法学院于2015—2016学年秋季学期开始开设"罗马法与现代民法"课程,从历史与当代两个视角,增进学生的民法历史功底、比较视野与古典气质。教学方法上坚持回到原始文献进行罗马法教学,并引入文本分析方法。在我国《民法典》正式颁布实施的关键节点,罗马私法教学仍有不可替代的重要意义:在制度流变史层面,罗马法有助于理解现代法,罗马法是实证法的尺度以及欧洲私法一体化的历史基础;在功能层面,罗马法作为历史上问题解决方案的储备,使"后来者得借此避免歧路与迂回";在方法论层面,罗马法展示了法学家面对个案的决疑术与实践理性;在本体

---

*　汪洋,清华大学法学院副教授,博士生导师。

论层面，罗马法体现了法规范产生方式的自治。

关键词：罗马法　现代民法　文本分析方法　民法典

一、中国法学院罗马法教育的发展历程

（一）清末民国时期

1867 年作为京师同文馆教习的美国人丁韪良，依据其译出的《万国公法》开设国际公法课程，是为中国近代法学教育的萌芽。1902 年清政府任命沈家本、伍廷芳主持修订法律，1906 年清政府宣布预备立宪、着手改革官制、进行司法改革，新式法律人才急缺，中国近代法学教育进入高速发展期。[1]

中国文献中最早关于罗马法的记载，是清朝政府派五大臣出洋考察西洋法制的报告，载泽等人于 1906 年 5 月 9 日在《奏在法考察大概情形折》中称：“大抵欧洲各国政治，悉根源于罗马旧制，言政法者必先言罗马，犹中国学者必首推周秦……”这一报告确认了罗马法的现代欧洲各国法的母法地位。[2] 中国的罗马法教育自近代法学教育开始之时即已展开，1895 年天津中西学堂法律科开办，着力于培养专门的新式法律人才，除进行英文、几何等通识教育外，更注重讲授罗马律例、民间诉讼法等近代法律课程。1906 年承继天津中西学堂的北洋大学堂的罗马法教育设有两门课程，即罗马法律史与罗马法。[3] 1913 年朝阳大学正式招生开课起，便将罗马法设为法学教育的科目之一。

---

〔1〕　汪强：《论大陆式法学教育模式下的朝阳大学罗马法教育》，载《学术界》2016 年第 6 期，第 212~217 页。

〔2〕　徐国栋：《中国第二次继受大陆法系与罗马法教学的转型》，载《河南财经政法大学学报》2014 年第 1 期，第 143~145 页。

〔3〕　汤能松：《探索的轨迹——中国法学教育发展史略》，法律出版社 1995 年版，第 161 页。

民国期间，罗马法从必修课转为选修课，虽然课时被压缩，但依然存在于各法科院校的课程设置中。例如，燕京大学、清华大学、朝阳大学、东吴大学、厦门大学、武汉大学和湖南大学等50 所大学，都列有罗马法课程。[1] 其内在原因，一是罗马法本身的特质。中国自清末拟制民法典，承袭日、德，追根溯源亦与罗马法密切相关。[2] 从比较法、法律史的角度看，欧洲各国法系多渊源于罗马法，法律名词、法学原理等皆可追溯至其上。罗马法内容与中国的民法典编纂休戚相关，是培养既具理论深度又符现实所需的人才的必要法学科目。二是国家宏观教育宗旨。1912 年教育部公布教育行政法规《大学令》，其中第 1 条即抽象规定大学的宗旨是"教授高深学术，养成硕学闳材，应国家需要"。1913 年初，教育部公布《大学规程》，对《大学令》的内容进一步细化。具体到法学教育方面，为实现其宏观宗旨，已将课程分为基础理论课与部门法课，罗马法教育作为基础理论课的科目而存在。据《民国时期总书目（1911—1949）·法律》一书统计，民国期间以"罗马法"为题的著述总计 12 本，[3] 其中包括陈朝璧以及丘汉平等人编写的教材。但民国时期绝大多数法科院校的罗马法教育也存在一定通病，例如，课程材料取得以二手为主，讲义结构形式单一（多为潘德克顿式而非阶梯式），讲授内容仅涉及私法，罗马公法讲授很少。

（二）改革开放以来

1949 年至 1978 年期间，由于法学教育总体上学习苏联，加

〔1〕　徐国栋：《中国第二次继受大陆法系与罗马法教学的转型》，载《河南财经政法大学学报》2014 年第 1 期，第 143~145 页。
〔2〕　丘汉平：《罗马法》（上册），上海法学编译社 1933 年版，第 2 页。
〔3〕　北京图书馆编：《民国时期总书目（1911—1949）·法律》，书目文献出版社 1990 年版，第 29~30 页。

上师资缺乏，中国的罗马法教育仅在北京大学开设过课程且仅维持了一年。1978 年以后，中国法学教育得以恢复并迅速发展，罗马法教育开始在部分法科院校恢复开设。例如，民国时期著名罗马法学家周枏先生，先后在西南政法学院、华东政法学院、安徽大学等处讲授罗马法，尤其是在安徽大学主持的罗马法讲习班，是 1949 年后最具影响的罗马法教育事件。[1]

　　20 世纪 80 年代起又兴起了一波编写罗马法教材的热潮。1982 年，江平老师的《罗马法基础》问世。1983 年，司法部组织周枏、吴文翰、谢邦宇 3 位教授编写了统编教材《罗马法》，以谢邦宇教授在北京大学授课的讲义为蓝本，基本上按潘德克顿体系组织罗马法材料。1987 年，江平与米健合作扩写了 1983 年《罗马法》教材。1994 年，周枏的《罗马法原论》出版，成为中国最权威的罗马法著作。1989 年，由张企泰翻译的优士丁尼的《法学阶梯》出版，其把中国的罗马法教学带入了新阶段。1998 年，徐国栋从拉丁文版再译了《法学阶梯》，并于 2005 年进行了修订。在意大利罗马第二大学斯奇巴尼教授的组织下，又有多卷《学说汇纂》以及精选的原始片段被译为中文并出版。罗马法教学在中国发生了从二手资料到一手资料的转变。事实上，《法学阶梯》本身就是罗马法律学校使用的初级教材。通过原始文献进行罗马法教学后，可以发现罗马法学家具备严格的术语体系、奇思妙想的法律推理方法、更加多元化的解决方法，从而应把罗马法和现代民法看作具有沿革关系但又具有不同路径的体系。[2]

---

〔1〕　安徽省法学会编：《周枏与罗马法研究》，安徽人民出版社 2010 年版，第 11~13 页。

〔2〕　徐国栋：《中国第二次继受大陆法系与罗马法教学的转型》，载《河南财经政法大学学报》2014 年第 1 期，第 143~145 页。

目前，随着国外研习罗马法的学者陆续回国任教，国内一流的法学院校基本都开设了罗马法课程。在课程设计上，中国也参考了国外的一系列先进做法。例如，意大利的罗马法教学被分为罗马法初阶、罗马法史、罗马法、罗马法原始文献注释共 4 门课。意大利学者彭梵得的《罗马法教科书》和格罗索的《罗马法史》被译为中文并出版且得到了广泛传播，中国法学界也开始得知罗马公法的存在及其价值。"罗马法初阶"是大学一年级新生的课程，主要研究罗马私法。"罗马法史"以研究公法为主，近两百年来，欧陆对罗马公法的研究相当发达，代表作主要包括蒙森的《罗马公法》与德·马尔蒂诺 5 卷本的《罗马宪法史》。罗马人的政治智慧与现代欧洲宪政的联系逐渐被挖掘出来。"罗马法"是选修课，旨在引导学生对罗马法初阶或罗马法史课程中的一些问题进行深化研究。"罗马法原始文献注释"（L'Esegesi delle Fonti del Diritto Romano）是对各时期主要罗马法原始文献的介绍以及对其处理方法的介绍。[1] 如今，在中国政法大学以及厦门大学等院校都同时开设了罗马私法与罗马公法的课程。

二、"罗马法与现代民法"课程的基本情况

清华大学法学院自复建以来，一直以英美法教学为特色。但在培养方案中，部门法学习仍以继受大陆法系的规范体系为主。罗马法是法学学子耳熟能详的一个名词，无论从历史的视角抑或法律文化的视角，罗马法都有着显而易见的时空感。但在学习法律尤其是学习民法的过程中，罗马法总是时隐时现地存在于学习

---

〔1〕 徐国栋：《中外罗马法教学比较中的罗马法史课程》，载《西南民族大学学报（人文社科版）》2004 年第 11 期，第 44 页。

内容中。2015 年初，笔者留任清华大学法学院，于 2015—2016 学年秋季学期，在清华大学法学院给本科生开设罗马法相关课程。为了吸引更多的同学投身罗马法学习，也为了与笔者对于现代民法的研究更紧密地结合起来，课程名称定为"罗马法与现代民法"。迄今该课程共进行了六轮授课，每届选课学生均稳定在 50 人左右，相比较清华大学法学院每届本科学生 70 余人的规模来说，在清华法学院本科培养体系中已经较为稳定地增添了罗马法的特色和元素。

本课程聚焦于作为现代民法源头的罗马法与现代民法，从历史与当代两个时间段，分析民法相关制度的缘起、流变、演进与现实规范，使同学对罗马私法与现代民法有一个较为全面而详尽的比较，在了解罗马法的同时，增进民法的历史功底、比较视野与古典气质。授课内容分为几个阶段：第一阶段为罗马私法总论部分，主要涉及罗马法及法史概论、罗马法多元法源以及罗马法上的诉；第二阶段主要涉及罗马人法、婚姻家庭以及继承；第三阶段主要涉及罗马法财产部分，包括适法行为、物法以及债法。

在教学方法上，笔者坚持回到原始文献进行罗马法教学，并适当引入文本分析方法。罗马法中的文本分析方法基于文本展开，文本分析方法与罗马法在中世纪的复兴相伴而生，可以说是最古老和最根本的罗马法研究方法。在当代意大利的罗马法教学中，文本分析方法是罗马法教学的重要内容之一，目前与罗马法史及罗马私法一并构成罗马法课程的三驾马车，在某种意义上也是唯一的"高阶"罗马法课程。[1] 在每个知识点的教学之初，

---

〔1〕　娄爱华：《论文本分析（esegesi）方法在民法学教学中的应用》，载《公民与法（法学版）》2012 年第 11 期，第 36 页。

笔者会罗列出在《学说汇纂》以及《法学阶梯》中涉及这个知识点的相关原始文献，让同学们通过阅读多个原始文献后，再将近现代与之相关的原始文献研究成果串联起来，形成对某个问题的相对系统的认识，最后形成类似学者所说的"微观私法史"的系统认识。

罗马法不仅是西方文明的源泉，对西方法律文明的影响一直延续至今。在《中华人民共和国民法典》（以下简称《民法典》）已经正式颁布实施的关键历史节点，笔者认为罗马私法教学仍有不可替代的重要意义，教学侧重点集中于四个方面：在制度流变史层面，罗马法有助于理解现代法，罗马法是实证法的尺度以及欧洲私法一体化的历史基础；在功能层面，罗马法作为历史上问题解决方案的储备，使"后来者得借此避免歧路与迂回"；在方法论层面，罗马法不仅是研究对象，还是研究方法，展示了法学家面对个案的决疑术与实践理性；在本体论层面，罗马法是以"各种具有法的效力的法学家观点"方式存在，市民生活的自治包括法规范产生方式的自治，而不同于法律实证主义统治下的现代法。下文将以具体教学内容为例，对教学的四个方面侧重点予以详细说明。

三、罗马私法教学的侧重点之一：制度流变史

历史研究的目的与主要价值不在于精细地复原一个确切的历史图景，而是要说明历史是如何形成并且如何影响当代的，这是一种"活历史"观念。罗马法有助于人们理解现代法，它解释了法律何以如此的原因，考究现代规则的历史发展，为现代法设置了得以立足的前提，是对现代法律学说的发展和法律改革都有价

值的资源，还揭示了错误转点何在，进而避免后人不再重复错误。比较法的重点不一定在于发现可模仿的样板，而是在于消除我们在解释中的盲目性。

以《民法典》新增的居住权制度教学为例。若以现代民法体系回溯罗马物法，可以用罗马物法中的诸多概念重构一座体系金字塔。"居住权"（habitatio）与"使用权"（usus）衍生自"用益权"（ususfructus），三者隶属于"人役权"（servitutes persona-rum）范畴，与更为古老的"地役权"（iura praediorum）共同构成"役权"（servitutes），区别于"支配权"（mancipium）、"市民法所有权"（dominium）以及"所有权"（proprietas）等表达归属的概念，在优士丁尼法上，役权与地上权、永佃权等架构起用益性质的"他物权"（iura in re aliena）框架。

运用"物权"这一近现代私法的认识范式对罗马法制度进行重述，反映了将古代史料填充进现代法律框架的企图。然而罗马法中并未提炼出现代法实体意义上的"主观权利"概念，而是更着重于权益的外在客观呈现状态，他物权作为一般性概念，尚未被优士丁尼法所采纳。[1] 因此历史上并不存在一个先验的逻辑一贯性的物权体系，各类型的物权皆为历史的产物。[2] 从公元前7世纪罗马建城开始，到6世纪优士丁尼编纂《民法大全》为止，罗马法经历了千余年的动态发展，各项他物权诞生于不同阶段，相互共存、替代或先后消亡，依时间先后催生出地役权、人役权、永佃权以及地上权。如果再考虑到意大利及不同行省在规

〔1〕　Mario Talamanca, *Istituzioni di Diritto Romano*, Milano, 1990, p. 455.

〔2〕　Cfr. Massimo Brutti, *Il Diritto Privato nell'antica Roma*, Torino, 2009, p. 79；Matteo Marrone, *Istituzioni di Diritto Romano*, Palermo, 2006, p. 21. 参见汪洋：《土地物权规范体系的历史基础》，载《环球法律评论》2015年第6期，第17页。

则层面的多样性与自治性特征，可以说罗马法上从未存在一个平面且统一的物权规范体系。通过现代法律术语去描述古代人的法律经验时，为了防止失真，一定要注意到概念所指向的历史时期和实际内容，而不能仅仅关注概念本身。

罗马法留存有丰富的原始文献，为我们了解先人的各项具体制度内容提供了一扇窗口。教学过程中可以给同学们展示有关用益权、使用权与居住权的原始文献资料，包括《学说汇纂》第 7 卷（D.7）、优士丁尼《法学阶梯》第 2 编第 4 章（I.2，4）以及《优士丁尼法典》第 3 卷第 33 篇（C.3，33）。[1] 这些文本片段主要收集了古典法以来法学家们的争议和解答，侧面反映出罗马社会经济生活环境的变迁，有助于后人在中观乃至微观私法史视角下，正确还原用益权、居住权以及人役权等制度的流变、内涵外延以及彼此关系。

在制度流变史层面，通过讲解，同学们可以了解到，人役权序列中，使用权与居住权以用益权为蓝本，权能范围递减而人身专属性递增，逻辑上泾渭分明。使用权与用益权的理想边界，以能否收取孳息作为质的区别。但是出于现实需要，罗马法学家们通过个案逐渐承认了使用权人收取孳息的权利，但对收取孳息的主体、地点以及使用目的进行了限制，标准限于"为日常用度使用"。用益权与使用权的现实边界，转变为收取多少孳息的量的差别。使用权的功能逐渐被定性为不给所有权带来过重负担的

---

〔1〕 罗马法原始文献的中文译本，可以参见［古罗马］盖尤斯：《法学阶梯》，黄风译，中国政法大学出版社 2007 年版；徐国栋：《优士丁尼〈法学阶梯〉评注》，北京大学出版社 2011 年版；《民法大全·学说汇纂（第 7 卷·用益权）》，米健译，法律出版社 1999 年版；［意］桑德罗·斯奇巴尼选编：《物与物权》（第 2 版），范怀俊、费安玲译，中国政法大学出版社 2009 年版。

"小用益权"角色。而居住权在尚未成为独立的物权类型之前，作为真实社会中常态化的生活需求，被视为介于习俗与法律之间的事实权利状态。当事人针对居住权的约定，或者被等同于使用权，或者被解释为用益权，体现了文义解释、目的解释、类推解释等方法的运用。优士丁尼颁布居住权谕令，使居住权独立于用益权和使用权，并赋予了居住权人出租房屋的权利。这一过程并非理论推演的结果，而是满足现实生活需求的产物。[1]

在罗马人经验的映照下，回到我国编纂的《民法典》，物权编中增设了居住权制度，为人役权引入民法典开了一扇窗，值得肯定。罗马法上以用益权为蓝本的人役权虽然诞生初期主要是为了满足家庭供养目的等生存保障功能，因而具有很强的人身专属性，却逐渐演变成为一种可以掏空所有权内容的权利分化工具，资源配置成为最重要的规范目的。而我国的立法者在居住权的具体内容方面，仍然强调的是权利的人身与社会保障属性，例如只满足"生活居住的需要""无偿设立""不得转让、继承""不得出租"等，比罗马法上的居住权都更为严苛，严重制约了居住权的适用范围以及在国家治理、社会资源最大化利用等领域的功能价值。[2]

罗马法的经验表明，现实生活需求是促使制度规则演化的最大动力，立法应更重视制度功能的完善，而不仅仅是理论逻辑的自洽，更不应该抱守物权法定的教条而无视人们生活需求的变化。因此通过罗马法教学，提升同学们对《民法典》的认识在

〔1〕 汪洋：《从用益权到居住权：罗马法人役权的流变史》，载《学术月刊》2019 年第 7 期，第 101~112 页。

〔2〕 汪洋：《民法典中意定居住权与居住权合同解释论》，载《比较法研究》2020 年第 6 期，第 105~120 页。

于，除了居住权之外，《民法典》应当全面增设罗马法传统中以用益权为代表的人役权制度，将法定人役权中体现生存保障功能与人身专属性的内容，交由婚姻家庭编、继承编与社会保障法等特别法予以规制；在物权编中为使用和收益他人之物提供一般性的物权工具，基于用益物权的定位对意定人役权进行现代更新，涤除人身专属性内容，发挥其权益分割的经济功能。

四、罗马私法教学的侧重点之二：功能比较

过去不能证成其身，也不必然包含解决当今问题的方案。在浩瀚的罗马法文献中找到一两处与现代法有相似之处的规范是一回事，但是将其建构成为一个与现代法平行对峙的法规范的类型则是另外一回事。完全脱离历史语境的规范建构，在大多数的情况下，不过是对于原始文献的一种过度阐述而已。[1] 但是理解过去，是产生最适宜方案的首要而基本的前提。在今天人类社会疾风劲雨似的变动中，法律史的任务在于保护历史上曾经出现过之问题解决方案的储备，以免未来世代必须重新学起。如是，则私法史成为使"后来者得借此避免歧路与迂回"的理论。

以集体土地所有权的教学为例。在理论层面，一直以来，我国农村集体土地所有权与传统大陆法系民法的所有权理论格格不入，因此如何将集体土地所有权完美地契合到传统物权的体系框架中，其中的症结与难点在于，集体土地所有权并非单纯是私法层面上的一种私权架构，而是糅合了国家治理工具以及生存保障工具等多重政治与公法层面的政策考量，并意图通过"集体所有

---

〔1〕 薛军：《罗马学派与罗马法研究范式的转变》，载赵海峰、金邦贵主编：《欧洲法通讯》（第 4 辑），法律出版社 2003 年版，第 321~333 页。

权"这一制度设计一举实现上述三重功效。另外，集体土地制度所呈现的本土化特色，使之很难在近现代比较法上寻得可资借鉴的样本。由此可以引导同学们回溯到罗马法前期最为重要的土地归属类型——氏族集体所有土地制度，[1] 课堂教学通过简要介绍罗马氏族集体所有土地制度的产生、分化与衰亡的历史图景，使之成为比较法意义上研究我国农村集体土地所有权的一个制度范本。移情与理解这一远古且消亡的集体土地类型，并非沉湎于对历史的"温情与敬意"，[2] 而是从彼时彼刻的历史中，求解集体所有这一归属类型存在的"实质性缘由"，通过审视罗马氏族"集体所有"模式遭市民法弃用而逐渐衰亡的嬗变历程，对比氏族集体所有土地制度与我国农村集体土地所有权趋同的多重功能面向，为探寻和变革我国农村集体土地制度提供些许有益的启示。

罗马法方面需要跟学生阐明的内容包括，在罗马城邦建立初期，以氏族成员集体作为归属主体的氏族集体土地构成了罗马土地的主要部分，氏族集体土地作为氏族这一政治单元的主要治理工具，一直服务于政治性目的，体现了公法上的权力（主权）与

---

〔1〕 "氏族集体土地"是罗马法上最为古老的一种土地所有形式，它始于罗马建城之前，跨越整个王政时期和共和国前半期而趋于衰亡，在共和国后期依然有其他形式的存在。由于集体土地制度没有在古典法以及优士丁尼法的《学说汇纂》中留下太多痕迹，因此这种土地所有类型并不为现代法律学者所熟知，大多数留存至今的古典文献的作家，譬如李维（Livius）、阿庇安（Appianus）、普鲁塔克（Plutarch）、狄奥尼修斯（Dionisio）以及西塞罗（Cicero）等，都生活在公元前 1 世纪到 2 世纪之间，这一时期氏族集体土地也基本消亡，因此素材的匮乏大大增加了古典作家论述的难度及其不确定性。幸而尼布尔（Niebuhr）、摩尔根（Morgan）、蒙森（Mommsen）到德·马尔蒂诺（De Martino）、塞劳（Serrao）、卡博格罗西（Capogrossi）等一批近现代学者，以还原罗马早期的经济发展水平和社会政治制度作为研究基础和背景，对于氏族集体土地制度得出了一些有价值的研究成果。

〔2〕 谢鸿飞：《法律与历史：体系化法史学与法律历史社会学》，北京大学出版社 2012 年版，第 10 章。

私法上的权利（所有权）的平行关系。氏族并非单纯的以经济目的形成的共同体，而是一个"身份固定"的成员组成的集合体，对这一集合体的存续保障起到关键作用的氏族集体土地，被划归为早期"要式物"中最重要的一种类型。伴随着政治重心从氏族转向城邦、氏族这一治理单元的瓦解以及个人主义的兴起，氏族集体土地被罗马公地与私有土地瓜分殆尽，这种偏重公法政治性的集体所有模式被市民法体系所摒弃而衰亡，私权层面的凸显经济内涵的个体所有模式取而代之。

　　然后回到中国法，我国的农村集体土地所有权也是三重功能属性混合的产物。集体土地是政治体制中的集体公有制在法律层面制度化的体现，是国家控制农村社会与经济的一种政治性安排的法律治理结构。它在很长时间内强化了农民与集体基于土地上的身份关系，以及把保障集体内部成员的生存作为首要价值目标，并强调土地利用的平等性。由集体所有模式带来了双重身份的重叠，在罗马表现为氏族成员与罗马市民、氏族社会与城邦国家的对峙，在我国则表现为作为村民身份的"成员权"与作为国家公民身份的"公民权"之间存在的事实性的抵牾。集体土地从治理和生存保障工具逐渐转变为具备实体权利义务关系的私权规范，是伴随着国家公权力在乡村的逐步退却，以及农村集体组织自身的实体化而得以实现的。立法上通过区分以社会保障为主要功能的地权初始分配与市场化功能为主的自由流转两个阶段，将农村集体经济组织改造成为具有合作性质的私权范畴内自由结合而成的"民间集体"。《中华人民共和国物权法》的出台，进一步深化了集体所有的私权与经济内涵，对于集体所有概念本身也有意识地进行了微妙而重要的修正，明确了除"集体"外，"集体成员"亦为集体所有权的私法主体。近年来，随着《中华人民共和国土地管理法》《中华人民共和国农村土地承包法》以及《中华人民共和国民法典》等立法的修订和出台，进一步明确了"集体土地所有权"在我国农地制度中的基础性地位，通过三权分置改革等措施，赋予农民更多财产权利、建立农村产权流转交易市场等，预示着地权市场化的改革方向。[1]

授课时还可以进一步发散思维，将法律本土资源作为素材，进行学术化、规范化和体系化转换的作业，介绍明清时期田土产业领域的固有民法规则，包含一田二主、典制、活卖、绝卖等中国特有的财产制度安排构成了传统民事法领域最有魅力的部分，与大陆法系的物权法体系迥异。在坚持复原历史中本土概念表达的基础上，从功能比较的视角，借用比照新制度经济学以及现代财产法理论，对明清地权秩序进行学术化处理。尽管传统中国不同区域占主导地位的地权类型各不相同，[2] 呈现出纷繁复杂的结构特征，但地权分化现象普遍存在，总体而言存在一个形式与内容基本统一的乡村土地市场。民间所有的地权交易都是同质的：均为佃业交易的一种形式，其功能无外乎通过租佃关系、买卖关系与雇佣关系完成土地、资本和劳动力三种资源的优化配置，并且以契据等"来历"获得正当性以及社会的承认和尊重。各种佃业交易的差别在于转佃的级别与方式，可以得到贯通性解释，不同地权交易类型的差异，体现为交易双方在"当前收益"

---

〔1〕　汪洋：《集体土地所有权的三重功能属性——基于罗马氏族与我国农村集体土地的比较分析》，载《比较法研究》2014年第2期，第1~14页。

〔2〕　参见 [美] 黄宗智：《华北的小农经济与社会变迁》，中华书局2000年版；[美] 黄宗智：《长江三角洲的小农家庭与乡村发展》，中华书局2000年版。

与"未来收益"之间的权衡组合。[1]

让同学们对比明清时期的地权秩序可以发现，三权分置的改革思路与一田二主制有异曲同工之妙。从结构上观察，"农户承包权"类似一田二主制中的田底，权利人依"集体成员"身份而享有"初始分配"得到的土地权益，不能随意流转，通过身份维持、分离对价请求、征收补偿获取以及有偿退出等权利实现相应的生存保障机能，针对经营权人的分离对价请求权，功能上等同于田底主向田面主收取的大租；"土地经营权"则起到了一田二主制中田面的作用，隔离了成员权等非私权因素，性质上被界定为纯粹的财产权，可以自由处分和流转。这样一来，就可以从功能比较的视角，把罗马法、中国固有法与中国现行规范在一堂课上进行有趣的对比和回应。

五、罗马私法教学的侧重点之三：方法论革新

20 世纪以来的罗马法研究，大致来说，方法论上的变化趋势最明显的就是历史研究方法的渗透和强化。历史研究方法与规范研究方法的平行运用，形成了在罗马公法领域侧重历史研究方法、在私法领域侧重规范研究方法的格局。通常的罗马法研究，是单纯地将罗马法作为一种研究对象。除此之外，为了更深层次发挥其当代功用，需要将罗马法作为研究的方法论或研究进路。考察罗马法学家是如何面对具体的问题，从什么样的角度、运用什么样的方法来为当事人提供一个法的解决方案；考察不同法学家提出的不同解决方案的依据，以及法学家在这样的相互辩论中

---

〔1〕 汪洋：《明清时期地权秩序的构造及其启示》，载《法学研究》2017 年第 5 期，第 113~132 页。

所运用的法学方法。这是一种面对实际的法的决疑术与技巧，它特别鲜明地突出了罗马法学家的实践理性，以及罗马法所具有的高度的实践性的特征。

以罗马法上"侵辱之诉"制度的教学为例。两千多年前古罗马裁判官创设的"侵辱之诉"，作为罗马法对"人的保护"的一种方式。在古典法中，对不法行为的处罚（poena）在两个层面展开，即私法层面的"私犯"（delicta）与公法层面的"公犯"（crimina）。对于市民法与裁判官法中的"私犯"，通常采取的审判方式是产生一个"私犯之债"（obligationes ex delicto），而责成施害者给付一笔罚金；而"公犯"因为侵害到公共利益，因此任何市民都能提起，城邦司法机构施以相应的刑事程序，施害者除给付罚金之外，有时还被施以非金钱形式的责罚，如导致不名誉、被贬为债务奴隶、被处于肉刑甚至极刑。[1] 在私法层面上，作为债的发生方式，主要分为"私犯之债"与"契约之债"；私犯又包含有盗窃、抢劫、侵辱与阿奎流斯法损害（不法损害）四种类型。[2] 撇开盗窃与抢劫不论，"侵辱之诉"从功能上与"阿奎流斯法之诉"相辅相成：前者保护的是所有非财产性利益，而后者保护的是财产性利益。因此周枏将"侵辱"翻译为"对人私犯"，而将"阿奎流斯法损害"翻译为"对物私犯"。[3]

"侵辱"这一概念的内涵也经历了从早期的"奎里蒂法"（ius Quiritium）向"裁判官法"（ius honorarium）的转变。在早期，侵辱是指针对他人身体的暴力行为，该行为损害到了一个家庭的利益，因此这个家庭要对施害者进行报复，体现为针对侵辱

---

〔1〕 Mario Talamanca, *Istituzioni di diritto Romano*, Milano, 1990, p. 615.

〔2〕 I. 4. 1. pr.

〔3〕 周枏：《罗马法原论》（下册），商务印书馆 2014 年版，第 863 页。

行为的同态复仇。早在公元前 5 世纪的《十二表法》中，第 8 表针对侵辱行为造成的三种不同类型的损害后果进行了区分，施以不同的处罚规定，反映了建城之初的社会秩序。[1]

接下来的授课重点，是向同学们讲解古典法时期侵辱制度如何在两个因素影响下进一步演化的。一是裁判官的介入使得侵辱行为开始类型化；二是自公元前 81 年苏拉颁布的 "关于侵辱的科尔内流斯法"（lex Cornelia de iniuriis）开始，部分严重的侵辱行为被归入公犯的范畴。到了共和国晚期，裁判官通过告示将一系列不同表现形式的侵害行为归入 "侵辱" 概念之下，并且类型化为四种告示，受害人可以直接通过这四种告示寻求救济，该做法极大充实了 "侵辱" 这一抽象概念。在侵害身体完整的类型之外，逐渐发展出损害他人精神层面的人格尊严的侵辱类型。随着城邦权力的扩展，同态复仇的私力救济模式不再被接受，伴随货币的贬值，几个世纪前规定的固定罚金也无法适应社会的发展，取而代之的是由裁判官根据具体案情决定罚金数额。[2] 公元前 1 世纪写就的《阿提卡之夜》（Noctes Atticae）中记载，罗马有一位富有而傲慢的骑士，以在大街上对人掴掌为乐，并在身后备有奴隶支付给每位被掴者 25 阿斯的罚金。随着货币不断贬值，《十二表法》规定的 25 阿斯罚金对这位骑士而言无足轻重。这一事件导致人们开始反思并摈弃了固定罚金的做法。裁判官在 "侵辱估价之诉" 中根据每个案件的具体情形确定罚金的数额。[3]

---

〔1〕 Gai. 3. 223; Antonio Guarino, *Diritto privato Romano*, Dodicesima Edizione, Napoli, 2001, p. 982.

〔2〕 Alberto Burdese, *Manuale di diritto private Romano*, Terzo edizione, UTET, p. 525.

〔3〕 Aulo Gellio, *Noctes Atticae*, XX. I. 12–13.

随后通过相关私法史的介绍，让同学们了解罗马法通过"侵辱之诉"与"阿奎流斯法之诉"所构建出来的人物二分的保护体系，将"人格利益侵害"与"财产损害"泾渭分明地区隔开来，以突出强调"人格保护"独立于"财产保护"的价值及其伦理特质。但随着格劳秀斯等人将"损害"的内涵从财产损失扩展到人格利益侵害上，以及自然法学派将"人"的观念的整体性肢解，代之以不同权利的集合体，"侵辱之诉"开始瓦解，近代法典化运动以"阿奎流斯法之诉"的财产损害赔偿规则为基础，建立起人与物大一统的侵权责任。自 20 世纪中叶以来，各国人格保护的发展开始颠覆近代以来大一统的损害赔偿观念，出现了回归罗马法传统与价值的趋势，重新把人的保护与财产权保障区分开来，优先保护人格利益，逐步构建出一套独立于财产保护的人格权保护体系与规则，这一过程中吸纳了"侵辱之诉"这一制度的诸多理论创设和成功经验，例如罗马法将"侵辱之诉"类型化并发展出"针对侵辱的一般性告示"这种"一般性条款"，同时通过新的告示维持人格保护类型的开放性。对此齐默尔曼做了一个极为生动的描述："侵辱之诉刚被从前门踢出去，却又披着一般人格权的外衣从后窗溜了进来。"[1]在我国《民法典》人格权编立法过程中，罗马法上的"侵辱之诉"这一古老而长青的制度所表现出来的诸多面向：如公私法并行交叉的保护模式、强调罚金的惩戒性质、以是否违反善良风俗为评判标准的司法取向、类型化与一般性条款相结合的周延保护模式等，依然具有一定的借鉴与传承意义。从这个角度而言，重温罗马法古典文献中对人的法

---

〔1〕　Reinhard Zimmermann, *The Law of Obligations: Roman Foundations of the Civilian Tradition*, Johannesburg, 1992, p. 1092.

律保护之制度设计，构成我们对人格权制度的历史梳理和批判反思的基础，也为当今中国的人格权立法提供了有益的启示。[1]

六、罗马私法教学的侧重点之四：多元法源市休论

在法的本体论的意义上，罗马法规范从来不是一个严密的具有高度逻辑性的整体。罗马法本身是以一种"各种具有法的效力的法学家观点"的方式而存在。至少在私法领域，罗马法的经典性价值，恰恰并不在于它为许多法学问题提供了精妙的规范体系，它的独特性在于它作为一种法，其存在方式本身的特殊性。罗马法并不把市民作为一个被动的规范接受者，而是让市民参与选择合适的法规范。市民生活的自治，也包括了适用于市民之间的法规范的产生方式上的自治。罗马人的经验表明法渊源体系的开放性和多元性，在多元的法规范并存的情况下，必然发生相互的竞争，也促使法规范本身达至实质合理性。我们通常讲通过法来追求民主与自由，但是我们又常常感受到这个本身具有垄断性特征的法对自由的潜在危害。因为这样的法主张其唯一性，排除了竞争者，剥夺了我们对其进行选择的自由，使我们拒绝这种法的唯一方式就是违法；批评这种法的唯一途径就是诉诸道德、伦理之类的法外的因素，让我们不得不面对"恶法是否为法"的法理困境。所以，罗马法的经验让我们注意到另外一种可能的途径，我们所追求的民主与自由也应包括"法规范"本身的民主与自由。这表现在法渊源体系的开放性和多元性，表现在承认当事人有权选择适用于其自己的事务的法规范，表现在废除法规范创

---

〔1〕　汪洋：《罗马法上的人格保护及其现代传承》，载《法商研究》2014 年第 3 期，第 142~151 页。

制的垄断性特征，促发不同的法规范之间的竞争，表现在拒绝法是"立法者意志之表达"这样的意志论的解释模式，而重新确立规范之具有法的属性仅仅因为它内在的合理性以及与公平正义相吻合这样的特征。

在课堂讲解环节，重点是让同学们注意到，罗马法在很长一段时间内，并没有形成一元化和确定性的法源观念，也不存在垄断立法权的立法者。"法是主权者的命令"这种规范观念与近代以来的国家立法主义、实证法学以及法典编纂相联系，把法看作是自上而下颁布的规范体系，目的是将市民生活置于国家的管制和监护之下。而在罗马人的观念中，法不过是一种纠纷解决方案，可以并存多元法源以及复数的规范创制者。法规范的多元导致规范之间的竞争，保证了法创制和适用的自由及民主。罗马后古典法之前，罗马公共立法活动很少介入私法领域，私法的效力依据不是来自立法者以制裁为背景的权威，而是源自规范内容的实质合理性。[1] 在罗马一千七百多年的历史进程中，重要的法源类型包括古老习俗、市民法与万民法、裁判官法、民决的制定法、元老院决议、法学家解答、法学、君主谕令等多种形式，[2] 几乎涵盖了后世所知晓和运用的所有法源形态。这些法源类型并非自罗马法初期便一直并存到优士丁尼时期，而是在罗马法的不同阶段，旧法源逐渐衰亡、新法源依次兴起，此起彼伏、动态演进。

在罗马法初期，唯一的法源为未成文化的古老习俗，随着城邦的确立与发展，古老习俗逐渐整合发展为适用于罗马市民的市

───────────────

〔1〕　薛军：《罗马学派与罗马法研究范式的转变》，载赵海峰、金邦贵主编：《欧洲法通讯》（第4辑），法律出版社2003年版，第321~333页。

〔2〕　Gai. 1，2；D. 1，1，7；I. 1，2，3.

民法，并通过《十二表法》初步实现了法的成文化和确定性。在罗马由城邦向意大利乃至地中海扩展过程中，形成了多元法源并举的局面：与外邦人交往的需求催生了商业色彩浓郁且强调信义的万民法；享有司法权的裁判官针对个案颁布的告示被逐年积累沿袭，生成法官造法特征的裁判官法；享有立法权的各种民众会议也针对私法领域颁布了少量制定法形式的民决法案；法学家阶层以精湛的法学见解为个案提供具有权威性的法学家解答，促进了裁判官法的发展，法学家著述市民法评注与裁判官法评注等法学作品，把传统的市民法、万民法和裁判官法逐渐融合为统一的罗马法。

古典法时期确立了帝国政体，政治权力的日益集中对各法源的命运产生了决定性影响，民众会议作为立法机构被废弃，民决法消失了；具有自我更新能力的沿袭告示被编纂为不得自由修订的永久告示，裁判官法消亡；法学家的解答权需要君主授予，权威基础改变。新增的法源有元老院决议与君主谕令，元老院决议制定少量抽象规则，但很快沦为君主意图的传声筒；君主谕令形式多样，是以皇权为基础的制度性权威理由，到了后古典法时期甚至成为唯一具有活力并持续生产规范的法源类型。其他法源被法学家统合成法学学说。法典编纂时期，帝国官僚体系内的法学家，对君主谕令与法学学说进行整理和汇编，形成多部法典，最终优士丁尼的《民法大全》谱写出一曲法典编纂的不朽篇章。至此，私法多元法源的时代已终结，法典成为唯一的法源。[1]

---

〔1〕 汪洋：《私法多元法源的观念、历史与中国实践——〈民法总则〉第 10 条的理论构造及司法适用》，载《中外法学》2018 年第 1 期，第 120~149 页。

七、结语

习近平总书记在《充分认识颁布实施民法典重大意义 依法更好保障人民合法权益》中表示："民法典系统整合了新中国成立70多年来长期实践形成的民事法律规范，汲取了中华民族5000多年优秀法律文化，借鉴了人类法治文明建设有益成果"。其中，人类法治文明建设的有益成果自然就包括了西方法律文化的源头罗马法。

《民法典》出台以后，罗马法授课时笔者总会更多对比罗马法和民法典的解决方案。经常讲着讲着，就与同学们一起感慨"似曾相识燕归来"。把优士丁尼《民法大全》和《民法典》的图像相并列，如同每次看到清华大礼堂，脑海中就浮现出罗马万神殿的模样。虽不情愿，但愈发能喟叹孟德斯鸠在《论法的精神》第11章第13节的话了，"我们永远离不开罗马人。"

笔者非常赞同大学教育的重要功能，丰富和充实人的精神世界，用来抵御漫长人生旅途中的各种变故、颓废和焦虑。所以结课时笔者跟同学们说，裁判官告示、元首谕令、要式买卖、拟诉弃权，考完试也许都会忘记，但重要的是，通过罗马法这门课程，让罗马能够成为充盈大家精神世界中的一个因子，给自己的心灵填充一些"古典"的底色。

法律职业

Legal Profession

死刑复核程序有效辩护实现构想

——基于律师辩护全覆盖背景

◎武　桐[*]

摘　要： 在律师辩护全覆盖背景下，我国死刑复核程序有效辩护存在某些制度影响辩护的有效性、辩护意见制约度低、法律援助制度有漏洞等一系列问题。因此，通过细化死刑复核程序的辩护制度、提高辩护意见在死刑复核程序中的约束性、完善死刑复核程序中的法律援助辩护制度，将律师辩护全覆盖制度深入到死刑复核程序中去，保障死刑复核程序中辩护律师的辩护权，从而逐步实现有效辩护的目标。

关键词： 律师辩护全覆盖　死刑复核程序　有效辩护

---

*　武桐，女，山东省临沂市，天津师范大学诉讼法学研究生。

辩护律师全覆盖的首次提出是在 2017 年司法部的一次新闻发布会上，指出要 "逐步实现刑事案件律师辩护全覆盖"。同年 10 月份，最高人民法院和司法部印发了《关于开展刑事案件律师辩护全覆盖试点工作的办法》（以下简称《办法》），计划在北京、上海、广东等 8 个省市开展刑事案件律师辩护全覆盖试点工作。到 2018 年 12 月，该试点工作已经扩展到全国 31 个省、自治区、直辖市。

"刑事案件律师辩护全覆盖" 制度的出现，与我国近几年来冤假错案的涌现息息相关，正是由于在平反冤假错案的实践中，国家机关更加认识到保障人权的重要性，毕竟 "防止死刑错案的最根本的途径是根据公正审判的程序和严格的证明标准"。《办法》扩大了法律援助适用的案件范围，即不管被告人是否属于法定的法律援助对象，人民法院都应当通知法律援助机构指派律师为其辩护。目的就是推进以审判为中心的刑事诉讼制度改革，加强人权司法保障。刑事案件律师辩护全覆盖的试点的开展，为死刑复核程序的辩护制度的完善指引了方向。

一、死刑复核程序中的辩护制度

《中华人民共和国刑事诉讼法》将死刑复核程序作为刑事审判程序中的单独一章进行规定，可见它与刑事诉讼一审、二审、再审程序同样重要。在一审、二审、再审程序中都有辩护律师的存在，而在与之同等重要，且是关乎剥夺犯罪嫌疑人、被告人生命的死刑复核程序辩护律师反而不能充分发挥作用，这显然与保障人权的刑事诉讼基本目的相违背。因此，在刑事案件律师辩护全覆盖的试点基础上，死刑复核程序中辩护律师的参与值得我们进一步深入研究。

（一）我国死刑复核程序中辩护制度的现状

《办法》中的"律师辩护全覆盖"，具体指"刑事案件审判阶段律师辩护全覆盖"，即一审程序、二审程序、审判监督程序，并不包括审判前的侦查阶段、起诉阶段的"辩护律师全覆盖"，当然更没能涵盖到死刑复核程序中，想实现死刑复核程序的有效辩护则更加困难。我国死刑的核准采取复核的方式，"复核"相较于"审判"更具行政化，高级人民法院复核或核准死刑，唯一的必经程序就是提审被告人，而不必开庭审理，亦不必听取辩护人、诉讼代理人的意见，完全以书面的形式进行核准，复核与核准实际上是一种行政方式，而非诉讼方式。死刑复核程序中的辩护律师面临的辩护风险比普通程序要大得多，死刑复核程序书面审理的特点决定了辩护律师权利保障的封闭性，权利救济路径不通畅，救济程序不完善，导致辩护律师走向形式辩护的一端。

死刑复核程序中听取辩护律师的意见，对于贯彻落实尊重和保障人权原则、保证死刑核准权的正确适用、完善死刑核准程序、体现诉讼民主和文明无疑是一种进步。为此，最高人民法院于 2012 年[1]、2015 年[2]分别颁布相关法律文件细化和巩固辩护律师在死刑复核程序中的权利和义务，如知情权、阅卷权、反映意见权以及保密义务等，以切实保障死刑复核案件被告人的辩护律师依法行使辩护权，确保死刑复核案件质量。尽管死刑复核程序中辩护制度不断完善，但仅仅"有"辩护还远不能与死刑复核程序的重要程度相匹配，如何实现死刑复核程序的"有效"辩

---

〔1〕　《最高人民法院关于适用〈中华人民共和国刑事诉讼法〉的解释》。
〔2〕　《最高人民法院关于办理死刑复核案件听取辩护律师意见的办法》。

护才是我们应当关注的重点。

（二）关于死刑复核程序中的有效辩护

有效辩护并非本土概念，它的来源可以追溯至美国的被告人有权获得有效辩护原则。在我国，关于有效辩护的具体含义，刑诉法学者提出了不同的观点。有的学者从律师辩护产生的效果出发，认为有效辩护主要是指办案机关对律师的辩护意见的采纳，并以此作出有利于被告人的决定。有的学者从律师辩护的过程出发，注重辩护过程的有效性：参与到死刑复核程序中的辩护律师，在整个辩护过程中要忠实于被告人，做好充分的辩护准备；辩护意见要清晰、准确、有针对性，让辩护观点有证据基础和法理依据支撑；办案过程不存在明显拖延；与有权作出裁判结论的法官进行充分的协商、互动与说服活动；等等。[1] 笔者认为，有效辩护应当既包括结果上的有效性，也包括过程中的有效性，二者不可偏颇。

对于死刑复核程序中的有效辩护，当然包括结果有效性和过程有效性的双重要求。关于过程有效性：其一，辩护律师的程序参与权。这种参与权既包括死刑复核程序中的委托辩护，也包括在被告人未委托辩护律师时，由法庭指定律师进行法律援助辩护的指定辩护。其二，辩护律师的权利行使保障制度。这项制度旨在保证律师辩护行为不被形式化。关于结果有效性：辩护律师的辩护行为及辩护意见对处于中立地位的裁判者产生一定的影响，死刑复核结果是对辩护律师的辩护行为的回应。

（三）律师辩护全覆盖对死刑复核程序有效辩护的影响

从试点工作的效果来看，辩护律师参与诉讼活动的比例确有

---

〔1〕 参见陈瑞华：《有效辩护问题的再思考》，载《当代法学》2017 年第 6 期，第 3～13 页。

提高，但在国家法律援助经费有限、律师素质参差不齐的背景下，高质量的有效辩护和全覆盖的律师辩护之间存在着鱼和熊掌不可兼得的矛盾。[1] 实现死刑复核程序的有效辩护的道路虽艰，但不得不说律师辩护全覆盖的开展给其带来了前进的曙光，无疑将会对有效辩护产生深刻影响。首先，在理论上，律师辩护全覆盖将为死刑复核程序的有效辩护提供理念指导；有效辩护的达成不仅要站在审判者的视角下，辩护律师的角度同样不可忽视。一方面，站在审判者角度，应当允许被告人聘请专业的律师为自己辩护，保证"有"律师帮助的底线要求；另一方面，站在辩护律师角度，辩护律师应当尽职尽责为被告人提供法律帮助，高质量的律师参与保证"有效"帮助的实现。[2] 其次，在实践中，律师辩护全覆盖将为死刑复核程序的有效辩护提供路径方法。辩护律师全覆盖制度从制度层面保证死刑复核程序中辩护律师的存在，律师辩护全覆盖的试点经验将成为死刑复核程序中有效辩护的指导方法，如有学者指出案件不同、审理程序不同，对辩护律师所要达到的有效辩护的标准也不同，对其辩护有效性的评价应当客观。[3] 据此，在死刑复核程序中，辩护的有效标准一定不同于普通程序、简易程序。律师辩护全覆盖延伸到死刑复核程序中，是辩护制度改革的一大进步，也是实现每一阶段、每一程序有效辩护的关键节点。

---

〔1〕　方海涛：《律师辩护全覆盖背景下我国有效辩护的实现》，载《山东行政学院学报》2019 年第 3 期，第 80~86 页。

〔2〕　参见曾园园：《论中国语境下的有效辩护制度》，载《昆明学院学报》2019 年第 4 期，第 74~79、85 页。

〔3〕　参见张金科：《论庭审功能场域中的有效辩护——基于裁判者视角的思考》，载《湖南社会科学》2019 年第 4 期，第 80~87 页。

二、当前我国死刑复核程序有效辩护存在的问题

尽管现在立法上为死刑复核程序辩护律师提供诸多权利依据，但辩护律师参与死刑复核的"广度""深度"和"力度"都还存在短板[1]，死刑复核程序有效辩护还存在问题。

（一）死刑复核程序的某些制度影响辩护的有效性

我国关于死刑复核程序的法律规定逐年细化。近几年的改革多是围绕程序运行方面进行，辩护制度的改革相对较少，辩护律师在死刑复核程序中地位、权利的虚化是有效辩护难以达成的一大阻碍。辩护律师在死刑复核程序中的地位、权利虚化主要体现在以下两个方面：其一，辩护律师的身份信息在死刑复核裁定书中不明确。辩护律师的身份信息（包括姓名、年龄、联系方式、所属律所、持证年限等）体现了辩护律师的知识能力、背景条件、经验水平，裁判文书中若辩护律师身份信息缺失，则一方面辩护律师身份证明的权利将得不到保障，另一方面辩护律师会对死刑复核的辩护产生敷衍心理，浅层要求上的基本辩护权也无法被保障，那么，离深层要求上的有效辩护目标则更加遥远。其二，程序运行的刻板影响辩护律师的权利行使。从案件进入死刑复核程序开始，书面阅卷的方式使得死刑案件进入了封闭空间，当事人很难知悉案件进展，对案件的参与总是呈现出被动状态。死刑复核程序中辩护律师的会见权在立法中并没有明确规定，看守所会要求辩护律师出具最高法的同意会见函，影响会见权的行使。缺少了法庭调查、法庭辩论，没有了举证质证环节，辩护律

---

〔1〕　吴宏耀、张亮：《死刑复核程序中被告人的律师帮助权——基于 255 份死刑复核刑事裁定书的实证研究》，载《法律适用》2017 年第 7 期，第 61~69 页。

师抗辩权的行使具有行政审批的特征。复核结果由受委托进行宣判的人民法院径行送达中院，死刑复核裁定书却不一定同步到达辩护律师手中。从程序开始到复核结果送达，死刑复核程序始终是单向性的，辩护律师的"有效"活动收效甚微。

（二）辩护意见对裁判者的制约度较低

辩护意见是影响裁判结果的关键要素，只有辩护意见真正进入到裁判者的视线范围之内，死刑复核程序的辩护才是有效的。而现实情况是，在大多数死刑复核程序中，辩护意见往往成了形式存在，辩护意见形成的格式化模板，在多个死刑案件中套用。因为法律未规定辩护律师提出意见的方式，也未对辩护意见的效力作出规定，导致辩护意见的规范性要求过低，实践中辩护意见的提出方式混乱。辩护意见的"自由化"是导致法官轻视辩护律师意见的原因之一。而且法官若不采纳辩护律师的意见，是否需要进行必要的解释和说明，判决书对未予采纳的辩护意见如何说理等情况，[1] 法律都未作出明确的规定。制度上的漏洞使得辩护意见的有效性大大降低，无法对案件走向和裁判者决策形成一定的制约。

（三）法律援助制度尚待进一步完善

实现死刑复核程序的刑事辩护全覆盖，法律援助制度是重要突破点。法律援助制度的设置旨在为没有能力或存在特殊情况无法参与诉讼活动的当事人提供必要帮助，保障当事人的诉讼参与权、知情权、辩护权。死刑复核程序中的法律援助应当以被判死刑的人的权益保障为出发点，以法律援助的方式赋予被死刑复核

---

〔1〕　参见汪家宝：《辩护意见未予采纳的判决书说理问题研究》，载《周口师范学院学报》2017年第4期，第101~107页。

人完整的权利来对抗法院强大的审判。而现实情况是，死刑复核程序中的法律援助存在着法律援助律师准入条件虚化、死刑复核法律援助律师风险大且权利保障不充分等问题。[1] 首先，由于法律援助工作较为辛苦且收益小，进行法律援助的律师往往都是初入律师行业，若资历、经验不够的律师进入到死刑复核程序中，实际上是对当事人的不负责任。其次，死刑案件的辩护工作难度大、风险高，但死刑案件的法律援助经费投入不充分，无法吸引到优秀律师进入死刑复核程序，而且辩护律师的费用不到位导致律师作辩护的积极性不高。最后，死刑案件辩护律师在辩护过程中权利受到侵犯时，缺少明确、有效的权利救济途径。这些都会阻碍律师辩护覆盖至死刑复核程序的发展。

三、死刑复核程序实现律师辩护全覆盖的建议

"死刑案件的被告人比普通刑事案件的被告人多了一道复核程序的保障，也意味着为律师辩护权的行使提供了多一次程序机会。辩护职能在此程序中的有效运作，是确保死刑裁判不被武断和随意核准的重要措施。"[2] 因此，死刑复核程序的律师辩护不可或缺，律师辩护全覆盖必须涵盖死刑复核程序。保障死刑复核程序中被告人的权利，尤其是辩护权，是贯彻国家"慎杀少杀"政策的鲜明体现，死刑复核程序实现律师辩护全覆盖需要各主体、全方位的努力。

（一）细化死刑复核程序中的辩护制度

《中华人民共和国律师法》（2017 年修订）明确规定了律师

〔1〕 参见李文俊：《死刑复核程序刑事辩护全覆盖的路径探索》，载《常州工学院学报（社科版）》2019 年第 3 期，第 91~97 页。

〔2〕 熊秋红：《刑事辩护论》，法律出版社 1998 年版。

的职业道德规范，对刑事辩护律师则提出了更高要求，然而，刑辩律师的权利保障却没能形成完整的体系。有效辩护理念进入我国以来，不少研究者开始从有效辩护的角度，考虑律师职业伦理规范的重构问题。[1] 首先，对辩护律师的身份信息，必须在裁判文书中进行明确。写明辩护律师的身份信息，便于律师事务所管理律师队伍，协调律师工作，同时，法律援助机构也能够通过查看律师信息，为当事人指定合适的辩护人。可以参考犯罪嫌疑人、被告人身份信息的罗列方式，在死刑复核裁定书中，将辩护律师的身份信息记入在案。其次，在法院与当事人之间，减少行政化的审批流程，尽量增加被告人及其辩护律师与死刑复核法官面对面的机会，构建死刑复核程序中的强制辩护制度，利于被追诉人的有效参与，通过辩护律师的协助，被追诉人能更好地行使辩护权，[2] 辩护律师的有效参与也会极大改善死刑复核趋于僵化的程序运行。最后，死刑复核的裁定结果应当及时通知被告人及其辩护律师。可以选择由最高人民法院进行通知的做法，这样节省逐级下达至中级人民法院的时间，[3] 节约了部分司法资源。可以采用通知书、电子邮件等方式分别向被告人和辩护律师送达，以便辩护律师能够及时做出反应，最大程度保护死刑复核被告人的必要权益。

（二）提高辩护意见在死刑复核程序中的约束性

提高辩护意见在死刑复核程序中的有效性，可从以下三方面

---

〔1〕 陈瑞华：《论辩护律师的忠诚义务》，载《吉林大学社会科学学报》2016 年第 3 期，第 5～20 页。

〔2〕 参见武晓艺：《我国死刑复核程序强制辩护制度的构建——以刑事辩护法律援助全覆盖为视角》，载《重庆大学学报（社会科学版）》2020 年第 3 期，第 1～11 页。

〔3〕 参见陈学权：《死刑复核程序中的辩护权保障》，载《法商研究》2015 年第 2 期，第 44～54 页。

进行尝试。首先，辩护律师的辩护意见以其会见权、阅卷权、调查取证权行使的结果为基础，从辩护律师的职责和辩护质量来说，没有会见权、阅卷权、调查取证权为依托的"陈述辩护意见"，事实上是一种不负责任的行为，很难取得应有的辩护效果。[1] 对于死刑复核程序中辩护律师的会见权、阅卷权、调查取证权应当有更为细致的规定。其次，就辩护意见本身而言，应当对辩护意见提出的具体方式作出明确规定：若采取书面意见的方式递交给死刑复核法官，那么死刑复核法官审查后，也应当同样采用书面的形式给与辩护律师以回复。辩护意见如不被采纳，死刑复核法官应当出具书面的解释说明；若采取口头意见的方式，辩护律师可以与死刑复核法官面对面沟通，但具体的会见程序仍需进一步的法律规定。[2] 应当对辩护意见的效力作出规定。参照法律行为的效力规定，辩护意见可划分为有效意见、无效意见和瑕疵意见。这样既方便死刑复核法官对裁定的作出，也方便辩护律师对辩护意见进行修改、补充。最后，就辩护意见的采纳程序而言，无论是书面意见还是口头意见，必须规定严密的提交、审查、裁定、救济程序。辩护意见经过的每一个环节，死刑复核法官都须作出回应，辩护律师须及时进行调整，从而提高辩护律师在死刑复核程序中的参与度，提高辩护意见对死刑复核法官的制约度，从而实现死刑复核程序中的有效辩护。

（三）完善死刑复核程序中的法律援助辩护制度

法律援助是辩护制度中不可缺少的一环，对辩护制度进行完

---

〔1〕 吴宏耀：《死刑复核程序的律师参与》，载《国家检察官学院学报》2012年第6期，第100~105页。

〔2〕 唐德才等：《死刑复核程序中辩护律师权利保障制度完善构想》，载《广西政法管理干部学院学报》2017年第2期，第86~90页。

善，离不开法律援助制度的改革。法律援助的存在，是死刑复核程序当事人辩护权实现的有效路径。就死刑复核程序而言，法律援助不可或缺，甚至于应当设立比普通程序更为细致、严格的法律援助制度。其一，法律援助律师的准入、保障制度应当进行适度调整。如对律师队伍进行分级（如按照从事辩护工作的年限进行划分）管理，针对不同级别设定不同的准入条件，针对不同程序匹配相应的法律援助律师，特别是死刑复核程序中的辩护律师，应当是有多年死刑辩护经验的律师且应设定更加严格的考核标准。法律援助机构应当综合案件难易程度确定援助酬金，为参与死刑复核程序的律师设立专项补贴基金，提高死刑辩护律师的经费投入。其二，值班律师制度〔1〕给法律援助制度的完善带来了转机。与传统法律援助相比，值班律师具有投入小、常设性的优势，审判阶段值班律师的参与促进了有效辩护的发展，值班律师在审判程序中与辩护律师的辩护重点不尽相同，但诉讼地位是一样的。与指定辩护相比，值班律师制度对于律师的需求量相对较小且操作更为灵活，给辩护律师减少了诉讼负累，辩护律师便可以进行更加专业的辩护。值班律师制度解决了我国法律援助制度较为单一的情况，并能够加快构建多元化的法律援助体系。通过完善值班律师制度来实现律师辩护普遍性和有效性，为实现死刑复核程序的有效辩护提供借鉴。〔2〕其三，形成系统化的律师执业保障制度。明确法律援助辩护律师的工作范围，不属于自己

---

〔1〕　值班律师制度，是指由值班律师作为制度运行的主体，为需要法律帮助的人免费且无任何附加条件的提供法律服务的一项法律保障救济制度。值班律师主要为当事人提供法律咨询、程序选择建议等法律帮助。

〔2〕　臧德胜、杨妮：《论值班律师的有效辩护——以审判阶段律师辩护全覆盖为切入点》，载《法律适用》2018年第3期，第63~69页。

的工作范围不参与，避免法律援助辩护律师"随处搬"的窘境。对于权利侵犯后的救济制度，可增添联席会议这种保障方式。法律援助辩护律师在遭遇权利侵犯后，如不能够通过法定的救济程序，找到及时有效的救济方式的，可以进入到联席会议中实现权利救济。[1]

四、结语

随着刑事案件律师辩护全覆盖试点工作的开展，辩护制度的重要性得到重视，我国辩护制度的改革不断向前发展。刑事案件律师辩护全覆盖是"以审判为中心"为指导，重点完善审判阶段的辩护制度，而提到审判程序，除了众所周知的一审、二审、再审程序，不得不提及与当事人权利更为密切的死刑复核程序。辩护律师全覆盖的推进，对实现其有效辩护、保障死刑复核程序中当事人的辩护权具有重要意义。死刑复核程序有效辩护的实现仍需各界法律工作者的共同努力，在先进有效辩护理论的指导下，在刑事案件律师辩护全覆盖范围逐步扩展的基础上，实现死刑复核程序的有效辩护必将指日可待。

〔1〕 周宝峰：《新时期刑事辩护制度完善研究》，载《内蒙古大学学报（哲学社会科学版）》2019 年第 5 期，第 62~71 页。

加强中国知识产权法治国际传播能力的分析[*]

◎张　南^{**}

摘　要：习近平依法治国思想的核心要义之一是坚持统筹推进国内法治和涉外法治，这是建设法治强国的必然要求。中国加强涉外法治体系建设，以负责任大国形象参与国际事务，加强国际法治合作，建构人类命运共同体的有效渠道是推动中国法治国际传播。本文结合笔者在中国国际电视台（CGTN）担任知识产权法治新闻评论员和发表的十余篇新闻社评的一线经验，提出七方面问题，并将理论结合实践，总结出加强中国知识产

───────────

　　* 本文受国家社会科学基金中华学术外译项目资助（项目编号：19WXFB002），受北京市法学会 2021 年市级法学研究重点课题资助（项目编号：BLS2021A001），受中国政法大学 2020 年（第七批）青年教师学术创新团队项目资助（项目编号：20CXTD06）。

　　** 张南，女，中国政法大学全面依法治国研究院副教授，伦敦大学法学博士，中央广播电视总台中国国际电视台兼职新闻评论员，曾任世界知识产权组织语言司译员。

权法治国际传播能力的七项具体策略，以促进未来的国际传播发展，壮大涉外法治国际传播人才队伍。

关键词：中国知识产权法治 国际传播 涉外法治人才培养 受众 策略研究

一、问题的提出

2021 年第 3 期《求是》发表了中共中央总书记、国家主席、中央军委主席习近平的重要文章《全面加强知识产权保护工作 激发创新活力推动构建新发展格局》。习近平总书记指出：当前，我国正在从知识产权引进大国向知识产权创造大国转变，知识产权工作正在从追求数量向提高质量转变。我们必须从国家战略高度和进入新发展阶段要求出发，全面加强知识产权保护工作，促进建设现代化经济体系，激发全社会创新活力，推动构建新发展格局。习近平总书记提出了六项举措，其中第五项是统筹推进知识产权领域国际合作和竞争。他指出，知识产权是国际竞争力的核心要素，也是国际争端的焦点。我们要敢于斗争、善于斗争。要拓展影响知识产权国际舆论的渠道和方式，讲好中国知识产权故事，展示文明大国、负责任大国形象。中共中央政治局于 2021 年 5 月 31 日就加强我国国际传播能力建设进行第三十次集体学习。中共中央总书记习近平在主持学习时强调，讲好中国故事，传播好中国声音，展示真实、立体、全面的中国，是加强我国国际传播能力建设的重要任务。习近平总书记强调，要全面提升国际传播效能，建强适应新时代国际传播需要的专门人才队伍。要加强国际传播的理论研究，掌握国际传播的规律，构建对外话语体系，提高传播艺术。本文结合笔者自身在知识产权法治国际传播中的一线工作经历、亲身感悟和经验，以如何更好构建中国知识产权法治国际传播框架为问题导向，理论联系实践，提出七大具体策略，以期达到更好地向世界展现中国知识产权法治故事、为国家和人民服务的目的。

二、中国知识产权法治国际传播的基市语义

首先，我们需要深入了解"中国知识产权法治"和"国际传播"各自的概念和范畴。中国知识产权制度建设理论的核心范畴是法治观。新时代社会主义法治观为中国知识产权制度建设提供了重要的理论基石和思想引领。知识产权法治思想是一整套把握指导方针、法治本质特征、法治价值构成、法治基本原则以及法治推进方式等内容在内的法治理论体系。它以法律规范为对象，回答和解决知识产权立法、行政执法、司法和守法等基本问题，表达了知识产权法律构建的科学性、正当性和合理性，以及法律实施的有效性、协调性和妥当性等基本认识。[1]

国际传播的定义有广义和狭义之分。在广义上，国际传播就是指人类信息跨越国家边界的交流和流动，即跨越国界的信息传播。国际传播可以"通过政府、组织、个人进行的跨越国界的信息传递过程"。[2] 在狭义上，国际传播是指跨越国界的大众传播即国际大众传播，其传播主体往往是国家政府。[3] 中国传媒大学国际传播研究中心李智教授在《国际传播》一书中，很好地从传播主体、传播形态和首要特征三方面区分了广义传播和狭义传

---

〔1〕　吴汉东：《试论知识产权制度建设的法治观和发展观》，载《知识产权》2019年第6期，第6~7页。

〔2〕　关世杰：《国际传播学》，北京大学出版社2004年版，第2页。

〔3〕　李智：《国际传播》（第2版），中国人民大学出版社2020年版，第2~3页。

播的不同特点：前者的传播主体是政府、组织、群体和个人，传播形态依靠大众传播、组织传播、群体传播和人际传播，首要特征是跨国性；后者的传播主体是政府，传播形态依靠大众传播，首要特征是政治性。[1]同时，李智教授提出广义的国际传播主体自身复杂多样，因此在考察国际传播现象时除了一般传播学的"5W"研究模式外，还应该加强对国际传播主体和国际传播效应的研究，即主体研究、控制研究、内容研究、渠道研究、受众研究、效果研究和效应研究七个本体部分。[2]笔者认为，在这七个本体中主体研究最为重要，因为传播主体是一切传播内容的源泉和起点，主体的主观能动性和传播积极性一旦被有效调动起来，其他六个研究本体中的问题则迎刃而解。构建中国知识产权法治国际传播框架的策略分析，就要以主体研究为基础，结合其他六个研究本体展开分析与讨论。

三、中国知识产权法治国际传播的现状

（一）国家类型传播主体

根据笔者的观察，从国际传播广义范畴来说，中国知识产权法治国际传播已形成比较完备的框架。从传播主体来看，国家作为主要传播主体的工作模式已较为成熟，中央广播电视总台中国国际电视台（China Global Television Network，CGTN）于2016年正式成立，属于副部级事业单位，其经典栏目 Global Watch、China 24 和 Opinion 等自开播以来多次宣介中国知识产权法治建设的

---

〔1〕 李智：《国际传播》（第2版），中国人民大学出版社2020年版，第4页。
〔2〕 李智：《国际传播》（第2版），中国人民大学出版社2020年版，第4页。

最新发展和鲜活事例。[1] 其中非常典型的例子是由国家知识产权局协助、CGTN 拍摄制作的英文纪录片《中国专利》和CGTN2021 年"两会"特别节目《依法治国》之知识产权司法保护专题报道。《中国专利》于 2019 年 12 月 21 日在 CGTN 英文频道面向全球 170 多个国家和地区首播，提供了非常珍贵的历史素材，比如 1985 年 4 月 1 日中国专利局开放首日举行了专利申请受理仪式，当时的局长黄坤益在仪式上讲话，首位提交专利申请的胡国华先生回忆了提交申请材料等视听资料。这些历史素材全面回顾了中国专利制度建立和发展的历史。[2]《依法治国》之知识产权司法保护专题报道于 2021 年 3 月 8 日在 CGTN 英文频道面向全球播放，介绍了中国技术类知识产权审判组织体系的构成，例如最高人民法院知识产权法庭通过高科技手段查明技术事实、设立技术调查官制度及建立全国法院技术调查人才库。[3] 国家知识产权局于 2020 年全国知识产权宣传周上线英文网站。最高人民法院知识产权法庭发布 2019 年年度报告中英文版本。两者均获得 2020 年"中国法治国际传播十大典型案例"。[4]

---

〔1〕　本文作者撰写的英文评论文章是一个典型事例。参见张南：《知识产权体系是激励创新的有效机制》，载 CGTN Opinion 栏目，https：//news. cgtn. com/news/3d3d414d3249444e30457a6333566d54/share_ p. html.

〔2〕　《来啦 中文字幕版〈中国专利〉》，载国家知识产权局微信公众号，2019 年12 月 30 日。

〔3〕　《CGTN 两会特别节目：以创新的方式保护创新》，载最高人民法院知识产权法庭微信公众号，2021 年 3 月 8 日。

〔4〕　中国政法大学全面依法治国研究院：《第二届"中国法治的国际传播学术研讨会"在京召开》，载中国政法大学全面依法治国研究院，http：//news. cupl. edu. cn/info/1011/32973. htm. 2020 年《中国法治国际传播十大典型案例》在该研讨会上发布。

（二）组织类型传播主体：跨国公司和中国高校科研机构

1. 跨国公司

一些中国企业在形成跨国公司规模的同时，作为组织类型的传播主体也开始重视在国际传播媒体上进行知识产权法治传播。例如华为创始人任正非于 2019 年 1 月 15 日在深圳华为总部接受了 CNBC、彭博社、《金融时报》、《华尔街日报》等多家外媒采访。并在当月 17 日举行的国内媒体圆桌会上对当时美方关于华为"窃取商业秘密"的指责明确地回应"华为绝对尊重他人的知识产权"，"华为在美国经历了几场大官司，都获得良好的结果。华为现在 87 805 项专利中，其中有 11 152 项核心专利是在美国授权的，我们的技术专利对美国的信息社会是有价值的。我们已经和很多西方公司达成了专利交叉许可。华为不能代表别的企业，但是我们自己是绝对尊重他人知识产权的。"[1] 在短时间内接受国外媒体密集采访，对当时的华为来说比较罕见，但也说明其能够根据需要，主动阐述其保护知识产权的立场，进行知识产权成果的相关国际传播与表达。

2. 中国高校科研机构

中国高校科研机构，作为组织类型的传播主体在知识产权法治国际学术交流中起到长期和持久的作用。例如，教育部人文社会科学重点研究基地中南财经政法大学知识产权研究中心于 2004 年创办了国际学术交流平台"知识产权南湖论坛"。2019 年的知识产权南湖论坛就以"全球化与知识产权保护"为主题，以"新时代版权制度的国际化"和"全球化与知识产权司法"等七个分

---

〔1〕 《任正非罕见面对媒体回应华为的一切：美国、知识产权、隐私、创新》，载腾讯科技，https://tech.qq.com/a/20190117/011229.htm。

论坛为主要内容，汇集中国、美国、德国、日本、韩国、澳大利亚、英国等国家或地区的知识产权理论与实务工作者 1200 余人为应对新时代知识产权保护问题建言献策，为构建全球知识产权保护体系贡献智慧。[1]同济大学上海国际知识产权学院在联合国世界知识产权组织（World Intellectual Property Organization，WIPO）和中国国家知识产权局的支持下，由上海市政府依托同济大学于 2016 年 11 月成立。她的前身同济大学知识产权学院聘请了国际知名的知识产权专家德国马克斯·普朗克知识产权法研究所所长约瑟夫·施特劳斯教授为顾问院长。同时，该学院与世界 WIPO 学院合办的 WIPO-同济大学联合培养知识产权法硕士项目是中国唯一的此类项目。该院现有来自 32 个国家的国际学生 40 人，占全日制硕士总人数 30.8%。该院与德国马克斯·普朗克创新与竞争研究所、德国慕尼黑大学、意大利都灵理工大学、芬兰汉肯经济学院、俄罗斯国家知识产权学院等建立了长期合作关系。[2]笔者所在的中国政法大学全面依法治国研究院，自 2021 年推出了一系列中国法英文短视频作品，其中前三部视频聚焦于宣讲中国知识产权法的最新亮点。

（三）个人类型传播主体：国际组织公务员和学者

1. 国际组织公务员

从个人类型的传播主体来说，笔者将其主要分为国际组织公务员和学者两类，当然也不排除其他个人主体成为传播主体。据笔者观察，WIPO 在很多部门都有来自中国的职员。同时，同济

---

〔1〕　《2019 知识产权南湖论坛在河南举行》，载《中国日报》，http：//hen. china-daily. com. cn/a/201904/17/WS5cb6b9ffa310e7f8b15771ab. html？from＝timeline.

〔2〕　《学院概况》，载同济大学上海国际知识产权学院，https：//sicip. tongji. edu. cn/9853/list. htm.

大学上海国际知识产权学院也从 2018 年起通过 WIPO 硕士生项目选派学生到位于瑞士日内瓦的 WIPO 总部实习。[1]

2. 学者

知识产权学者在中国知识产权法治国际传播中的传播形式主要是国际大众媒体推介和发声、在国际期刊发表外文论文和在海外出版外文学术专著等。在国际大众媒体推介和发声方面，以中国政法大学为例，包括笔者在内的来自我校全面依法治国研究院和国际法学院的学者都曾担任过知识产权法领域的新闻评论员，撰写过与知识产权相关的社评文章，具备高校智库服务和国际传播的一线工作经验。例如，笔者曾经在 2018 年 7 月 1 日 CGTN China 24 栏目接受直播采访《中国创意产业保护和中国知识产权》，对我国知识产权法保护创意产业进行了相关立法、典型案例和公开数据的介绍与分析。

在国际期刊发表方面[2]，现状呈现出擅长学术国际传播的学者与高校优势突出、国际期刊平台也相对集中的特点。笔者研究了 Westlaw、Lexisnexis 和 Heinonline 三个主要英文数据库，选取在 2010 年 1 月至 2020 年 12 月之间，作者（包括独著和合著作者）工作单位是中国大陆高校或科研机构的知识产权法学论文进行统计，结果如下图：

---

[1] 《我院继续派出学生赴世界知识产权组织开展实习》，载同济大学上海国际知识产权学院，https://sicip.tongji.edu.cn/1b/e9/c13014a138217/page.htm.

[2] 根据目前科研期刊发表现状和国外期刊的出版语言，英文期刊和英文论文是笔者进行数据统计的重点对象。

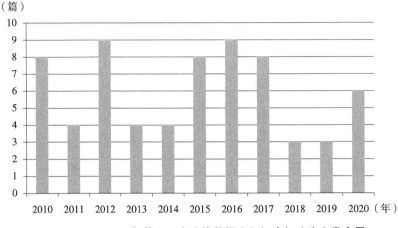

（篇）

图1　2010—2020年英文三大法律数据库知识产权法论文发表量

　　我们可以从上图观测到，2010年至2020年间能够在英文三大数据库检索到的以中国大陆高校或者科研机构为作者单位的英文论文共66篇。[1] 2012年和2016年是发表量最高的年份，每年各发表9篇；2015年至2017年三年间是持续的高峰期，年发表量分别是8篇、9篇和8篇。笔者在三大法律数据库中进一步挖掘发现，高峰期出现的原因主要是有知名教授组稿，国际期刊出版了有关中国知识产权法治的特刊。从发表的国际期刊平台统计来看，笔者母校伦敦大学玛丽女王学院知识产权研究中心（Queen Mary Intellectual Property Research Institute，University of London）主办的SSCI期刊《伦敦大学玛丽女王学院知识产权杂志》（*Queen Mary Journal of Intellectual Property*）发文量位居第一，共15篇；《美国版权协会会刊》（*Journal of the Copyright Society of*

---

〔1〕　根据国际传播叙事手法中的"自述+他述"模式，笔者重点分析了作者（包括独著和合著作者）工作单位是中国大陆高校或科研机构的知识产权论文数量，因为这代表了中国知识产权法治国际传播"自述"的典型模式。笔者特此感谢中国人民大学知识产权学院2020级博士生潘柏华同学在期刊论文总数搜集方面提供的科研协助。

the USA）发文量位居第二，共 11 篇；《知识产权法律与实务》（*Journal of Intellectual Property Law & Practice*）发文量位居第三，共 7 篇。高产的作者来自中国人民大学、清华大学和浙江大学等国内知名高校的法学院。

在海外出版外文学术专著方面，全球第一大科技图书出版公司施普林格·自然（Springer Nature）是涉猎有关中国知识产权法主题最多的出版社。根据笔者统计，自 2008 年 1 月至 2021 年 2 月，施普林格·自然出版社已出版 16 部有关中国知识产权法治的英文学术专著或论文集，其中 2008 年、2010 年、2011 年、2012 年和 2016 年每年各出版 1 部；2014 年、2018 年、2019 年和 2020 年每年出版 2 部；2017 年达到最高值出版 3 部，2009 年、2013 年和 2015 年没有相关文献出版。[1] 其中独著作者工作单位是中国大陆高校或科研机构的有 3 部[2]，第二作者工作单位是中国大陆高校或科研机构的有 1 部[3]。同时，笔者也对在法律出版行业内比较有名的英国剑桥大学出版社（Cambridge University Press，UK）、英国牛津大学出版社（Oxford University Press，UK）、荷兰科威法律国际出版社（Kluwer Law International）和爱德华·埃尔加出版公司（Edward Elgar Publishing）进行了近期中国知识产权法图书出版检索，发现剑桥大学出版社于 2017 年出

---

〔1〕　该检索信息来源于施普林格网站（https：//www. springer. com）的搜索功能。笔者以"Intellectual Property Law China""Copyright Law China"和"Trademark Law China"为关键词分别进行检索。

〔2〕　这三部著作分别是：Zhang Nan, *A Confucian Analysis on the Evolution of Chinese Patent Law System*, Springer, 2020；Wang Jie, *Regulating Hosting ISPs' Responsibilities for Copyright Infringement—The Freedom to Operate in the US, EU and China*, Springer, 2018；Guo, Yimeei, *Modern China's Copyright Law and Practice*, Springer, 2017.

〔3〕　Dan Prud'homme, Zhang Taolue, *China's Intellectual Property Regime for Innovation Risks to Business and National Development*, Springer, 2019.

版 1 部，牛津大学出版社于 2019 年出版 1 部，科威法律国际出版
社于 2012 年和 2016 年各出版 1 部，爱德华·埃尔加出版公司于
2011 年出版 1 部。其中，牛津大学出版社的专著作者之一来自中
国科研机构[1]，科威法律国际出版社于 2012 年出版的专著作者
来自中国高校[2]。同时，笔者检索了历年来国家社会科学基金
中华学术外译项目立项情况，发现截止于 2021 年之前共有 1211
本专著立项，其中只有 5 项与知识产权法治有关，以法文、韩文
出版各 1 项，以英文出版共 3 项。知识产权法治出版物仅占中华
学术外译项目所有立项出版物的 0.4%。[3]

（四）国际传播中遇到的现实问题

第一，在主体研究方面，国家作为传播主体具有权威性和很
强的影响力。如上文所述，国家知识产权局与 CGTN 有多次成熟
的合作，最高人民法院知识产权法庭发布了中英文报告。但是，
我们也要意识到与知识产权业务相关的其他部委或国家机关作为
国际传播的潜在主体目前并不太活跃。同时，笔者也观察到除了
上海、广州等知识产权保护意识比较强的地区之外，其他地方知
识产权管理部门和法院在知识产权法治国际传播中活跃度也不
高。就中国企业中的跨国公司而言，仅有华为等少数企业具有国
际传播的主动性；就学者进行学术传播而言，近年来主动进行中
国知识产权法治国际传播的学者人数相对稀少并只聚集于国内几

[1]　Spyros Maniatis（Editor），Ioannis Kokkoris（Editor），Wang Xiaoye（Editor），*Intellectual Property Law in China*，Oxford University Press，2019.

[2]　Qu San Qiang，*Intellectual Property Law in China*，Kluwer Law International，2012.

[3]　与知识产权法治有关的 5 项分别是：第 208 项，《WTO 知识产权协议在中国
的实施》，法文；第 327 项，《无形财产权基本问题研究》，韩文；第 919 项，《知识产
权精要》，英文；第 922 项，《版权法对技术措施的保护与规制研究》（本文作者主
持），英文；第 1080 项，《专利行政诉讼案件法律重述与评论》，英文。

所头部高校。

第二，在控制研究方面，国家对国际传播的控制主要分为行政手段、法律手段、经济手段、信息与技术手段等四个主要方面。[1] 本文并非面面俱到地对所有控制手段进行广泛研究，而是针对知识产权法治与国家安全的关系进行重点分析。目前，定期针对知识产权传播主体的相关国家安全教育比较薄弱，这是现实问题之一。

第三，在内容研究方面，一般认为国际传播信息的种类分为新闻类信息、广告类信息、娱乐类信息和知识类信息。[2] 根据笔者观察，目前在中国知识产权法治国际传播主要聚焦于通过大众媒介进行的新闻类和社评类信息传播和借助国际出版平台进行的学术知识类信息传播，广告类和娱乐类信息传播几乎不存在，学术类知识产权法治传播中的推介和概览类作品较多，深入地提出创新的理论观点类型作品较少。

第四，在渠道研究方面，学术界一般认为有符号媒介和技术媒介两种，符号媒介又分为语言符号和非语言符号。[3] 这是一个非常广泛而复杂的研究领域，渠道研究本身就可以形成一部科研专著。符号媒介的价值在于传播者主动将自身语言转换成受众的语言，从而完成跨文化、跨语言和跨国界的国际传播。但是，语言传播只是基础。在笔者的经验中，就遇到过双方都了解对方所说的语言但是不清楚对方的意图或观点的情形发生。同时，我国目前已经构建出全面的"融媒体"技术媒介平台，比如 CGTN

---

[1] 李智：《国际传播》（第 2 版），中国人民大学出版社 2020 年版，第 152 页。

[2] 李智：《国际传播》（第 2 版），中国人民大学出版社 2020 年版，第 184 页。

[3] 李智：《国际传播》（第 2 版），中国人民大学出版社 2020 年版，第 173 页。

完成了电视端和新媒体段的无缝衔接。[1] 本文将在如何发挥如何用语言符号结合非语言符号进行中国知识产权法治国际传播进行分析，同时探讨如何运用法律保护手段更好地护航技术媒介平台的发展。

第五，在受众研究方面，国际传播受众有其独特的定义和特点。刘燕南、史利在《国际传播受众研究》中指出：以民族国家、国际组织、社会机构、企业和个人等为主体，通过传统大众媒介、新媒介或其他可能的媒介所进行的跨国信息传播的对象和信息交流的参与者，包括读者、听众、观众用户或者网民，一般以本国国界以外的人士为主，包括不同国家或地区、不同语言、不同文化群体。[2] 其具有跨国界性、跨文化性和多元化的特点。如何更好地并在国际受众的事实认同、情感认同和价值认同上[3]取得比较好的效果，也是本文在策略研究部分即将开展的分析。

第六，在效果研究方面，国际传播效果的含义有两层：一是带有劝服动机的传播行为在受传者那里引起的心理、态度和行为的变化；二是指传播活动尤其是大众传媒的活动对受传者和社会所产生的一切影响和结果。前者聚焦于对效果的微观分析，后者聚焦于宏观考察。[4]根据在知识产权法治国际传播工作一线个人

---

〔1〕　江和平：《融媒体时代的新闻传播——以 CGTN 为例》，载《电视研究》2017年第 6 期。

〔2〕　刘燕南、史利等：《国际传播受众研究》，中国传媒大学出版社 2011 年版，第 30 页。

〔3〕　章晓英：《玩转融媒体的 CGTN，是如何进行国际传播的?》，载环球网新媒体，https://www.sohu.com/a/213092183419342.

〔4〕　郭庆光：《传播学教程》，人民大学出版社 1999 年版，第 188 页。另见刘笑盈主编：《国际新闻传播》，中国广播电视出版社 2013 年版，第 202 页。

经验来看，笔者的传播风格属于写实和沉稳的类型，以积极宣讲中国产权故事为主，结合已公开的数据和案例，在直播、录播播放或者社评发表之后，在社交媒体的总体反馈较好。但是在国际传播中，我们必然会遇到需要攻防结合的情况和传播方式。

第七，在效应研究方面，李智教授认为国际传播的效应之一就是全球公民社会的产生。这一概念是指公民们为了个人或集体的目的而在国家和市场活动范围之外进行跨国连接或活动的社会领域，是全球层面上和世界范围内的公民社会，是各国公民个人或团体聚合成的一张"跨国界的指示和行动网络"，即一个达成全球共识并采取跨国行动的公民共同体。[1]推动建立更加开放、包容和公平的国际知识产权新秩序应是中国知识产权法治国际传播的最终效应和目的。如何更好地达到这一效应也是本文所提出的策略之一。

四、加强中国知识产权法治国际传播能力的具体策略

第一，在主体策略方面，笔者针对政府主体、组织主体和个人主体分别提出相应的策略分析。就政府主体而言，除了国家知识产权局和最高人民法院知识产权法庭之外，与知识产权业务相关的其他部委或国家机关、地方政府应该有意识地找出本领域内知识产权法治国际传播的亮点和"抓手"，通过大众媒体、自建英文网站、拍摄宣传片、纪录片或短视频等方式持续地讲好中国知识产权故事。中国知识产权故事是多样的、生动的、灵活的和丰富的，其具体的表现方式可以是一个侧面，可以是一组数据，也可以是知识产权权利人的亲身体会或访谈。就组织主体中的跨

〔1〕 李智:《国际传播》（第 2 版），中国人民大学出版社 2020 年版，第 246 页。

国公司而言，2019 年华为在短时间内集中聚焦对外宣传的模式是很好的学习范本，同时应该主动出击，宣讲自身的知识产权保护亮点，尤其在产品和服务的目标市场国或地区进行有的放矢的宣传。就组织主体中的中国高校和科研机构而言，除了本文提到的具有较强知识产权法治国际传播能力的科研机构外，还应形成"多点开花"的局面，尤其是法学学科知识产权方向刚刚入选"双一流"学科的知识产权学院，可以发挥"新生代"的力量和后发优势，借助"双一流"的支撑，广纳涉外法治人才，集中力量在知识产权法治国际传播上持续发力，打造独特的学术竞争优势和智库服务。从个人主体学者层面来说，在外文论文发表方面，可以适当借助"社会科学引文索引"（Social Science Citation Index，SSCI）上具有高影响力的出版期刊平台，比如位于第一区间和第二区间（Q1 and Q2）的期刊。当然，这并非"唯 SSCI"论，而是要在宣传中国知识产权法治建设时注意选择更加具有国际影响力的渠道和平台。在海外出版知识产权专著或论文集方面，要更加重视现有的国家级涉外出版资助渠道，比如大家耳熟能详的中国国家社会科学基金外译项目和国家新闻出版署的"丝路书香工程"重点翻译项目，注意甄选经典的知识产权原著图书，并注意构建国内外学术共同体，利用与国内外出版社合作的架构优势，积极推进学术出海。

第二，在控制研究策略方面，笔者发现，在知识产权领域内，定期的相关国家安全教育比较薄弱，然而在国际传播中，安全是开展所有工作的基石和保障。笔者认为，首先，知识产权法治国际传播主体要树立正确的国家安全观，深入了解国家安全的十六个方面。知识产权领域涉及的行业和领域非常广泛，是典型的交叉学科，因此在国际传播中与政治安全、经济安全、文化安全、科技安全、生态安全、海外利益安全、生物安全等领域都可能存在着交集。因此在进行知识产权法治国际传播时，传播主体和传播渠道对其传播内容务必慎重选择，在必要时可以提前开展专家论证或者向有关部门进行请示与征询。在讲知识产权故事时，传播主体务必采用已经在新闻或者相关出版物上公开出版的案例、事实和数据。其次，在前文提到的国际传播控制手段中，法律手段非常重要。《中华人民共和国国家安全法》第 11 条规定，中华人民共和国公民、一切国家机关和武装力量、各政党和各人民团体、企业事业组织和其他社会组织，都有维护国家安全的责任和义务。第 76 条第 6 项规定，公民和组织应当保守所知悉的国家秘密。第 78 条规定，机关、人民团体、企业事业组织和其他社会组织应当对本单位的人员进行维护国家安全的教育，动员、组织本单位的人员防范、制止危害国家安全的行为。

第三，在内容研究方面，根据前文所述，目前的知识产权法治国际传播主要聚焦于大众媒体新闻传播和学术类知识传播，广告类和娱乐类信息传播很少，同时学术类传播中深入的观点类传播较少。对此，笔者认为，首先，应该扩宽思路，增加形象（信誉）广告的传播。广告一般被分为产品（服务）广告和形象（信誉）广告两类。两者都具有劝服性的目的。前者较具体，以推广产品或服务为主；后者较抽象，以展现信誉为主。[1]笔者认为形象（信誉）广告可以被国家或中国企业中的跨国公司很好地采用，展现自身的知识产权保护立场与态度，宣传知识产权法治取得的成就，化解不必要的误解。其次，我国可以在电影、电视剧

---

〔1〕 李智:《国际传播》（第 2 版），中国人民大学出版社 2020 年版，第 186 页。

的主线、剧情、演职人员、主题曲等方面更多地植入知识产权法治元素，将我国的影视剧出口到国外，利用影视剧作品等娱乐类信息进行更好的国际传播。娱乐类信息淡化了新闻类传播的时政和说教意味，具有轻松、愉快的特点，但更容易被接受，并且传播范围更广。在学术知识传播方面，刘静坤教授和余萌博士指出："应当加中国案例的对外翻译与介绍，尤其要加大最高人民法院案例、典型案例、涉及海外当事人以及海外媒体关注的案例的译介和推广。还应当重视传播中国在互联网、知识产权、智慧司法等世界法治前沿领域率先开展探索的案例，向世界介绍我国的领先经验。"[1]无论是新闻、学术知识，还是广告或娱乐类影视作品，我们最终的工作目标，如赵启正教授在《中国故事 国际表达——赵启正新闻传播案例》一书指出的，要"以艺术的、文化的方式向外国人介绍一个真实、进步和开放的中国"。[2]

第四，在渠道研究策略方面，笔者认为需要在熟练使用语言类媒介符号的同时，大大加强非语言符号媒介的使用。[3]懂外语，特别是精通英语的人才目前很多，但是传播主体在使用语言符号媒介时一定要将英文知识产权法律词汇熟练掌握和运用，并加强语内选择力。同时，传播主体更需要在沟通中运用表情、肢体语言、仪态、服装等非语言符号媒介增强沟通的渠道。并且，我们也要意识到跨文化、跨国界传播时相同的非语言符号有可能蕴涵着不同的意义。例如，传播主体在参与知识产权国际新闻访

〔1〕 刘静坤、余萌：《中国法治的国际传播恰逢其时》，载《人民法院报》2021年1月7日，第8版。
〔2〕 贾树枚解读：《中国故事 国际表达——赵启正新闻传播案例》，上海人民出版社2018年版，第158页。
〔3〕 李智：《国际传播》（第2版），中国人民大学出版社2020年版，第173页。

谈直播时，要注意达到"聊天"（conversational）的效果，作为专家在发言时要一直注视着主持人的眼睛而不是看其他的方向或者盯视摄像机镜头。此外，传播主体还要注意微笑应该出现在恰当时机，不要在不必要的场景中微笑。在传播主体讲述非常严肃的甚至带有一定进攻意味的话题时，不必要的微笑容易让观众觉得迷惑（confused）。在服装方面，笔者建议传播主体的外套和衬衣尽量避免丝绒或丝绸面料，因为这两种面料在出境时会显得不够挺拔；避免格子、大花或碎花图案，因为在镜头中容易出现"跳格"晃动的效果。笔者本人在直播时会选用"深色西服外套+浅色裙+胸针"的着装模式体现女性法律专家的职业感与亲和力。在坐姿等肢体语言方面，笔者建议传播主体尽量在椅子上坐实而不是坐在椅子的边缘，否则容易让观众觉得传播主体过于紧张或不自信。此外，面对镜头时，一些平时生活中的小动作也需要戒除，例如扶眼镜、整理领带、整理头发或频繁眨眼等，这些都不利于上镜效果。

第五，在受众研究策略方面，笔者认为一定要对国际传播受众进行深入的了解，以这种深入了解为基石而选择制定传播的内容和议题。如何在知识产权法治国际传播中找到中外共同关心的热点、重点、难点问题，设置非常好的新闻、学术或影视作品的议题，是一项长期积累和学习的过程。这需要传播主体长期跟踪国内外该领域内的重点和热点问题，同时对国外相关受众的教育水平和心理接受程度、新的传播渠道等要素比较熟悉。在国际受众的事实认同方面，笔者建议选取国内外知识产权权利人都会关心的话题，比如我国的知识产权立法、执法和保护方面公开的事实和数据，用以体现我国对知识产权保护的决心和力度。在情感认同方面，情感认同在某种程度上比接受信息更重要，比如消除贫困，就是联合国可持续发展的重要议题，也是各国人民普遍关心并能激发人们情感回应的议题，那么例如中国地理标志助力扶贫的议题，就很可能会引起国际受众的情感关注。在价值认同上，世界上大部分国家对 TRIPS 协定所规定的"知识产权是私权"已达成共识，它能保证权利人的合法权益，同时能促进创新。因此，围绕这一大部分国家普遍认同的观点建构国际传播议题，将会达到比较好的效果。此外，以用户体验为导向的融媒体时代已然来临，受众很多时候在手机 APP 上接收信息或者观看视频。手机终端 APP 的效果和传统的电视或广播时代截然不同，这就需要传播者在短时间内迅速抓住用户的注意力，同时在新闻直播中要更好地言简意赅地直奔主题。

第六，在效果研究策略方面，笔者提出两点建议。首先，长期传播会产生持久的影响力，传播主体必须具有较强的耐心和毅力。西方受众面临的是非常多元化的传播环境，在这样的环境中我们的知识产权国际传播变成了其接受的众多信息或观点中的某类要素，这类要素在受众中直接产生决定性影响力的可能性不易预测。但是，打造好我们的知识产权国际传播本身至少会对西方受众产生一定程度的影响力。同时，长期传播会必定产生长期的影响力。其次，围绕"讲故事"的传播方式进行国际传播，提升讲中国知识产权法治故事的表达力。时任国务院新闻办公室主任、中国人民大学新闻学院院长赵启正教授在《舆论斗争拼的就是讲故事》中指出，"在国际传播中，理论说服是一大难点。国际舆论斗争很难靠理论取胜，要靠讲好故事。故事比理论生动，易于传播，故事的内涵就是我们想表达的道理。中国社会本就丰富多彩，只需在对外交往中用恰当的言行讲述自己和自己身边的真实故事——这些故事自然、生动、丰满、鲜活、易懂，不需要豪言壮语和华丽辞藻，中国和中国人的形象自在其中。"[1] 因此，中国的知识产权法治传播主体应该注意平时积累国家层面的和地方层面的知识产权故事，锻炼从细节处生动刻画这些故事的表达力。

第七，在效应研究策略方面，笔者认为建立更加开放、包容和公平的国际知识产权新秩序要通过传播中国在跨国界、跨文化的知识产权国际合作来实现。北京大学法学院易继明教授在《中美关系背景下的国家知识产权战略》中指出"我国应超越意识形态的禁锢，充分发展知识产权的'技术外交'路径"[2]，并在《全球专利格局下的中国专利战略》中指出专利领域的技术外交可以围绕专利审查高速公路和促进专利成果运用和转化等方面来开展。[3]这些事实与成就充分证明了我国为建立更加开放、包容和公平的国际知识产权新秩序所做出的努力。因此，针对这些内容的国际传播在提高传播效应方面大有益处。

五、结论

中国知识产权法治的国际传播是一项持久而细节化的要务。我们最终建立更加开放、包容和公平的国际知识产权新秩序也许需要不止一代人的坚持不懈与努力。笔者坚信，我们在传播主

---

〔1〕　赵启正：《舆论斗争拼的就是讲故事》，载《国际传播》2020 年第 5 期，第 4 页。

〔2〕　易继明：《中美关系背景下的国家知识产权战略》，载《知识产权》2020 年第 9 期，第 17 页。

〔3〕　易继明、初萌：《全球专利格局下的中国专利战略》，载《知识产权》2019 年第 8 期，第 54~55 页。

体、控制手段、内容、渠道、受众、效应和效果等七大因素全面提升之后，知识产权法治国际传播必然会达到更好的效果，相关的从业人才队伍必然会发展与壮大。让我们拭目以待、砥砺前行！

百花园

Spring Garden

国际民航组织理事会之"司法职能"辨析

——以"卡塔尔案"为例

◎王璐瑶*

摘　要：2020年7月国际法院就卡塔尔上诉案作出了判决，关于国际民航组织理事会司法职能的纷争再起。各方对《芝加哥公约》第84条关于争端解决条文存在不同的理解。理事会的"属事管辖权"有限、司法独立性不足以及行政和司法混淆等问题使其不具有司法管辖权。理事会在民航争端解决中，利用其在民用航空领域的独特地位和专门知识，作出符合《芝加哥公约》含义和要求的权威决定，是否意味着国际民航组织理事会具有司法职能值得深入探析。

关键词：《芝加哥公约》　国际民航组织理事会　国际民航争端　"卡塔尔案"

---

*　王璐瑶，女，中国民航大学法学院硕士研究生。研究方向：航空法。

《国际民用航空公约》（又称《芝加哥公约》，以下简称《公约》）第 84 条关于争端解决的规定并不明确。在国际民航组织理事会解决争端的历史记录中不难发现，理事会内部对其为实现第 84 条所赋予的能力和应做的事情以及应该如何去做常感困惑。[1] 自 1952 年印度诉巴基斯坦争端案以来，对于《公约》第 84 条所赋予理事会的职能的性质争议不断，很多学者也因此提出过自己的主张。[2] 2020 年 7 月 14 日，国际法院就巴林、埃及、沙特阿拉伯和阿拉伯联合酋长国（以下简称"巴林四国"）诉卡塔尔案作出了关于国际民航组织理事会根据《公约》第 84 条的管辖权的上诉判决，但相关争议并未平息，国际民航组织理事会是否具有司法职能的问题仍然悬而未决。

一、"卡塔尔案"回溯

2017 年 6 月 5 日，"巴林四国"与卡塔尔断绝外交关系，并

---

〔1〕 周亚光：《国际民用航空组织争端解决机制司法化改革论析》，载《法律科学》2020 年第 1 期，第 152~160 页。

〔2〕 R. Abeyratne 在其 "Can ICAO Make Laws or Deliver Judgments?" 一文中通过以色列摧毁加沙国际机场案质疑理事会的司法职能；Jon Bae 在 "Review of the Dispute Settlement Mechanism Under the International Civil Aviation Organization: Contradiction of Political Body Adjudication" 一文中认为理事会实质上是一个政治和政策制定机构，理事会设计中的结构性缺陷使其宁可通过裁决以外的方式促进解决国家间冲突，而不愿也不能就争端的实质作出裁定；Gabriel Sanchez 在 "The Incompetence of the Dispute Settlement Provisions of the Chicago Convention" 一文中认为《芝加哥公约》的争端解决规定充其量不过是触发国家间对话的便利机制；Paul Stephen Dempsey 在 "The Role of the International Civil Aviation Organization on Deregulation, Discrimination, and Dispute Resolution" 一文中认为，理事会本身的性质（一个由以其技术、行政或外交技能而不是其法律能力任命的代表组成的政治机构）使其不具备独立性，因而导致根据《公约》第 18 章向国际民航组织理事会提交的争议少；赵维田在其《国际航空法》一书中认为，理事会的司法权虽然达不到一级法院的水平，但具有相当大的裁决能力，因此称其为准司法权力。

对与卡塔尔的陆地、海上和空中通信线路采取了一系列限制措施，其中包括某些航空限制。根据这些限制，"巴林四国"禁止所有在卡塔尔注册的飞机降落或离开其机场，并剥夺其飞越各自领土，包括有关飞行情报区内之领海的权利。甚至某些限制也适用于非卡塔尔注册但往返卡塔尔的飞机，这些飞机也必须事先获得"巴林四国"民航当局的批准。"巴林四国"称，这些限制性措施是针对卡塔尔涉嫌违反了某些国际协定，即 2014 年 4 月 17 日《利雅得协定》和 2014 年 11 月 16 日《利雅得补充协定》以及国际法规定的其他义务。2017 年 10 月 30 日，根据《公约》第 84 条，卡塔尔向国际民航组织理事会提交了一份申请书，称"巴林四国"通过的航空限制违反了他们在《公约》下的义务。2018 年 3 月 19 日，"巴林四国"在其向国际民航组织理事会提交的答辩状中提出了两项初步反对意见。首先，国际民航组织理事会缺乏《公约》规定的管辖权，因为当事双方所争执的真正问题涉及超出《公约》范围的事项，包括航空限制在内的措施都可以根据国际法定性为合法反措施。其次，卡塔尔未能满足《公约》第 84 条所规定的谈判先决条件。在 2018 年 6 月 29 日的一项决定中，国际民航组织理事会以 23 票对 4 票、6 票弃权否决了初步反对意见。

2018 年 7 月 4 日，上诉人向法院提交了一份联合申请，对 2018 年 6 月 29 日国际民航组织理事会的决定提起上诉。2020 年 7 月 14 日国际法院作出裁决，驳回"巴林四国"于 2018 年 7 月 4 日就国际民航组织理事会 2018 年 6 月 29 日的决定提出的上诉，并且以 15 票对 1 票认定国际民航组织理事会有权受理卡塔尔国政府于 2017 年 10 月 30 日提交的申请。这是否就意味着国际民航组织理事会具有司法职能值得探究。

二、"卡塔尔案"中关于国际民航组织理事会"司法职能"之争

（一）"争端"是否与《芝加哥公约》的解释或适用有关

如果案件的真实争议与《公约》的解释或适用无关，仅仅与《公约》规定的某些事项之间为附带性联系，那么就整体而言是不足以提起符合《公约》第 84 条之争议的。因此，需要确定的是卡塔尔与"巴林四国"间的"争端"是否与《公约》的解释或适用有关。案件中，"巴林四国"将其对在卡塔尔注册的飞机所实施的航空限制定性为合法反措施，认为理事会无权审查卡塔尔的申请。由于《公约》第 84 条规定理事会对成员之间纠纷的管辖范围仅限于与《公约》的解释或适用有关的事项，因此卡塔尔在 2017 年 10 月 30 日向国际民航组织理事会提交的申请书中，要求理事会裁定"巴林四国"对卡塔尔的行为违反了其在《公约》及其附件下的义务，并且在其备忘录中进一步列出了涉及违反《公约》的具体条款（第 2、3 之 2、4、5、6、9、37 和 89 条）。国际法院据此认为，在国际民航组织理事会就案情进行的诉讼中，因实施反措施而提出的管辖权抗辩不影响理事会受理本案，[1] 理由是：这种关于其航空限制构成合法反措施的论点实质上仅构成对案情的辩护。笔者认为，卡塔尔案中的争端确与《公约》的解释或适用有关。因为在实际争端中极少出现只涉及《公约》的争议，情况往往是，涉及《公约》的争议仅为整个争议事项中的一部分，但不能因为存在分歧的一方以《公约》之外

---

〔1〕 国际法院在关于《公约》第 84 条规定的国际民航组织理事会管辖权的上诉案中，法院认为，基于反措施提出抗辩本身并不影响理事会在《公约》第 84 条规定的范围内的管辖权。

的理由为其行为进行辩护，从而掩盖了理事会根据《公约》第 84 条所获得的职权。遗憾的是，国际法院并未释明何种情况下部分涉及《公约》的争议可以提交国际民航组织理事会审议。

（二）卡塔尔的主张是否基于司法适当性而不可受理

在卡塔尔案中就本争议点，"巴林四国"提出了两项论点：首先，就事项而言，争议事项超出了国际民航组织理事会的裁决范围。国际民航组织理事会有可能仅仅为了解决与《公约》的解释或适用的有关分歧而审议不属于《公约》范围的问题，此时其适当性的确不是那么明确。受国家间争端解决中同意原则的约束，原则上理事会处理争端的权限应限定于缔约方明确委托它处理的事项。所以"巴林四国"主张卡塔尔的申请因超出事项范围而不具有司法适当性有一定说服力。其次，从审议主体上看，很难将"司法适当性"的概念适用于国际民航组织理事会，因为理事会是国际民航组织大会的常设机构，由大会选出的缔约方所指定的代表组成，而不是司法机构所特有的以个人身份独立行事的个人组成。并且国际民航组织理事会是一个主要致力于提供技术和行政服务的机构，其成员代表大多不是精通国际法的专家，因此主体的不独立使得国际民航组织理事会在争端解决中也很难具有司法适当性。

笔者对国际民航组织理事会在争端解决中是否具有司法适当性也是存疑的。尽管《公约》第 54 条和第 55 条赋予理事会的行政职能是众所周知的，但不能据此认为，远在第 18 章的第 84 条所赋予理事会解决两个或两个以上缔约方之间关于《公约》及其附件的解释或适用分歧的职能就一定不再是行政职能，进而武断地推定其为司法职能。至少在卡塔尔案中因司法适当性存疑问题而使国际民航组织理事会的司法职能备受争议。

（三）卡塔尔向理事会提交申请前是否满足谈判先决条件

严重的程序违规行为可能会使理事会的决定无效，因此对卡塔尔向理事会提交申请前是否满足谈判先决条件的讨论也十分有必要。《公约》第 84 条规定，"如两个或两个以上缔约方……发生争议，而不能协商解决时……"，说明国际民航组织理事会行使管辖权的先决条件是，缔约方必须在根据第 84 条提出申请之前做出与另一有关国家进行谈判的努力。"巴林四国"主张卡塔尔未能满足《公约》第 84 条中规定的谈判先决条件。然而，卡塔尔认为其与"巴林四国"的外交关系已于 2017 年 6 月 5 日中断，并且"巴林四国"在实施航空限制的同时也阻断了一切与之进行谈判的途径，也就满足了《公约》规定的谈判先决条件。

笔者认为，卡塔尔在该案中的表现可以认定其向理事会提交申请前满足了谈判的先决条件。因为考虑到国际民航组织以外的发展势态，卡塔尔所面临的情况中谈判是徒劳的。如果谈判或试图进行的谈判无济于事或陷入僵局，则应认定为分歧无法通过谈判解决，而不应该过于刻板地要求卡塔尔进行直接的面对面的协商才算谈判。国际法院在判决中也是据此对卡塔尔满足了国际民航组织理事会管辖权的先决条件做出推论的。

综上所述，理事会可以就国家间的分歧作出决定这一事实，并不能说明理事会属于常规意义上的国际司法机构，因为理事会在争端解决中有许多地方都不符合国际司法机构的特点（司法管辖权和具有拘束力的判决）。理事会根据《公约》第 84 条拥有权力的性质在《公约》中是不够明确的，并且根据第 84 条向其提出的申请所作出的决定的性质也未在《公约》中言明。因此，

《公约》第 84 条是否赋予理事会任何司法权力以决定成员之间的争端，并产生具有约束力的法律文件是存疑的，国际民航组织理事会是否具有司法职能值得深入探析。

三、对国际民航组织理事会司法"管辖权"的质疑

管辖权问题被称为"司法机构行使司法职能的一个组成部分"[1]，因此裁决机构是否拥有管辖权不能被推定而应是明确确立的。《芝加哥公约》第 18 章授权国际民航组织理事会对有关《公约》解释的任何争议作出决定，但理事会这种管辖权的确在实践中存在着诸多质疑。

（一）该理事会的"属事管辖权"有限

由《公约》第 84 条的规定可知，若双方之间的分歧构成对《公约》及其附件的解释或适用的争议的，即归入国际民航组织理事会"属事管辖权"的范围。也就是说，国际民航组织理事会拥有"管辖权"的争议本质上应当是《公约》及其附件的解释或适用问题，而在此之外的争议只是一个附带性争议。申请方为了符合民航组织理事会行使"属事管辖权"的范围，通常通过——列举违约方的具体违约行为与《公约》的某些具体规定，以此说明存在与《公约》适用有关的分歧。但在实践中，民航法律分歧可能仅构成有关国家之间更广泛争议的一部分，例如美国与欧盟之间的"Hushkit 争端案",[2] 这就涉及在某一争端中民航争议

---

[1] A. Rajput, "Necessity of 'Objective Awareness' for the 'Existence of Dispute'", *Indian Journal of International Law* 58, 2018, pp. 85－109.

[2] Kriss E. Bown, "The International Civil Aviation Organization is the Appropriate Jurisdiction to Settle Hushkit Dispute between the United States and the European Union", *Penn State International Law Review*, 20, 2002, pp. 465－485.

与其他问题兼容时，国际民航组织理事会如何确定该争议能够受理事会有限"管辖权"的约束。如果能够证明案件的真实争议与《公约》的解释或适用无关，或者《公约》所涉主题事项之外的争议只是更广泛政治分歧中的一个附带性争议，并且该争议通过其他途径解决更为合适，那么国际民航组织理事会便不是合适的争议审查机构。例如，虽然"空客公司与波音公司补贴纠纷案"确与民航有关，美国和欧盟可以将分歧提交国际民航组织理事会处理，理由是符合《公约》规定的国际民航组织的目标之一——通过避免不合理的竞争来防止经济浪费[1]，由此将其归类为两个或两个以上缔约方之间有关《公约》及其附件的解释或适用的分歧，但该案最终还是提交给了世贸组织解决。[2] 在"卡塔尔案"中，当事双方之所以会就"争端"是否与《公约》的解释或适用问题产生争执，其根源就在于理事会有限的"属事管辖权"使其仅能够审查与《公约》及其附件有关的争议。虽然国际法院在其判决书中得出结论说，双方之间存在更广泛的争议并不阻碍国际民航组织理事会以《公约》第 84 条的管辖权为根据。[3] 但国际法院未能给国际民航组织在遇到类似情况时应该如何处理指明方向，因其未在判决书中释明在兼容《公约》的争议与其他政治/法律争端案中，国际民航组织理事会有限的"属事管辖权"该如何划界。这样仍会带来一些问题，例如欧盟 ETS

---

〔1〕 《芝加哥公约》第 44 条第 5 款规定：防止因不合理的竞争而造成经济上的浪费。

〔2〕 Ruwantissa, Abeyratne, *Rulemaking in Air Transport: A Deconstructive Analysis*, Switzerland: Springer international Publishing, 2016, p. 82.

〔3〕 International Court of Justice, "Appeal concerning the jurisdiction of the ICAO Council under Article 84 of the Convention on International Civil Aviation", available at https://www.icjcij.org/files/case-related/173/173-20200714-JUD-01-00-EN.pdf, accessed 2020-8-29.

问题涉及其与《京都议定书》以及《公约》的兼容性。理事会将
发现自己几乎没有资格触及《京都议定书》，而该议定书在全面
审查欧盟 ETS 是否符合《公约》下的解释或适用问题方面显得至
关重要。如果发生涉及欧盟 ETS 计划的争议，理事会仍有可能面
临因"属事管辖权"有限而受困的难题。

（二）国际民航组织理事会的行政管辖职能非司法管辖权

1. 表现在国际民航组织理事会的组成

《公约》中并没有明确：理事会代表在履行第 18 章规定的任
务时理应担任中立且公正的法官。仅在第 50 条规定，任何理事
会成员不得与任何航空运营活动建立联系或在财务上有利益关
系。[1] 事实上，国际民航组织理事会由因其技术、行政或外交
技能而不是其法律能力而任命的政府代表组成。[2] 他们不具备
无偏见的中立决定的独立性和自治性。这些成员方代表在遵循理
事会审查的任何决定时必须遵循各自政府的指示。[3] 因此，理
事会成员的最终决定可能反映的是世界政治局势的妥协，而不是
基于国际法法律原则的决定。[4] 例如，1971 年 7 月理事会关于
"巴基斯坦诉印度案"的审议纪要描绘了一个怪异的现象，一些
理事会成员要求推迟投票，同时他们征询各自政府的意见以寻求

---

〔1〕 《公约》第 50 条第 3 款规定：缔约方担任理事的代表不得同时参与国际航空
的经营或与此项航班有财务上的利害关系。

〔2〕 Dempsey, Paul, Stephen, "The Role of the International Civil Aviation Organiza-
tion on Deregulation, Discrimination, and Dispute Resolution", available at https: //
papers. ssrn. com/sol3/papers. cfm? abstract_id = 2224242, accessed 2020-8-28.

〔3〕 Jon Bae, "Review of the Dispute Settlement Mechanism Under the International
Civil Aviation Organization: Contradiction of Political Body Adjudication", *Journal of Interna-
tional Dispute Settlement* 4, 2013, pp. 65-81.

〔4〕 R. Sankovych, "ICAO Dispute Resolution Mechanism: Deepening the Current
Framework in Lieu of a New One", *Aviation Law and Policy* 16, 2017, pp. 319-340.

指示。[1] 然而，司法独立性是维护国际司法机构合法性的关键因素。司法独立性即仅由法官尊重法律来解决争端。然而，由国家而非独立个人组成国际民航组织理事会，其决定将始终基于政策和公平考虑，而不是基于纯粹的法律规范，因此国际民航组织理事会不能被视为适当的司法机构。[2] 理事会成员的组成不符合司法机关之裁判者中立的特征，理事会在属性上更偏向民航行政机关。根据《公约》第 18 章所赋予的权利，受理成员之间有关《公约》及其附件的解释与适用之争议的管辖，也更接近于行政管辖职能。

2. 反映在国际民航组织理事会的审议过程中

国际民航组织在其不多的几次争端解决中表明，其在竭尽全力通过调解、调停和谈判方法不断敦促双方自行解决问题，从而以最少的麻烦解决成员之间的分歧。[3] 正如法学家托马斯·布根塔格所指出的，理事会的任务是"协助解决而不是裁决争端"[4]，因此直到作出最后决定时，理事会实际上更倾向于发挥其协调功能。

一方面，理事会由于其组成人员为来自民航各岗位的优秀专家，使其更有兴趣和热情从事在争端当事方之间进行调解或促成他们和解的工作；另一方面理事会有能力或者权力来促成调解。当理事会"邀请"当事方进行进一步谈判时，当事方很难拒绝这样的邀请，因为这种不以为然的态度有可能会影响理事会在此案

---

〔1〕 国际民航组织理事会会议纪要 74/6（1971 年 7 月 29 日）。

〔2〕 Milchael Milde, *International Air Law and ICAO*, The Hague: ElevenInternational Publishing Press, 2012, pp. 205-207.

〔3〕 赵维田：《国际航空法》，社会科学文献出版社 2000 年版，第 88 页。

〔4〕 David, Mac Kenzie, *ICAO: A History of the International Civil Aviation Organization*, London, University of Toronto Press, 2010, p. 197.

中的立场。因此，当理事会通过推迟正式程序来使双方保持对话的时间越长，就越有可能以调解或和解的方式解决争端。例如，1958 年约旦与阿拉伯联合酋长国之间就征收空中航行费发生了争端，在根据《公约》引起分歧之前，各方在国际民航组织理事会的非正式协助下解决了这一问题。[1] 这就是为什么国际民航组织理事会愿意更多地使用调解或促成和解进行争端解决的主要原因。正如国际民航组织理事会前主席阿萨德·科泰特所说，"作为一个政府间机构，国际民航组织自然会受到各国不同态度的影响，这些国家决定了国际民航组织的工作，这一政治因素不容忽视"。[2] 尽管理事会在促进解决国家间分歧方面已经取得了可接受的有效效果，有时在发挥调解作用方面也很主动，[3] 但其在第 18 章下的表现表明其不愿也无力履行其司法裁决职能。如果将来根据《公约》第 84 条将争端提交理事会，那么理事会很可能会重复其以前的做法——促成和解或敦促双方达成调解协议，而不是就此事进行裁决。笔者认为，调解本身没有错，但若只想以调解代替裁决[4]，从而无限期地耽延了审查期限，这样的行为通常只会使人联想到和蔼可亲的调解人，很难使其与作出中正裁决的法庭产生联想，不免让人质疑国际民航组织理事会的司法职能。

---

〔1〕 Pablo Mendes de Leon and Diederiks-Verschoor, *An Introduction to Air Law*, The Netherlands, Kluwer Law International BV, 2012, p. 56.

〔2〕 2013 年国际民航组织理事会前主席阿萨德·科泰特于蒙特利尔在其 "My MemoireS. ICAO" 中所述。

〔3〕 Brian F. Havel, "International Instruments in Air, Space, and Telecommunications Law: The Need for a Mandatory Superanational Dispute Settlement Mechanism", *Issues in Aviation Law and Policy*, 2001, pp. 4051–4096.

〔4〕 J. G. Merills, "The mosaic of international dispute settlement procedures: complementary or contradictory?", *Netherlands International Law Review* 54, 2007, pp. 361–393.

（三）该理事会行使"管辖权"的前提不符合司法要求

争端的存在是所有国际司法机构行使管辖权的前提。[1] 尽管《公约》第 18 章的标题使用了"争端"一词并且正文中有两处提到争端，[2] 但理事会必须决定的是"两个或两个以上缔约方之间的分歧"[3]，如果这些分歧不能通过它们之间的协议解决，那么任何涉及分歧的国家都可以将其提交理事会。因此《公约》第 84 条要处理的是缔约方之间的"分歧"，即与《公约》的解释或适用有关的分歧而非争端。这里存在一个困惑——为什么《公约》第 84 条主要侧重于"分歧"而非争端。

尽管"分歧"和"争端"这两个术语都要求当事方在具体问题上存在争议，但它们之间有一个重要区别，即它们并不意味着

---

〔1〕 Andreas, Kulick, "Let's (Not) (Dis) Agree to Disagree!? Some Thoughts on the 'Dispute' Requirement in International Adjudication", available at https://papers. ssrn. com/sol3/papers. cfm? abstract_id=3526377, accessed 2020-8-26.

〔2〕 根据 1998 年于蒙特利尔签订的《关于国际民用航空公约六种语言正式文本的议定书》规定公约及其修订案的中文文本、阿拉伯文文本和英文、法文、俄文、西班牙文文本构成具有同等效力的六种文本，但该议定书尚未生效。中文文本暂时还不是有效文本，所以这里我们使用的是英文文本作为研究参考。1944 Convention on International Civil Aviation Article 84 Settlement of disputes "……No member of the council shall vote in the consideration by the Council of any dispute to which it is a party. Any contracting State may, subject to Article 85, appeal from the decision of the Council to an ad hoc arbitration tribunal agreed upon with the other parties to the dispute or to the Permanent Court of International Justice…"具体规定为"……理事会成员方如为争端的一方，在理事会审议时，不得参加表决。任何缔约方可以按照第 85 条，对理事会的裁决向争端他方同意的特设仲裁法庭或向常设国际法院上诉……"，其中提到争端使用的是"dispute"，提到争议或分歧使用的是"disagreement"。

〔3〕 1944 Convention on International Civil Aviation Article 84, "If any disagreement between two or more contracting states relating to the interpretation or application of this Convention and its Annexes cannot be settled by negotiation, it shall, on the application of any State concerned in the disagreement, be decided by the Council…"如两个或两个以上缔约方对本公约及其附件的解释或适用发生争议，而不能通过谈判解决时，经任何与争议有关的一国申请，应由理事会裁决。

相同程度的"敌意"。因此分歧必须达到足够的强度才能引起争端。[1] 因为观点或利益的分歧不能称之为"争端",它只是有可能成为争端。为了确定当事方之间是存在分歧还是争端,当事方之间的磋商交流应达到一定程度。[2] 也就是说,在发生法律争端之前,要求当事方之间进行一定程度的沟通协商。然后当双方都意识到自己与对方的不同点时,双方对某些事实或情况的不同看法就变成了"分歧"。此时一旦经由第三方处理,"分歧"就具体化为"争端"。

就"卡塔尔案"而言,笔者认为,国际民航组织理事会即是作为第三方存在,在经过国际民航组织理事会处理后,"卡塔尔案"中双方当事人之间的"分歧"就具体化为"争端",此时对理事会的决定不服可以寻求国际法院解决,也就是说,所谓的上诉即是将此时经过具体化后的"分歧"即"争端"提交到国际法院,而国际法院正是专门处理争端的国际司法机构。如此才能合理解释为何理事会虽非司法机构但其决定却可以上诉的问题。反过来,这也说明了国际民航组织理事会不具有司法管辖权,而仅仅是分歧解决的协调机构。

四、国际民航组织理事会决定的司法性存疑

尽管《公约》第86条特意赋予国际法院或特设仲裁庭"上

---

〔1〕　Robert Kolb, *International Court of Justice*, Portland, Hart Publishing, 2013, p. 171.

〔2〕　国际法院在 1988 年 4 月 26 日就 1947 年 6 月 26 日《联合国总部协定》第 21 条规定的仲裁义务的适用性提出的咨询意见中,称分歧升级为争端,应当在双方达到一定的交流之后。

诉裁决"以最终裁定和有约束力的地位,[1] 但是理事会就两个或两个以上缔约方在解释或适用《公约》方面的分歧所作出的决定在法律上的地位如何,《公约》却是只字未提。

（一）理事会决定的可上诉性问题

《公约》第 84 条在上诉条款中提到,"任何缔约方可以按照第 85 条,对理事会的裁决向争端他方同意的特设仲裁庭或向常设国际法院上诉。"也就是说第 84 条所规定的上诉程序可以通过特设仲裁庭进行,也可以通过常设国际法院进行。于 1946 年开始工作的国际法院,取代了 1920 年在国际联盟主持下设立的常设国际法院,因此《国际法院规约》就自动代替了《常设国际法院规约》。应特别提及的是,联合国组织的所有成员都是国际法院规约的事实当事方,这使我们需考虑的仍然是《公约》当事方中的非联合国组织成员。[2] 在以往历史中,国际民航组织理事会处理过几项争端[3],其中仅有 1971 年"巴基斯坦诉印度案"和 2017 年"卡塔尔案"启动了上诉程序,但都是上诉到国际法院,并没有通过特设仲裁庭的事例。唯一可能出现接受仲裁法庭的例外情况是,"对理事会的裁决上诉时,如争端任何一方的缔约方,未接受常设国际法院规约",则可以按照《公约》第 85 条规定的仲裁程序进行仲裁。联合国成员和国际民航组织的成员数

---

〔1〕《公约》第 86 条规定：除非理事会另有决定,理事会对一国际空运企业的经营是否符合本公约规定的任何裁决,未经上诉撤销,应仍保持有效。关于任何其他事件,理事会的裁决一经上诉,在上诉裁决以前应暂停有效。常设国际法院和仲裁法庭的裁决,应为最终的裁决并具有约束力。

〔2〕 De Lacerda, "A Study about the Decision of the I. C. A. O. Council and the Admissible Appeals and Their Effects", *Annals of Air and Space Law* 3, 1978, pp. 219-224.

〔3〕 1952 年"印度诉巴基斯坦案"、1971 年"巴基斯坦诉印度案"、1995 年"古巴诉美国案"、2000 年"美国诉欧盟 15 国案"、2016 年"巴西诉美国",以及 2017 年"卡塔尔案"。

目上都是 193 个，但并未完全重合[1]，其中库克群岛是国际民航组织成员，但并非联合国成员。因此，如果争端一方为库克群岛，因其未接受国际法院规约，当与其他民航组织成员产生争议需要启动上诉程序时，则有可能会触发《公约》第 85 条规定的仲裁上诉程序。目前依然存在困惑的是，争端各方可以在国际法院与仲裁庭之间进行选择吗？抑或当事双方都接受了国际法院规约时，国际法院拥有强制管辖权么？[2] 对于这些问题，《公约》并未给出确切的答案。此外，《公约》没有提到上诉是基于事实调查还是法律依据，对于在上诉阶段是否可引以入新的问题也保持沉默。如果国际民航组织理事会是争端"初审"机构，那么以上这些问题都是可以在《公约》中找到答案的。因此，即便《公约》第 84 条中使用了"上诉"的概念，这里也不妨将其理解为"移交诉讼"。

（二）理事会决定之上诉主体与期限问题

根据《公约》第 84 条，国际法院有权审理针对民航组织理事会决定的"上诉"。上诉程序的提起必然涉及以下两个方面：

1. 关于上诉主体

上诉主体即有权针对国际民航组织理事会的决定向国际法院或特设仲裁庭提起诉讼的主体。因为上诉机制的审查对象是初审决定的准确性和合法性，因此一般来说，上诉的适格主体应当是争端的当事方。但在《公约》第 84 条本身的案文中发现了另一个重要线索，即规定"任何缔约方可以按照第 85 条，对理事会

---

〔1〕 其中列支敦士登是联合国成员国，但并非国际民航组织成员；库克群岛是国际民航组织成员，但并非联合国成员。

〔2〕 Trevor C. Atherton and Trudie-Ann Atherton, "The resolution of international civil aviation disputes", *Journal of International Arbitration* 9, 1992, pp. 105-122.

的裁决向争端他方同意的特设仲裁法庭或向常设国际法院上诉"[1]。也就是说，有权就上述理事会所作决定提起上诉的，不是"争端"的任何"当事方"，甚至不是"产生分歧的有关国家"，而是《公约》的任何缔约方，在此并没有作任何进一步的限定。因此《公约》第 84 条在字面上向任何缔约方开放上诉权，不论其是否为分歧的当事方。毫无疑问，这种规定离任何正常的争端解决司法程序还有很长的一段距离。

2. 关于上诉期限

一般说来，上诉期是指争端当事方对第一审裁定不服，向上一级司法机构提起上诉时必须遵守的法定期限。《公约》第 84 条规定，任何此项上诉应在接获理事会裁决通知后 60 天内通知理事会。可以发现，《公约》第 84 条包含与上诉相关的期限的规定，但这里的 60 天的规定不能直接解释为是上诉期。因为"60天内通知理事会"并不等同于 60 天内上诉，这里的期限为上诉期抑或是起诉期难以确定，不清楚这项规定的作用是否是将对理事会裁决提出上诉的时间段限制在收到裁决通知后 60 天内，所以关于理事会决定的上诉期并不明确。因此理事会决定的司法性也大打折扣。

（三）理事会所作决定的可执行性问题

为了确保《公约》第 18 章的决定得到有效遵守，《公约》规定了两种不同类型的制裁：一种是针对单个航空公司的制裁，另

---

〔1〕 Convention on International Civil Aviation, Article 84 Settlement of disputes "...Any contracting State may, subject to Article 85, appeal from the decision of the Council to an ad hoc arbitration tribunal agreed upon with the other parties to the dispute or to the Permanent Court of International Justice..." 英文版中使用的是"any contracting State"，即任何缔约方。

一种是针对国家的制裁。前一种是根据《公约》第 87 条的规定，各缔约方承允，如理事会认为一缔约方的空运企业未遵守根据前条所作的最终裁决时，即不准该空运企业在其领土之上的空气空间飞行。后一种对国家的制裁，即《公约》第 88 条规定，大会对违反本章规定的任何缔约方，应暂停其在大会和理事会的表决权。遗憾的是，《公约》所规定的这些可执行的惩罚措施虽然全面但基本上处于休眠状态。因此这些制裁措施的规定也受到了一定批评，例如米尔德教授指出，大多数国家赞成这些制裁"无疑是出于许多政治考虑"。[1]

由于理事会有一个强有力的执行机制可供使用，它可以决定限制或禁止某缔约方不合规的航空公司飞越他国领土上空。[2]但这种决定的高效执行性并非因为决定本身的司法有效性，只是由国际民航组织在民航领域的绝对地位决定的。对不遵从理事会决定的制裁，旨在通过政治手段打击成员在国际民航组织中的政治影响来惩罚该成员。因此理事会决定的可执行性更多体现的是政治性，理事会所作决定执行性强的特点也并不能成为理事会决定符合司法性的理由。

五、结语

综上所述，在"卡塔尔案"中，国际法院在处理《公约》第 84 条规定的理事会职能时使用"管辖权"一词，但未能加以限制或说明，并且错失了对《公约》第 84 条进行及时澄清的机会，

---

〔1〕 Michael Milde, *International Air Law and ICAO*, Hague, Eleven International Publishing, 2012, pp. 197–198.

〔2〕 Dimitri, Manlanlatis, "Conflict in the Skies: The Settlement of International Aviation Disputes", *Annals of Air and Space Law* 20, 1995, pp. 167–240.

很可能在将来引起误解或混乱。司法职能与其他职责的不同之处在于其司法能力以及独立性。根据对《公约》第 84~88 条的解读以及对"卡塔尔案"的分析，国际民航组织理事会有限的"属事管辖权"使其在应对兼容民航与其他领域的分歧时，显得心有余而力不足。由国家派出的技术或行政代表而非法律专家组成的理事会，则暴露出其缺乏司法独立性。《公约》第 84 条侧重于分歧而非争端，说明国际民航组织理事会行使"管辖权"的前提为分歧而非争端。国际民航组织理事会所作出的决定的司法性也受到质疑。因此，理事会在争端解决中行使的是独特的行政职能而非司法职能。尽管国际民航组织理事会不具有司法职能，但其为民航领域分歧的解决仍做出了卓越贡献。在《公约》第 84 条存在立法技术上有所缺陷的情况下，学者更应通过合理的法律揭示民航组织理事会分歧解决这一职能的正确定位，而非彻底否定之。唯其如此，国际民航组织的分歧解决职能才能沿着正确的道路进行下去，未来才有可能在国际民航组织理事会之《解决分歧规则》的修订中建立一套科学、完善且有效的机制。

我国非全日制法律硕士研究生招生生态检视

——以 22 所高校的招生情况为分析对象

◎项　艳　吴雨亭*

摘　要： 非全日制硕士研究生中，法律硕士因极具实践功用而备受考生青睐，通过对 22 所高校的招生生态进行分析可以发现，我国非全日制法律硕士研究生招生整体呈现"名额多、费用高、复试严、录取少"的情况，而在微观层面，在对具体招生单位的内部招生因素进行分析后则可以发现，个别招生单位已着手调整培养目标、转变培养政策以及探索新的培养模式。需要注意的是，在我国非全日制法律硕士研究生招生"高进高出"以及"产学结合+校企结合"的培养趋势初露端倪的同时，关于如何纾解社会对非全日制法律硕士研究生招生的偏见，是各招生单位在当下需要着重考量的

* 项艳，女，吉林大学法学院博士研究生。吴雨亭，女，广西警察学院教师。

问题。

关键词：非全日制法律硕士研究生 招生 高进高出 产学结合

一、研究背景、素材与思路

（一）研究背景

2016年9月，教育部发布的《2017年全国硕士研究生招生工作管理规定》（以下简称《规定》）及其配套实施文件《关于统筹全日制和非全日制研究生管理工作的通知》（以下简称《通知》）正式将硕士研究生按照学习方式分为全日制硕士研究生与非全日制硕士研究生两种[1]，同时，为使非全日制研究生区别于以往的在职研究生[2]，文件中明确规定非全日制硕士研究生考试招生应依据国家统一要求，与全日制硕士研究生执行相同的政策和标准，其学历学位证书与全日制研究生具有同等法律地位和相同效力。[3] 就此，非全日制硕士研究生正式被纳入国家统一招生计划和全国硕士研究生统一入学考试，成为与全日制硕士研究生并列的统招"双证"型硕士研究生。在文件发布后，具有招生资格的培养单位结合自身实际相继出台招生细则，开始在全

---

〔1〕 根据文件内容可知，全日制研究生是指符合国家研究生招生规定，通过研究生入学考试或者国家承认的其他入学方式，被具有实施研究生教育资格的高等学校或其他教育机构录取，在基本修业年限或者学校规定年限内，全脱产在校学习的研究生。非全日制研究生指符合国家研究生招生规定，通过研究生入学考试或者国家承认的其他入学方式，被具有实施研究生教育资格的高等学校或其他教育机构录取，在学校规定的修业年限（一般应适当延长基本修业年限）内，在从事其他职业或者社会实践的同时，采取多种方式和灵活时间安排进行非脱产学习的研究生。据此来看，二者仅在学习方式上存在差异。

〔2〕 本文中的"在职研究生"仅指同等学力申硕。

〔3〕 参见教育部印发的《2017年全国硕士研究生招生工作管理规定》。

国范围内招收第一批非全日制硕士研究生。

时至今日，非全日制硕士研究生招生已走过四载，为探知该项工作当前的运行、发展概况，本文将以笔者所在法学学科的非全日制法律硕士招生工作为视角，通过对一定数量的素材进行检视与分析，尝试呈现我国非全日制法律硕士研究生的招生生态。

（二）研究素材

透过研究题目，可以看到本文的关键词为"非全日制法律硕士研究生""22 所高校"及"招生情况"，这三个关键词也正是本文分析的素材，以下，笔者将对这三个关键词进行分述。

1. 非全日制法律硕士研究生

法律硕士研究生的招生，以招生对象和培养方案的不同或差异分为两类，一类是法律硕士（非法学），俗称"非法本法硕"；另一类是法律硕士（法学），俗称"法本法硕"。[1] 根据《规定》，非全日制研究生招收涉及法律、金融、应用心理、翻译、税务、工程、工商管理等数十个偏重实践运用的专业学位研究生以及少量偏重理论研究的学术学位研究生，其中法律专业以极具实践功用、考察内容相对固定、招生条件相对宽松〔此处主要指法律（非法学）〕[2]、招生名额充裕、招生单位数量多等优势快速跃升为非全日制研究生招生中最"热门"的专业学位之一。具体言之，首先，法律专业拥有极强的实用性，对此，苏力教授曾有"法律是一个世俗但不庸俗的事业，法学是一个因其高度的实践性却因此具有神圣意味的学问"的精妙论述。其次，法律硕士

---

〔1〕　王健：《论改革法律硕士研究生入学考试制度》，载 https：//mp. weixin. qq. com/s/3BdKQhzljGmCcGJt6GP8-A，最后访问时间：2020 年 8 月 26 日。

〔2〕　本科非法学专业的考生，一律可以报考法律（非法学）硕士，与其他专业型硕士研究生相比，法律（非法学）硕士是报考条件最为宽松的专业型硕士研究生。

考试由教育部统一组织命题、存在指定参考教材[1]、考察内容较为固定，这对非全日制考生而言无疑是极大的便利——省却了搜集专业课资料的繁琐。再次，从招生简章来看，与其他非全日制硕士研究生相比，非全日制法律硕士无论是在报名条件还是招生名额上均较为宽裕（此处会在后文的录取生态部分详细论述）。最后，在招生范围中，非全日制法律硕士作为为数不多的具有实践意义且不考察数学科目的专业型研究生，凭借这一点，其在无形中早已成为了许多欲深造"充电"的考生心中的备考优选。综上，笔者认为，非全日制法律硕士研究生作为非全日制研究生中较具代表性的招生类型，对其招生生态进行检视还将具有完善非全日制硕士研究生招生理论与实践的双重意义。

2. 22 所高校

据统计，2020 年全国共有法律硕士专业学位授权点 236个，[2] 而结合教育部发布的《规定》可知，具有法律硕士专业学位招生资格的单位都可视自身实际情况决定是否招收非全日制法律硕士研究生，这也就意味着，在应然层面，全国 236 个法律硕士专业学位授权单位都可招收非全日制法律硕士研究生，但囿于本文无力也无意承担大样本研究，并且在实证研究中，典型小样本同样能够客观反映事物的特征及变化发展趋势，因此，笔者拟从 236 个招生单位中挑选出颇具典型的 22 所招生高校作为本文的研究素材之一（具体高校见下文）。22 所高校的选取主要考虑以下因素：其一，须拥有专门、单独设立的法学院。[3] 鉴于非

---

〔1〕 此处指教育部考试中心或教育部指定相关机构编制的法硕考试大纲和指南。

〔2〕 参见《2020 年全国法律硕士招生单位共 236 个！》，载 https://new.qq.com/omn/20200225/20200225AOBT6500，最后访问时间：2020 年 7 月 25 日。

〔3〕 此处排除"文法学院""公共管理学院""政法学院"等非独立法学院。

全日制法律硕士研究生的招生条件、招生名额、具体培养方式等往往与招生单位是否专门、单独设立了法学院有关，故笔者在选取高校素材时有意设置了这一限制条件。其二，应同时具有招收法学学术型硕士研究生的资格。在我国，具有法律硕士专业学位招生资格的招生单位并不当然具有招收法学学术型硕士研究生的资格，法学学术型硕士研究生作为科研人才的后备军，其在招生方式、对象、名额、目标等方面都与法律硕士研究生有所不同，一般而言，具备招收法学学术型硕士研究生的招生单位大多具有较为雄厚的培养实力，而法学实力雄厚的招生单位也会更愿意且更积极地研究、制定招生细则以开展非全日制法律硕士研究生招生工作，也因此，在对招收非全日制法律硕士研究生的高校素材的选取上，笔者认为应当考虑该招生单位是否具有招收法学学术型硕士研究生的资格。其三，有必要兼顾招生单位所处的地域。考虑到具备招收非全日制法律硕士研究生资格的招生单位数量庞大且散落于全国各地，因此，在高校素材的选取上，应尽量保证最终选取的各高校在地域方面能够达到相对平衡，避免出现"一地独大"的情形，而这也是客观、全面地考察我国非全日制法律硕士招生生态的内在要求。

3. 招生情况

招生单位大致会在每年7—9月之间公布下一年招收非全日制法律硕士研究生的简章（如2019年7月发布2020年招生简章），这是了解具体招生单位招生情况的主要素材，从简章中我们能够获取到招生单位招收非全日制法律硕士的报名条件、招生人数、初复试考察内容、录取程序等重要内容，但除此之外，我们还需要结合教育部发布的国家分数线、各招生单位实际录取分数线以及最终的录取情况来具体地检视非全日制法律硕士研究生的招生生态。

（三）研究思路

首先，本文拟对我国非全日制法律硕士研究生的招生基本样态进行宏观考察。此部分主要通过对所选取的招生单位及其招生条件、复试与录取情况进行分析，并以平实表述辅以必要的图表客观地呈现我国非全日制法律硕士研究生的招生基本样态。其次，在微观层面，本文将选取两个招生单位——传统法学院校吉林大学法学院，以及新兴法学院校北京理工大学法学院的招生情况进行深入分析，并对两个招生单位内部的重要招生要素进行检视。最后，在整合、审视上述素材的基础上，梳理当前我国在非全日制法律硕士招生中出现的趋势与问题，继而对其中的问题进行反思并提出相应完善建议，以期我国非全日制法律硕士招生在以后的发展中能够明晰自身定位、突破瓶颈制约、找准发展路径。

二、宏观视角：我国非全日制法律硕士研究生的招生生态样貌

（一）招生单位生态

根据前文对高校素材的考量，笔者选取了22所高校并将其划分为三个梯队：第一梯队为老牌法学院校，也即在法律界有"五院四系"之称的9所高校（法学院），其分别为中国政法大学、西南政法大学、华东政法大学、中南财经政法大学、西北政法大学、北京大学法学院、中国人民大学法学院、武汉大学法学院、吉林大学法学院。第二梯队为综合类大学的法学院。笔者选取了8所高校的法学院，分别为东南大学法学院、浙江大学法学

院、四川大学法学院、南开大学法学院、云南大学法学院、黑龙江大学法学院、兰州大学法学院、安徽大学法学院。第三梯队为非综合类大学的法学院。[1] 笔者选取了 5 所高校，分别为江西财经大学法学院、北京理工大学法学院、华南理工大学法学院、湖南师范大学法学院、东北财经大学法学院。

1. 22 所高校所在省份与招生概况

根据表 1 数据可见，本文所选取的 22 所非全日制法律硕士招生高校在省份上总体保持了相对平衡，虽然地处北京的高校占据了 4 所，但是其中 3 所（中国政法大学、北京大学法学院、中国人民大学法学院）是因其隶属于"五院四系"，故实难将其排除于本文研究的高校素材之外；而从招生概况一栏可以发现，自2016 年教育部发布《规定》起，大多高校每年都会招收非全日制法律硕士，但也有少部分高校出现了暂停招生的情况：华东政法大学以及吉林大学法学院在 2020 年暂停招生[2]，而武汉大学法学院仅在 2017 年招收非全日制法律硕士，此后再未发布招生简章。

表 1　22 所高校的省份与招生概况[3]

学校（学院）	省份	招生概况
中国政法大学	北京	2017—2020 年连续招生

〔1〕　此处主要以学校名称含理工、师范、财经等字眼来进行划分。

〔2〕　其中吉林大学法学院已于 2020 年 7 月 16 日发布《2021 年非全日制法律硕士（法律人工智能方向）招生预告》，代表其已开始恢复招生，参见 http：//law. jlu. edu. cn/info/1046/16905. htm，最后访问时间：2020 年 8 月 1 日。

〔3〕　此部分数据来源于 22 所高校研招网或法学院官网。笔者写作本文时，22 所高校中已发布 2021 年非全日制法律硕士研究生招生简章的高校并不多，因此此处仅统计至 2020 年的招生简章。

续表

学校（学院）	省份	招生概况
西南政法大学	重庆	2017—2020 年连续招生
华东政法大学	上海	2017—2019 年连续招生，2020 年暂停招生
中南财经政法大学	武汉	2017—2020 年连续招生
西北政法大学	陕西	2017—2020 年连续招生
北京大学法学院	北京	2017—2020 年连续招生
中国人民大学法学院	北京	2017—2020 年连续招生
武汉大学法学院	武汉	2017 年招生，2018 年后暂停招生
吉林大学法学院	吉林	2017—2019 年连续招生，2020 年暂停招生
东南大学法学院	南京	2017—2020 年连续招生
浙江大学法学院	浙江	2017—2020 年连续招生
四川大学法学院	四川	2017—2020 年连续招生
南开大学法学院	天津	2017—2020 年连续招生
云南大学法学院	云南	2017—2020 年连续招生
黑龙江大学法学院	黑龙江	2017—2020 年连续招生
兰州大学法学院	甘肃	2017—2020 年连续招生
安徽大学法学院	安徽	2017—2020 年连续招生
江西财经大学法学院	江西	2017—2020 年连续招生
北京理工大学法学院	北京	2017—2020 年连续招生
华南理工大学法学院	广东	2017—2020 年连续招生
湖南师范大学法学院	湖南	2017—2020 年连续招生
东北财经大学法学院	辽宁	2017—2020 年连续招生

2. 22 所高校招生对象、培养费、学制、培养方式情况

招生单位对于招生对象、培养费、学制、培养方式的规定是

考察招生单位生态不可忽视的因素。根据表 2 可以发现，首先，在招生对象上，22 所高校大多同时招收法律（非法学）和法律（法学）专业学位研究生，但也有部分高校仅选择招收法律（非法学）或者法律（法学）专业学位研究生。其次，在培养费上，总体而言，与全日制法律硕士相比，非全日制法律硕士的培养费比较昂贵，其中，总计费用最高的为北京大学法学院（9.9 万元），总计费用最低的为西北政法大学和黑龙江大学法学院（均为 2.7 万元）。再次，在学制上，22 所高校普遍采取 3 年学制，但少部分学校考虑到有的学生在本科阶段已系统学习过法学知识，从而将法律（法学）与法律（非法学）区分开来，对法律（法学）专业学位采取 2 年学制，对法律（非法学）专业学位采取 3 年学制。最后，在培养方式上，由于非全日制法律硕士研究生并不需要进行脱产学习，故 22 所高校采取的均为非脱产培养方式，具体而言，多数高校采取或周末授课或集中授课或两者兼有的形式进行培养，小部分高校还选择在工作日晚上进行授课，个别高校对于部分课程还采取了线上授课的方式。

表 2　22 所高校招生对象、培养费、学制、培养方式概览[1]

学校 （学院）	招生对象	培养费	学制	培养方式
中国政法大学	仅招收法律（非法学）	2.8 万元/年	3 年	周末授课或集中上课

---

〔1〕　数据来自各高校最新版本招生简章，时间截至 2020 年 8 月 1 日，"未查找到"部分为在简章以及官网中并未查找到相关内容。

续表

学校（学院）	招生对象	培养费	学制	培养方式
西南政法大学	同时招收法律（非法学）和法律（法学）	1 万元/年	3 年	集中授课
华东政法大学	同时招收法律（非法学）和法律（法学）	2 万/年	3 年	周末授课
中南财经政法大学	同时招收法律（非法学）和法律（法学）	2.2 万/年	法律（法学）2 年，法律（非法学）3 年	集中授课
西北政法大学	同时招收法律（非法学）和法律（法学）	0.9 万/年	3 年	周末授课或集中授课
北京大学法学院	仅招收法律（法学）	3.3 万/年	3 年	周末授课或工作日晚上授课
中国人民大学法学院	同时招收法律（非法学）和法律（法学）	3 万/年	法律（法学）2 年，法律（非法学）3 年	周末授课或工作日晚上授课
武汉大学法学院	同时招收法律（非法学）和法律（法学）	2.2 万/年	法律（法学）2 年，法律（非法学）3 年	未查找到

续表

学校（学院）	招生对象	培养费	学制	培养方式
吉林大学法学院	同时招收法律（非法学）和法律（法学）	1万/年	3年	周末授课或集中授课，部分环节采网上教学方式
东南大学法学院	同时招收法律（非法学）和法律（法学）	1.8万/年	3年	未查找到
浙江大学法学院	仅招收法律（非法学）	2.5万/年	3年	周末授课
四川大学法学院	同时招收法律（非法学）和法律（法学）	2.7万/年	3年	集中授课
南开大学法学院	同时招收法律（非法学）和法律（法学）	2.1万/年	3年	周末授课
云南大学法学院	仅招收法律（法学）	1.2万/年	3年	周末授课或集中授课
黑龙江大学法学院	同时招收法律（非法学）和法律（法学）	0.9万/年	3年	集中授课
兰州大学法学院	同时招收法律（非法学）和法律（法学）	3万/年	3年	集中授课

续表

学校 （学院）	招生对象	培养费	学制	培养方式
安徽大学法学院	同时招收法律（非法学）和法律（法学）	1.9 万/年	3 年	集中授课
江西财经大学法学院	同时招收法律（非法学）和法律（法学）	1.2 万/年	3 年	周末授课
北京理工大学法学院	同时招收法律（非法学）和法律（法学）	1.5 万/年	法律（法学）2 年，法律（非法学）3 年	周末上课或集中上课
华南理工大学法学院	同时招收法律（非法学）和法律（法学）	2.6 万/年	3 年	周末授课
湖南师范大学法学院	同时招收法律（非法学）和法律（法学）	1 万/年	3 年	周末授课或集中授课
东北财经大学法学院	同时招收法律（非法学）和法律（法学）	1.5 万/年	3 年	周末授课

（二）报考条件生态

根据教育部《规定》的第 15、16 条，对于非全日制法律硕士，报考人员除了需具备基本条件之外，[1] 其学业水平以及报

---

[1] 基本条件：①中华人民共和国公民；②拥护中国共产党的领导，品德良好，遵纪守法；③身体健康状况符合国家和招生单位规定的体检要求。

考前所学专业也有着一定限制[1]，概而言之，报考非全日制法律硕士的考生学历一般应为本科，但国家承认学历的本科结业生以及满足招生单位提出的具体业务要求的高职高专毕业生其学历满2年或2年以上[2]，可以本科同等学力进行报考，换言之，学历要求最低可放宽至专科，此外，法律（非法学）专业学位硕士研究生只允许报考前所学为非法学专业的考生报考，而法律（法学）专业学位硕士研究生只允许报考前所学为法学专业的考生报考。由此可见，在非全日制法律硕士的报考上，教育部对考生报考前所学专业进行了严格限制，但对学业水平的要求，则存在附条件变通的情况。

对于22所高校的报考条件生态，笔者将从报考限制条件入手，从反面解读其对于招收非全日制法律硕士的要求。

---

〔1〕 就学业水平而言，考生须符合下列条件之一：①国家承认学历的应届本科毕业生及自学考试和网络教育届时可毕业本科生；②具有国家承认的大学本科毕业学历的人员；③获得国家承认的高职高专毕业学历后满2年或2年以上，达到与大学本科毕业生同等学力，且符合招生单位根据本单位的培养目标对考生提出的具体业务要求的人员；④国家承认学历的本科结业生，按本科毕业生同等学力身份报考。就所学专业而言，报考前所学专业为非法学专业［普通高等学校本科专业目录法学门类中的法学类专业（代码为0301）毕业生、专科层次法学类毕业生和自学考试形式的法学类毕业生等不得报考］，报考前所学专业为法学专业［仅普通高等学校本科专业目录法学门类中的法学类专业（代码为0301）毕业生、专科层次法学类毕业生和自学考试形式的法学类毕业生等可以报考］。

〔2〕 获得国家承认的高职高专毕业学历后满2年（从毕业后到录取当年9月1日）或2年以上，达到与大学本科毕业生同等学力，且符合招生单位根据本单位的培养目标对考生提出的具体业务要求的人员。

表3 22 所高校在自主增加的报考限制条件[1]

学校	自主增加的报考限制条件
中国政法大学	同等学力[2]考生复试前须有 2 篇在公开刊物上发表的所报考学科文章；获国（境）外相应学历（学位）证书者，须在参加复试前取得教育部留学服务中心的认证报告。
西南政法大学	在校非应届提前毕业生，须在现场报名前获得本科毕业证书。
华东政法大学	同等学力考生须通过大学英语四级考试（425 分以上）并且提交普通高等学校本科六门以上所学专业课程合格成绩单（由本科院校教务处盖章证明）。
中南财经政法大学	无。
西北政法大学	同等学力考生须通过大学英语四级考试（425 分以上）且在复试前在国家正式出版刊物公开发表 2 篇3000 字以上与所报考专业相关的学术论文。
北京大学法学院	同等学力考生须在国家核心期刊上发表一篇以上与所报考专业相关的学术论文（署名前两位）。
中国人民大学法学院	同等学力考生须达到大学英语四级水平或其他语种相应级别水平，或在报刊上发表三篇与报考专业相关的文章；不接受大一、大二和大三学生报考。
武汉大学法学院	同等学力考生须取得国家英语四级合格证书或英语四级成绩报告单（425 分以上）以及取得报考专业大学本科主干课 8 门以上成绩证明（必须由教务部门出具成绩证明或出具本科自学考试成绩通知单），且不得跨学科报考。
吉林大学	不招收最高学历为专科的考生。

[1] 内容来源于 21 所高校招生简章，摘录内容最大程度保留了原文主旨。

[2] 本文中的"同等学力"均指本科毕业生同等学力。

续表

学校	自主增加的报考限制条件
东南大学法学院	同等学力考生须提供由大学教务部门出具的与报考专业相近的本科专业全部必修课程学习证明及成绩单、CET-4合格、以第一作者在核心期刊上发表过与报考专业相关的学术论文、一般不得跨专业报考；考生持境外获得的学历证书报考，须通过（中国）教育部留学服务中心认证。
浙江大学法学院	同等学力考生须提供大学教务部门开具的报考专业本科的8门专业课程成绩单、须在国家核心期刊上发表一篇及以上与所报考专业相关的学术论文（署名前两位）。
四川大学法学院	同等学力考生须通过外语国家四级考试（425分以上）或通过在职人员申请学士学位外语考试，且在核心期刊上至少有一篇以第一作者身份发表的论文。
南开大学法学院	同等学力考生须获得国家大学英语四级考试通过证书或国家大学英语四级考试达到425分以上，且在核心期刊发表相当于报考专业本科毕业论文水平的文章。
云南大学法学院	仅限本科毕业及以上学历的考生报考。
黑龙江大学法学院	无。
兰州大学法学院	同等学力考生全国大学外语四级考试成绩须不低于425分且至少在公开发行的刊物上发表一篇文章。
安徽大学法学院	无。
江西财经大学法学院	无。
北京理工大学法学院	同等学力考生报考时必须已在国家核心刊物上以第一作者发表一篇以上论文。

学校	自主增加的报考限制条件
华南理工大学法学院	同等学力考生须取得与报考专业相同或相近专业的大学本科主干课程成绩 8 门以上（须由大学教务部门出具成绩证明或出具本科自学考试成绩通知单）、公开发表过与所报考专业相关的学术论文（署名为前三位）或获得地级市或厅级以上与所报考专业相关的科研成果奖励（须为主要完成人）；考生持境外获得的学历证书报考，须通过教育部留学服务中心认证。
湖南师范大学法学院	无。
东北财经大学法学院	无。

从表 3 可以看出，在报考生态上，各高校规定的报考条件或是在教育部《规定》的基础上进行细化——增加一定限制条件，或是直接参照教育部《规定》，而选择对教育部《规定》中的报考条件加以细化的高校占大多数（15 所），其中，细化内容又可进行如下划分：其一，对同等学历考生报考条件进行细化。15 所高校中，有 13 所高校对同等学历考生的报考条件进行了细化，细化内容主要为：①语言条件。同等学力考生须提供大学英语四级通过证明（425 分以上）或其他语种相应级别水平证明。②成果条件。同等学力考生须获得与所报考专业相关的科研成果奖励或在公开发行的刊物上发表论文，且多个高校还对刊物级别、论文数量、署名顺序、发表时间、字数等提出了一定要求。③成绩条件。同等学力考生须取得报考专业大学本科成绩证明或成绩通知单，并且须由教务处盖章证明。除此之外，同等学力考生一般还不得进行跨考。其二，对获取境外学历的考生以及在校非应届

考生报考进行限制。多所高校规定获得境外学历证书的考生其证书须通过教育部留学服务中心认证以及严格限制在校非应届毕业生报考。其三，对报考人员的学历要求实行"一刀切"政策。个别高校规定"不招收最高学历为专科的考生"或"限本科毕业及以上学历的考生报考"，也即将报考人员的学历要求直接提升至了本科层次，这意味着仅获得专科学历的高职高专考生无法报考该校的非全日制法律硕士研究生。概而述之，在非全日制法律硕士的报考生态上，大多高校根据自身情况对教育部《规定》的报考条件进行了能动细化，客观上提升了报考要求。

（三）复试生态

鉴于各招生单位上线生源并不一定与招生名额完全吻合，其复试过程往往还涉及调剂问题，故在复试生态方面，除了基本的复试考核内容之外，各招生单位的调剂政策也有必要一并纳入检视范围。

1. 复试考核

（1）复试线。根据教育部发布的《通知》，全日制和非全日制研究生考试招生依据国家统一要求，实行相同的考试招生政策和培养标准。据此规定，各招生单位原则上应对全日制法律硕士与非全日制法律硕士实行统一划线，也即两种类型的法律硕士执行同一复试分数线要求。从 22 所高校划定的复试线来看，大部分高校的非全日制法律硕士与全日制法律硕士的分数线完全一致，但也有高校分开划线，例如华东政法大学与西北政法大学，并且，这两所高校分开划线的方式也并不相同，华东政法大学对非全日制法律硕士进行单独划线（低于全日制），并不区分法律（法学）与法律（非法学），对全日制法律硕士则是区分法律

（法学）与法律（非法学）后再分别划线[1]，西北政法大学是对法律（法学）的全日制与非全日制考生执行同一分数线，对法律（非法学）的全日制与非全日制考生执行另一同一分数线。[2] 笔者认为，分开划线的高校或许是考虑到非全日制法律硕士与全日制法律硕士在考生来源、招生名额、报考人数、上线人数等方面有所不同，故执行不同分数线[3]，对于招生单位而言，类似华东政法大学式的分开划线虽然方便其有针对性地进行招生以及有助于完成招生计划，但同时也可能引发社会对非全日制法律硕士"含金量"的质疑，以至依然认为非全日制硕士与既往的在职研究生并无二致，从长远来看，这类分开划线（特指非全日制划线比全日制低的情况）产生的负面影响将是由非全日制法律硕士群体与教育部共同承担的。

（2）复试内容。在复试内容方面，22 所高校均要考核考生的思想政治表现、专业知识、外语听力及口语测试、综合素质与创新能力，只是在复试成绩的计算上，有的高校侧重考生的专业课成绩，有的高校则将考生的专业课成绩与外语成绩并重，此外，部分高校规定同等学力考生在复试阶段还须进行加试。

2. 调剂政策

当达到本招生单位规定的复试分数线的人数少于该招生单位欲招收的人数，从而出现缺额情况时，则会产生调剂。综合 22 所高校的调剂情况可以发现，在满足了招生单位对复试线的要求

---

〔1〕 华东政法大学 2019 年分数线：非全日制法律硕士 320-44-66，全日制法律硕士法律（法学）350-50-80，法律（非法学）334-50-80。

〔2〕 西北政法大学 2020 年分数线：法律（法学）全日制与非全日制均为 334-46-69，法律（非法学）全日制与非全日制均为 345-46-69。

〔3〕 就当前情况而言，实行分开划线的招生单位非全日制划线大多比全日制低。

后，非全日制法律硕士的调剂规则主要有：①非全日制法律硕士研究生调剂原则上只接收在职定向考生；②报考法学学术型硕士研究生且本科为法学专业的考生可以申请调入非全日制法律硕士（法学），报考全日制或者非全日制法律硕士（法学）研究生的考生可以申请调入非全日制法律硕士（法学），报考全日制或者非全日制法律硕士（非法学）专业学位研究生的考生可以申请调入非全日制法律硕士（非法学）；③部分高校只接受校内调剂，不接受校外调剂。其中需要注意的是，调剂中存在着全日制考生（尤其是应届生）或是因分数不及招生单位的全日制复试线而只能选择调剂到非全日制法律硕士，或是在名校非全日制法律硕士与普通院校的全日制法律硕士中纠结而最终选择非全日制的情况，有调查显示，这种从全日制调剂至非全日制的考生正在成为非全日制研究生生源的主流，[1] 他们其实并非真正意义上的"非全日制"，而是"被动非全日制"，由于报考全日制的考生在当下往往并未就业，而一旦选择调剂非全日制法律硕士则意味着默认该全日制考生属于在职定向人员，故这类考生调剂到非全日制法律硕士后虽然能够暂时解决"有书读"的问题，但随之而来的不可避免的"半工半读"学习形式以及非全日制硕士毕业后还

---

〔1〕　李骐、戴一飞：《非全日制硕士研究生招生中"隐形失衡"问题探究》，载《学位与研究生教育》2020 年第 2 期。

将面临并不友好的就业政策[1]等问题，或许是这类考生在调剂之时需要慎重考虑的。

（四）录取生态

表4 22所高校拟招生人数与实际录取人数对比

学 校	拟招生人数（人）	实际录取人数（人）
中国政法大学	65	30
西南政法大学	99	16
华东政法大学	90	55
中南财经政法大学	30	20
西北政法大学	72	71
北京大学法学院	45	35
中国人民大学法学院	83	71
武汉大学法学院	50	4
吉林大学法学院	80	45

---

[1] 针对非全日制硕士的就业问题，教育部办公厅等五部门于2019年12月30日发布《关于进一步做好非全日制研究生就业工作的通知》，该文件再次明确了全日制和非全日制研究生由国家统一下达招生计划，考试招生执行相同的政策和标准，培养质量坚持同一要求，学历学位证书具有同等法律地位和相同效力，并且明确指出要强化非全日制研究生的就业权益保护、加强其就业指导服务以及加强政策宣传引导，尤其各用人单位招用人员应当向劳动者提供平等就业机会，对不同教育形式的研究生提供平等就业机会，不得设置与职位要求无关的报考资格条件。此外，在2020年3月4日，教育部还发布了《关于应对新冠肺炎疫情做好2020届全国普通高等学校毕业生就业创业工作的通知》，该通知明确规定各地各高校要坚决反对任何形式的就业歧视，在教育系统招聘活动中，不得发布拒绝招录疫情严重地区高校毕业生的招聘信息，严禁设置性别、民族等歧视性条件和院校、培养方式（全日制和非全日制）等限制性条件。但现状是各地对上述文件理解不一，大部分用人单位仍然存在设置条件限制非全日制硕士就业的情况，以至有非全日制硕士学生在就业过程中发出"非全硕士不如本科"的感叹。参见何勇：《当反思非全日制研究生就业歧视》，载《民主与法制时报》2019年10月15日，第4版。

续表

学　校	拟招生人数（人）	实际录取人数（人）
东南大学法学院	未公布[1]	1
浙江大学法学院	40	13
四川大学法学院	30	10
南开大学法学院	16	3
云南大学法学院	50	40
黑龙江大学法学院	20	37
兰州大学法学院	31	44
安徽大学法学院	50	50
江西财经大学法学院	131	11
北京理工大学法学院	170	192
华南理工大学法学院	70	5
湖南师范大学法学院	未公布[2]	40
东北财经大学法学院	25	13

从表 4 可以直观地看出，22 所高校的非全日制法律硕士拟招生名额均较为充裕，[3] 但与拟招生人数相比，22 所高校的最终录取人数却并不理想，其中完成预计招生计划的招生单位仅有安徽大学法学院、黑龙江大学法学院、北京理工大学法学院与兰州大学法学院四所高校，大部分招生单位最终录取人数不仅与拟招生人数相去甚远，更为极端的是，个别招生单位录取的考生数量

〔1〕　东南大学仅公布了非全日制法律硕士研究生的实考人数、录取总数，未公布具体招生人数。
〔2〕　湖南师范大学仅公布了非全日制硕士研究生招生规模预计为 400 人左右，并未公布非全日制法律硕士研究生的具体招生人数。
〔3〕　多数高校非全日制法律硕士的招生名额大大超过全日制法律硕士。

仅为个位数（武汉大学法学院 4 名、东南大学法学院 1 名、华南理工大学法学院 5 名）。笔者认为，录取情况的不理想大致是以下原因综合作用的结果：其一，报考及愿意调剂的人数总体偏少。由于培养对象单一（原则上只接受在职人员报考[1]）、培养费高昂以及就业政策不明朗等因素，与报考全日制法律硕士研究生的"爆炸式人数"相比，选择报考非全日制法律硕士的人数是偏少的。此外，在非全日制法律硕士调剂环节，符合复试要求的全日制法律硕士愿意调剂至非全日制法律硕士的人数也并不多。其二，统一划线的必然结果。非全日制与全日制法律硕士执行统一分数线是从保证招生质量的角度所做的决策，但全日制法律硕士"考生多、名额少"的现实决定了其划线会偏高，如此，非全日制法律硕士的分数线也只得"随波逐流"，在报考人数本就不多的情况下，偏高的复试线无疑是导致非全日制法律硕士最终录取人数较少的主要原因。其三，非全日制考生备考时间有限。考研付出的时间虽然与考试成绩并不一定成正比，但不可否认充足的备考时间是取得好成绩的重要因素，对于报考非全日制法律硕士的考生来说，充足的复习时间显然是一种"奢侈品"，鉴于学习任务多、备考时间有限，这就极可能导致非全日制法律硕士考生的初试成绩无法达到招生单位对复试分数的要求。总之，在上述因素的综合作用下，表 4 中所呈现的低迷的录取情况似乎也不难理解，但同时，录取情况的不理想势必也对招生单位的培养方式提出了新的挑战（例如对一名非全日制学生该采取周末授课抑或集中授课的方式进行教学?）。

---

[1] 非全日制法律硕士原则上只接受在职人员报考。

三、微观视角：两个招生单位内部招生生态的深入检视

（一）吉林大学法学院招生的内部生态

吉林大学是全国首批试点招收法律硕士专业研究生的 8 所院校之一，在暂停招收 2020 级非全日制法律硕士后，2020 年 7 月，吉林大学法院发布了 2021 年非全日制法律硕士招生预告，从新简章的内容来看，沉淀一年后，吉林大学法学院在结合既往培养经验的基础上，探索出了符合时代特色的非全日制法律硕士培养新机制。

表 5　吉林大学法学院非全日制法律硕士新旧招生简章对比

	旧版招生简章（2018—2019 年）	新版招生简章（2021 年）
培养目标	培养具有中国特色社会主义法治理念、恪守法律职业伦理、敢于担当社会公共责任、具有全面的法律知识体系和法律职业技能的高层次复合型、多领域、精英化法律职业人才和司法实务精英。[1]	培养适应我国社会主义法治建设和国家人工智能发展战略需要的高层次、复合型法律人才。[2]

---

〔1〕　具体包含银行法务人才项目、企业法务人才项目、卓越律师项目。

〔2〕　具体目标要求：①掌握马克思主义的基本原理，自觉遵守宪法和法律，具有良好的政治素质和公民素质，深刻把握社会主义法治理念和法律职业伦理原则，恪守法律职业道德规范。②在法学一级学科平台上，具备作为法律人必不可少的通识性法律知识和应用能力，包括法律知识、法律术语、思维习惯、法律方法和职业技术。③以"为中国法治提供吉大方案，为世界法治贡献中国智慧"为宗旨，以解决法律人工智能重大理论和司法实践应用问题为牵引，深化人工智能与传统法学学科的交叉融合，引导学生以实践项目为载体，以司法数据为抓手，以实证研究为路径，寻求中国背景问题的中国式解决并做出理论升华。

续表

	旧版招生简章（2018—2019 年）	新版招生简章（2021 年）
课程设置	必修课、选修课、实践教学，其中选修课方向包含拓展课、刑辩法务、破产法务、"一带一路"涉外经贸法务、律师专项技能等课程。实践教学是指在各级人民法院、国内知名律师事务所、金融机构、大型国企实习或外经贸部门实习不少于 18 个月。	必修课和选修课，选修课方向包含人工智能原理、数据挖掘、法学实证研究方法、法律检索的思维与方法、计算机犯罪法等。非全日制法律硕士可以通选全日制法律硕士方向课，计入学分。
录取形式	定向就业的非全日制硕士研究生均须在被录取前与招生单位、用人单位分别签订定向就业合同。	针对尚没有签订就业协议的应届或往届拟录取考生，我院将邀请多家业界知名的法律科技公司组织校内专场招聘会，达成就业意向、签订就业协议的考生，可实现"入学即入职"。
学位论文要求	未查找到具体规定。	学位论文选题应贯彻理论联系实际的原则，内容应与数据权利与法律人工智能、数字时代的司法理论与实践、司法数据应用研究、电子诉讼研究相关，通过运用实证分析的方法总结分析工作中遇到的实际问题，重在反映学生运用所学理论与知识综合解决法律实务中实践问题的能力。学位论文的形式可采用案例分析、研究报告、专项调查报告等形式。不提倡写纯学术理论论文。

续表

	旧版招生简章（2018—2019 年）	新版招生简章（2021 年）
毕业证及学位授予	按照国家有关规定发给相应的、注明学习方式的毕业证书；其学业水平达到国家规定的学位标准，可以申请授予相应的学位证书。	毕业时按照国家有关规定发给相应的、注明学习方式的研究生毕业证书；其学业水平达到国家规定的学位标准，通过硕士学位论文答辩者可以授予法律硕士学位证书。此外还将由吉林大学司法数据应用研究中心颁发"法律人工智能"课程结业证书。

吉林大学法学院的新旧非全日制法律硕士招生简章在学制、学习方式及报考条件等方面并无实质改变，但在培养目标、录取形式、论文要求等方面，新简章明显呈现出了"新气象"。

1. 培养目标

在培养目标上，吉林大学法学院对非全日制法律硕士的培养总体以实务型为导向，当然这也是由非全日制法律硕士的定位所决定的，但在具体内容上，可以看到新旧简章表现出了很大不同。旧简章中以"培养具有全面的法律知识体系和法律职业技能的高层次复合型、多领域、精英化法律职业人才和司法实务精英"为目标是较为模板化、口号式的表达，缺少实际指导意义，而新简章在提出"培养适应我国社会主义法治建设和国家人工智能发展战略需要的高层次、复合型法律人才"的总目标后，还对该目标进行了具体细化，其中值得关注的细化内容是"为中国法治提供吉大方案，为世界法治贡献中国智慧""以解决法律人工智能重大理论和司法实践应用问题为牵引，深化人工智能与传统法学学科的交叉融合""寻求中国背景问题的中国式解决并作出理论升华"。笔者认为,吉林大学法学院提出的新培养目标是对人工智能时代到来的能动回应,而"提供吉大方案"也显示了吉林大学法学院的培养决心,这或许可视为吉林大学法学院暂停招生沉积一年后的"爆发"。

2. 课程设置

新旧简章培养目标发生的变化具体体现在了课程设置的选修课中,从表 5 中可以看到,旧简章中的选修课包含的是"刑辩法务、破产法务、涉外经贸法务、律师专项技能"等传统课程,而新简章中开设了"人工智能原理、数据挖掘、法学实证研究方法、法律检索的思维与方法、计算机犯罪法"等新兴课程。非全日制法律硕士作为专业型人才,应当积极融入并适应当下"法律+科技"的发展趋势,新简章的课程设置,抓住了当下法律人最关注的人工智能、大数据、实证研究等命题,在洞悉命题基础上展开的培养不仅是一种令人期待的有益尝试,也是对培养单位的培养能力的一次考验。

3. 录取形式

根据《规定》,非全日制法律硕士原则上只招收在职人员,录取形式为"定向",这意味着,考生在考取硕士后须与工作单位、招生单位分别签订定向就业协议,且其在毕业后不具有应届身份,招生单位也不负责为其提供就业帮助。但在实践中,由于存在未就业的全日制法律硕士考生调剂至非全日制法律硕士的情况,因此,考取非全日制法律硕士的群体中,其实有一部分人并无工作单位,这部分未就业人员显然无法提供就业协议,即使

"勉强"签订了就业协议,[1] 由于不具有应届身份,在毕业时,这部分非全日制法律硕士就业困难的问题依然会暴露出来。针对这一现实,吉林大学法学院的新简章中创新性地提出了"针对尚没有签订就业协议的应届或往届拟录取考生,邀请知名法律科技公司组织专场招聘,达成就业意向、签订就业协议的考生,可实现'入学即入职'"的录取形式,这就为部分未就业的非全日制法律硕士解决了录取后的就业之忧。笔者以为,随着非全日制法律硕士招生制度的健全,此种"入学即入职"的录取模式,或将发展为招收非全日制法律硕士的主流模式。

4. 学位论文要求及"双证"授予

对非全日制法律硕士学位论文的要求,在旧简章中笔者并未查找到相关规定,但新简章对此进行了明确。根据新简章,在选题方向上,论文选题应与数据权利与法律人工智能、数字时代的司法理论与实践、司法数据应用研究、电子诉讼研究相关;在写作方法上,鼓励学生运用实证分析的方法总结分析工作中遇到的实际问题;在论文形式上,学生可灵活采用案例分析、研究报告、专项调查报告等形式,此外,吉林大学法学院并不提倡非全日制法律硕士研究生写纯学术、纯理论的论文。可以看出,针对非全日制法律硕士自身的特点并结合培养目标,吉林大学法学院对其学位论文的要求是存有现实考虑且具有实际意义的。在"双证"授予方面,新旧简章里都规定了按计划完成教学任务以及通过硕士学位论文答辩者的学生可获得毕业证与学位证,但稍有不同的是新简章中额外规定吉林大学司法数据应用研究中心还将为

―――――――

〔1〕　由于招生单位对定向协议只进行形式检查,因此考生是否真的在该单位就业,招生单位并不具体知晓。

学生颁发"法律人工智能"课程结业证书。

（二）北京理工大学法学院招生的内部生态

作为 22 个招生单位中少数完成了预定招生计划（甚至是超额完成）的高校，北京理工大学法学院的内部招生生态值得我们深入分析检视。

从表 4 可以看到，北京理工大学法学院招生名额达 170 人，是 22 所高校中招生最多的高校，作为理工院校的法学院，北京理工大学法学院成立时间虽然不长，但发展至今，其除了获得法律硕士专业学位授权之外，同时也是全国法学博士一级学科授权点之一，[1] 从长远来看，北京理工大学法学院发展潜力不容小觑。相比老牌法学院院校以及专业法学院校，北京理工大学缘何获得众多考生的青睐？通过仔细查阅北京理工大学法学院官网、招生简章以及实际采访北京理工大学法学院就读的非全日制法律硕士研究生，笔者找到了一些可能的答案：

1. 培养方式

在培养方式上，北京理工大学法学院实际上同时采取与全日制一同上课、周末授课、集中授课三种形式，而三种形式其实是兼顾了三种不同类型的非全日制学生，具体言之，针对从全日制（通常是应届生）调剂到非全日制法律硕士的同学，这部分同学大多并未真实就业，其对于研究生阶段的学习、学术生活抱有着积极的态度，有的同学或许还有考博深造的意愿，为了使这部分同学不致因"非全身份"而在学习上有"掉队"之感，因此给予其和全日制同学一同上课的选择是妥适的；而对于真正在职的非

---

〔1〕 北京理工大学 2008 年 12 月 15 日正式成立法学院，于 2019 年 5 月获得法学博士一级学科授权。

全日制法律硕士研究生，一般来说，若工作繁忙或工作单位与学校距离远，则其大抵会选择集中授课，反之，则会选择周末授课。

2. 学制及培养费

学制及培养费是考生在报考前会重点考量的因素。从表2可以看到，在学制安排上，北京理工大学法学院对非全日制法律（法学）硕士与非全日制法律（非法学）硕士实行的是不同学制，其中非全日制法律（法学）硕士为2年，非全日制法律（非法学）硕士为3年，培养费则均为每年1.5万元。在各招生单位法律（法学）与法律（非法学）硕士学制普遍为3年且培养费高昂的情况下，北京理工大学的非全日制法律（法学）硕士凭着相对较短的学制以及相对合理的培养费得到了众多的考生的青睐，这一点可以从北京理工大学法学院所录取的非全日制法律（法学）硕士的数量远超其他高校上得到验证。

3. 针对在读学生重新考研的灵活政策

一般而言，从全日制调剂至非全日制法律硕士的学生大多是应届或毕业后暂未就业的学生，这部分学生虽选择了调剂，但只是为了解决当下的"读书问题"，他们往往还存有重新考取全日制硕士研究生的心思，对于这种"身在曹营心在汉"的情形，北京理工大学法学院主动给出了合理的应对方案。通过采访在读非全日制法律硕士同学，笔者得知，若非全日制法律硕士在就读期间重新考取北京理工大学法学院全日制法律硕士的，其在非全日制就读期间已修的学分可以转入其全日制期间所需修的总学分内，这意味着，重新考取全日制法律硕士的考生可以直接获得在非全日制就读期间已修的学分，并且，在未考取全日制法律硕士之前，学生的非全日制法律硕士研究生学籍也将会一直被保留。笔者认为，这一灵活方案不仅是对这部分想重新考取全日制法律硕士同学的实际鼓励，同时也反映出了北京理工大学法学院对这种情形所持的宽容心态。

招生生态上，除了上述方面与其他高校存有显著不同之外，北京理工大学法学院自身的招生优势同样不容忽视，例如北京理工大学法学院优越的地理位置、"双一流"名头、在得天独厚的理工背景下发展"科技法律"[1] 等，恰如北京理工大学法学院院长所言："北理工的法科学生在法律之外还可学习航空航天科技知识、武器装备知识、新能源、光电等最具有北理工特色、最具北理工优势的理工类知识，这些知识不仅拓宽你的兴趣和视野，在你未来的法律职业中也必然会成为你独有的必杀技"。[2] 总而言之，笔者认为，北京理工大学法学院的优势虽然难以复制，但招生生态中的某些方面仍对其他非全日制法律硕士招生单位具有一定的启发意义。

四、我国非全日制法律硕士研究生招生生态的解读与省思

（一）"高进高出"模式的生成与强化

通过上述分析可见，与既往在职法律硕士研究生"低进低出"的模式不同，非全日制法律硕士研究生招生生态的"高进高出"模式正在生成并有强化的趋势。

1. "高进高出"模式的生成

"高进高出"模式是指非全日制法律硕士研究生在招考、录

---

〔1〕 此处需要区别于"法律科技"。

〔2〕 参见《北京理工大学法学院院长李寿平在 2016 年新生开学典礼上的讲话》，载 http://law.bit.edu.cn/xwdt/85750.htm，最后访问时间：2020 年 7 月 20 日。

取与毕业等多方面均执行高标准的情况，此处的"高"主要是相对于在职法律硕士而言，具体说来，"高进"的表现为：①在入学途径上，根据《规定》，非全日制法律硕士研究生考试已被纳入全国硕士研究生统一招生考试——与全日制法律硕士考察相同内容、执行同一复试线，而在职法律硕士并不纳入全国统考，考生通过参加研究生课程进修班或是研修班进而获得研究生身份，[1] 其入学难度较非全日制法律硕士低，这也是导致在职研究生社会承认度不高的主要原因。②在考试制度上，非全日制法律硕士研究生考试采取的是择优录取的淘汰选拔制，而在职研究生采取的是"免试入学、先学后考"[2] 的通过制，不难想见，淘汰选拔制的标准要求必然高于通过制。③在考察科目上，非全日制法律硕士研究生的考试科目为政治、外语、专业基础课、联考综合课，而在职法律硕士仅考察英语水平和专业课综合水平，除了考察科目比非全日制法律硕士少之外，在职法律硕士考试的考察难度也不可与非全日制法律硕士考试相提并论。"高出"的表现为：①在学位论文上，非全日制法律硕士的论文质量、评阅、答辩要求等均与全日制法律硕士一致，相较而言，招生单位对在职法律硕士学位论文的要求并不严苛。②在毕业证及学位授予上，非全日制法律硕士修完规定学分、通过硕士学位论文答辩后可获得学历及学位"双证"，在职法律硕士则仅能获得学位证，也因此，在职研究生又被称为"单证硕士"。③在证书效力上，根据《规定》，非全日制法律硕士与全日制法律硕士的学历学位证书具有同等法律地位和相同效力，而在职法律硕士的单证则社

---

〔1〕　参见《2020 年中国政法大学在职研究生招生简章》。

〔2〕　报考在职研究生的学员参加了两年至三年的学习后再参加申硕考试，只要学员达到 60 分即为通过，不受通过率影响。

会认可度较低，尤其在法律属于看重出身的学科的情况下，在职法律硕士的单证更是颇为尴尬的存在。此外，在特定方面，非全日制法律硕士研究生的"高"也可相对全日制法律硕士研究生而言，这主要体现为非全日制法律硕士研究生的"高成本"。从前文表 2 中的培养费一栏我们可看出非全日制法律硕士费用普遍高昂的现状，且非全日制法律硕士原则上无法享受各类奖助学金，与之相对，全日制法律硕士的培养费较为低廉，同时全日制法律硕士获得的奖助学金基本可覆盖学费，就此而言，非全日制法律硕士培养费的"高标准"自然也属"高进高出"模式的应有之义。

2. "高进高出"模式的强化

见微知著，从笔者对两个招生单位内部招生生态的分析来看，非全日制法律硕士"高进高出"模式不仅已经生成，在各招生单位具体的招生实践中该模式还有被强化的趋势。以吉林大学法学院为例，依其发布的新招生简章可见，从考生报考直至最终毕业，非全日制法律硕士研究生在各阶段所应达到的要求，简章中都有明确具体的规定（例如开题报告的内容、学位论文的形式及选题方向、初稿的形成时间），而在对非全日制法律硕士的培养上，简章中明文规定采取双导师制与导师集体指导组相结合的方式，此规定除了意在加强对非全日制法律硕士的指导与管理之外，也有让导师重视非全日制法律硕士研究生的培养的考量，而最终目的都是为了保证非全日制法律硕士研究生的质量。笔者认为，这些规定是具有实在意义的举措，"非全日制研究生社会认同度，本质上是社会对非全日制研究生培养质量的评价"[1]，强化"高进高出"模式反映出各招生单位对于教育部研究生制度改革行动的积极支持与配合，同时这也应看作是为破除人们对在职形式教育的负面刻板印象，以及祛除社会尤其是就业市场对于非全日制硕士研究生的结构性歧视[2]的实际努力。

（二）高额培养费的困局与纾解

自 2017 年开始招收非全日制硕士研究生以来，非全日制法律硕士高昂的培养费就一直是人们热议的话题（高额费用从上文表 2 中的培养费数据一栏可见一斑）。收取高额的培养费并且原则上不提供奖助学金及住宿的政策加深了人们对非全日制研究生属于"花钱买文凭"的偏见[3]，从实际的收费情况来看，招生单位还具有不断提高收费标准的倾向，例如兰州大学法学院 2019 年招生简章中非全日制法律硕士的学费按照 15 000 元/生·年的标准执行，但 2020 年招生简章中已执行 30 000 元/生·年的新标准，费用整整上涨一倍。根据财政部、国家发展改革委、教育部《关于完善研究生教育投入机制的意见》（财教〔2013〕19 号）的相关规定，虽然中央财政仅对纳入全国研究生招生计划的中央

---

〔1〕　李祥、魏月寒、张晗：《非全日制研究生社会认同度的理性审视与制度反思——基于一则非全研究生就业同权的舆情分析》，载《研究生教育研究》2020 年第 4 期。

〔2〕　在中国，由于对"全"的崇拜，"非全"两个字自然而然与"不美满，不完善，不成功"联系起来。除了字面理解，这种对于"非全"的否定还体现了大众以往对在职研究生所持有的结构性惯性歧视的继承与演化。除了对于高校教育的不了解与社会中长期存在的对"非全"的结构性歧视，中国传统教育理念对于学制的偏爱加重了就业市场对"非全"的错误认知。参见徐冠群：《非全日制研究生就业遭歧视：解决就业歧视是维护社会公平的必经之路》，载红网论坛：https://bbs.rednet.cn/thread-48204483-1-1.html，最后访问时间：2020 年 10 月 20 日。

〔3〕　参见《非全日制研究生就业被歧视，网友：正常，用钱买的学历肯定被歧视》，载 http://k.sina.com.cn/article_ 6315319828_ 1786c221400100os4g.html，最后访问时间：2020 年 8 月 3 日。

高校全日制研究生（委托培养研究生除外）安排生均综合定额拨款，也即非全日制研究生不享受中央财政拨款、需各招生单位自筹培养经费，但收取高额费用、大幅度调高收费标准的依据及合理性何在，还是不禁引人追问。

笔者认为，考虑到非全日制法律硕士研究生原则上仅招收在职人员，而研究生教育又作为准公共产品，其私人产品成分要更多一些，[1] 故招生单位收取较高的培养费无可厚非，但既然教育部发布的《规定》中明文规定了国家和招生单位通过建立多元奖助体系支持纳入招生计划的硕士研究生完成学业，那么作为招生具体实践主体的各招生单位即使有必要对非全日制法律硕士研究生在培养费上实行高标准，也仍可为其保留申请奖助学金以及学校宿舍的渠道，而不应采取"不管不顾"政策，如此，高额培养费的收取才会是较为合理的。纵观当前的招生情况，各招生单位很少考虑到为非全日制法律硕士提供奖助学金与"三助"岗位，质言之，针对非全日制法律硕士的奖助学金体系基本处于空白状态。[2] 笔者认为，对于非全日制法律硕士研究生，招生单位可以考虑综合其初复试成绩以及是否是第一志愿等情况来评定第一学年学业奖学金，第二、三学年的奖学金则可以根据学生的出缺勤情况以及是否取得以招生单位为署名单位的与本专业有关

---

〔1〕 李淑霞、张海兰：《制定研究生收费标准应考虑的因素分析》，载《教育财会研究》2004 年第 4 期。

〔2〕 有调研显示，相比较于全日制研究生，非全日制研究生在奖助学金、住宿、公费医疗等方面可以享受的政策待遇也少之又少。约 91% 的学校明确提出被录取为非全日制研究生的考生，不享受奖、助学金，约 96% 的学校明确提出被录取为非全日制研究生的考生不解决住宿。参见刘人元等：《非全日制研究生管理模式探索与实践》，载《教育教学论坛》2020 年第 3 期。

的学习成果（如各种法律类竞赛奖）等内容来评定[1]，并且可根据学生自主申请适当提供"三助"岗位（如在研办做学生助理，专门负责解答关于非全日制研究生的问题），这不仅能鼓励非全日制学生在研究生阶段保持良好的学习态度，也会在实然层面淡化其"非全"身份，从而实质推进实现教育部提出的"全日制与非全日制研究生教育协调发展，保证同等质量"的目标，同时，这一方案也能适当纾解社会对非全日制法律硕士招生的看法。

（三）"产学结合+校企结合"培养模式的出现与思考

目前，高校制定的非全日制研究生的培养模式还不够完善，依旧采用与全日制研究生相同的培养方案、评估制度和考核方法。[2]但根据前文，从个别招生单位发布的新招生简章中可以看出，针对非全日制法律硕士的"产学结合+校企结合"的培养模式已经初露端倪。非全日制法律硕士"产学结合+校企结合"模式的出现并非偶然，在招生工作走过四载以及第一、二届非全日制法律硕士陆续毕业后，非全日制法律硕士招生生态中存在的问题逐渐暴露出来，例如非全日制法律硕士课程"水"、就业市场不认可等，这些问题无疑对非全日制法律硕士后续招生工作造成了冲击，面对这些问题，若招生单位置若罔闻，不考虑探索新的培养模式，那么随着录取人数的连年下降，更多招生单位恐怕

---

〔1〕　需要说明的是，非全日制法律硕士研究生奖助学金的评定标准原则上应当与全日制法律硕士研究生的保持一致，若非如此，对全日制法律硕士研究生而言就极可能造成另一种"不公"，同时，笔者认为，各招生单位也不应刻意为非全日制法律硕士研究生划定相对较低的复试线，而有必要与全日制法律硕士研究生执行同一分数线，执行相对较低的分数线将很难让社会改变对非全日制法律硕士的偏见。

〔2〕　杨彦海、胡艳丽、杨野：《新形势下非全日制研究生教育模式问题的探讨与建议》，载《沈阳建筑大学学报（社会科学版）》2019 年第 6 期。

也会走向暂停招收非全日制法律硕士的境地，简言之，非全日制法律硕士招生工作已走到"深水区"。

"产学结合+校企结合"培养模式的出现表明招生单位已经开始关注并正视非全日制法律硕士的招生甚至就业生态。以上文提及的吉林大学法学院为例，其所采取的"法学院—法律科技公司"直接对接的形式，能够同时满足非全日制法律硕士研究生对于学习与实习的要求，此外，有了招生单位"入学即入职"的承诺，即使是从应届全日制调剂至的非全日制法律硕士的考生，也不必过多担忧就业的问题。当前，"产学结合+校企结合"的培养模式还处于探索发展中，对非全日制法律硕士招生工作而言，这种发展趋势显然不可阻挡。但同时我们该注意到，"产学结合+校企结合"培养模式也对招生单位自身的培养实力以及社会关系（主要是与就业市场的关系）等提出了较高的要求。因此，"产学结合+校企结合"培养模式是否具体地适合每一个非全日制法律硕士招生单位其实并不确定，这也提示了每个有意采取或效仿"产学结合+校企结合"模式的招生单位：在具体采取该模式之前，有必要做好充分的理论研究、实地调研等准备工作以避免实践过程出现过大的"排异反应"——毕竟这种"排异反应"的不良后果需要由非全日制法律硕士研究生个体来承担。总之，笔者认为，随着"产学结合+校企结合"培养模式的兴起与完善，不久的将来，该种与非全日制硕士研究生设置初心相契合的培养模式或许会得到大多数招生单位的认可与效仿，进而发展为非全日制法律硕士研究生乃至非全日制硕士研究生的招生常态模式。

社科博士生入学"申请-考核"制的实证考察

——以八所"双一流"高校的法学学科为例[*]

◎陈锦波　朱敏艳**

摘　要:"申请-考核"制是国家改革社科博士生招生模式的重要举措,其意在发挥博士生导师招生的自主性,从而有效发掘具有创新能力和科研潜质的优秀学子,最终提升国家博士生的培养质量和教育水平。该机制在实施过程中体现出了一些制度优势,但也凸显了不少问题。同时存在的制度规制过度和制度规制不足,是"申请-考核"制遭遇现实困境的原因。我们应当在科学

　　* 本文是浙江大学研究生教育研究课题"社科博士生'申请-考核'制研究"(课题编号:20170308)的成果。
　　** 陈锦波,中国政法大学诉讼法学研究院师资博士后、福建师范大学教育政策与法治研究中心兼职研究员。主要研究领域:行政法、教育法、网络法。在《法制与社会发展》《行政法学研究》《浙江学刊》《内蒙古社会科学》等期刊发表论文十余篇,出版专著一部。朱敏艳,浙江大学光华法学院博士研究生。主要研究领域:宪法、教育法。

性和公正性的价值理念下，采取可行之策略来完善社科博士生入学"申请-考核"制。

关键词：社科博士生 普通招考制 "申请-考核"制 科学性 公正性

一、问题的提出

2013 年 3 月，教育部、国家发展改革委、财政部联合发布了《关于深化研究生教育改革的意见》，其中指出：要建立博士研究生选拔"申请-审核"机制，[1] 发挥专家组审核作用，强化对科研创新能力和专业学术潜质的考察。[2] 此后，"申请-考核"制[3]成为与普通招考制[4]并行的另一种典型的博士生入学招考模式而进入公众视野。人们普遍认为，普通招考制过于重视笔试成绩，从而导致科研能力强、创新潜质高但应试能力不足的考生被拒于博士生教育门外，反而使得应试能力强但科研能力贫乏的考生成了博士生队伍的主力军，这背离了博士生入学考试设置的初衷。[5] 而"申请-考核"制，一方面，被认为能够克服普通招考制的上述弊端，且有利于提高博士生培养质量、深化研究生教

---

〔1〕 学界除了使用"申请-考核"制这一概念之外，还使用"申请-审核""申请制"等，文中如无特别说明，则是在同一意义上使用这些概念。

〔2〕 参见教育部、国家发展改革委、财政部《关于深化研究生教育改革的意见》（教研〔2013〕1 号）。

〔3〕 "申请-考核"制是指考生不需要参加笔试，而只要根据报考院校的要求递交申请材料，由报考院校对材料进行审核并决定进入复试的考生名单，最后根据复试结果决定录取。

〔4〕 普通招考制是指招生院校先组织笔试，然后根据考生笔试成绩高低决定进入复试的名单，最后综合笔试和复试成绩决定对考生的录取。

〔5〕 参见付卫东、张立迁：《我国博士生入学"申请制"模式探析》，载《高校教育管理》2015 年第 2 期；郇凯祺、余卫华：《现行博士招生制度存在的问题及建议》，载《研究生教育研究》2013 年第 5 期。

育改革和顺应国际上招生体制改革的潮流;[1] 另一方面,研究者们又指出"申请-考核"制在运作中存在有违教育公平、考核内容不完整、考核制度不健全、考核程序趋于功利化以及"新瓶装旧酒"等问题。[2] 学界的既有研究对于我们深化认识博士生考试是有意义的,但这些研究都停留在一般意义的层面,而没有区分不同学科[3]来具体探讨博士生入学"申请-考核"制。这样的讨论存在针对性不足的问题,因为不同学科本身的不同属性和特点要求研究人员具备特殊的研究能力和潜质,这直接影响到博士生入学"申请-考核"制的设计和运作。[4]

基于以上考虑,本文将把讨论限定在社科博士生入学"申请-考核"制的范围内,同时以北京大学、清华大学、中国人民大学、中国政法大学、浙江大学、上海交通大学、武汉大学和厦门大学等8所"双一流"高校的法学学科为例进行考察。[5] 在

---

〔1〕　参见付卫东、张立迁:《我国博士生入学"申请制"模式探析》,载《高校教育管理》2015 年第 2 期。

〔2〕　参见陈亮、陈恩伦:《"申请-考核"博士招生改革制度优化路径探究》,载《学位与研究生教育》2015 年第 4 期;吴迪:《博士招生"申请-考核"制的价值诉求及现实选择》,载《研究生教育研究》2015 年第 4 期。

〔3〕　即自然科学、社会科学和人文科学。

〔4〕　参见马红霞:《浅析自然科学、社会科学和人文科学的本质差异》,载《广东社会科学》2006 年第 6 期。

〔5〕　选取这样一个研究样本主要基于以下因素的考量:首先,法学是社会科学的代表性学科,同时我们通过阅读各高校法学以外的其他社科学科(如经济学、管理学、教育学等)的博士招生简章和招生办法,以及对其他学科博士生的访谈得知,社科学科之间在博士生入学"申请-考核"制的操作上做法大体一致。其次,博士生入学"申请-考核"制目前在综合实力较强的高校得到较为普遍的实施,而这8所高校都是国内综合实力(特别是法学学科实力)较强的高校。最后,这8所高校的地域分布较有代表性,它们分别分布于华北、华东和华中地区的中心。基于以上考虑,从对该8所高校法学学科的考察中,将能窥得社科博士生入学"申请-考核"制的大致轮廓。

研究方法和研究进路上，本文将运用实证的方法[1]来具体探讨"申请-考核"制的现实实施状况，并进而分析该考试模式存在的制度优势和在现实中遭遇的困境，最后揭示社科博士生入学"申请-考核"制的问题成因以及我们所可采行的应对策略。

二、我国社科博士生入学"申请-考核"制的实施效果

在本部分，笔者将首先简要描述社科博士生入学"申请-考核"制的运作机制，然后围绕问卷调查和人物访谈的结果来具体剖析该制度所展现的优势和暴露的不足。

（一）社科博士生入学"申请-考核"基本机制考察

该8所"双一流"高校的社科博士生入学"申请-考核"机制状况大体如下：

第一，在报考条件上，各高校的共性要求是考生政治立场正确、拥有硕士或博士学位、本硕专业至少有一个为法律专业、符合外语水平要求且身体状况良好。有些高校对考生本硕学校、[2]外语成绩[3]和学科背景[4]等做了更高的要求。

第二，在报考材料上，一般要求考生提供报考登记表、本硕

[1] 主要是问卷调查和人物访谈。
[2] 如上海交通大学凯原法学院要求考生必须是入选教育部"一流大学"建设高校的法学硕士和法律硕士，以及非法学专业硕士，或者考生是"法学"学科入选教育部"双一流"建设学科名单以及其他获批法学一级学科博士学位授权点高校的法学硕士和法律硕士，或者是世界大学排名前200或法学院排名前100的大学硕士学位的学生。
[3] 一般高校要求考生外语成绩达到及格线即可，但有些高校（如北京大学法学院和浙江大学法学院）对考生外语成绩做出了高于及格线的要求。
[4] 例如，中国政法大学法学院要求考生本硕专业必须有一个与所报考专业属于相同的一级学科。

阶段成绩单、本硕阶段毕业证书和学位证书的复印件、[1] 两封专家推荐信、外语成绩证明、[2] 身份证复印件、硕士学位论文、[3] 攻博计划和代表性学术成果。[4] 有些高校在个人陈述[5] 和攻博计划的撰写[6] 等方面提出了特殊的要求。

第三，材料初审环节的一般做法是：各法学院组织专家对考生材料进行审核，并按照成绩高低和复试比例遴选出参加复试的考生名单。有些高校对此作了特殊规定。[7]

第四，复试和录取的基本流程是：各高校法学院确认和审核考生的身份和材料；组织二级学科专家组对进入复试环节的考生进行考核；[8] 对进入复试的考生的录取和淘汰。对于复试环节是否开展外语和专业课的笔试上，各高校法学院做法不一。[9]

从上述描述可以发现，各高校的"申请-考核"制呈现出两面性：一方面，各高校对考生的要求存在较大的一致性，这说明

---

〔1〕　应届毕业硕士生提交所在单位研究生院或研究生部的证明信，在录取后须补交学历学位证明文件；若最高学历为非法律专业，还需提供法律专业学位证书复印件；持国（境）外学位证书者，报名时须提交由教育部留学服务中心出具的认证报告。

〔2〕　外语语种可以是英语、法语、德语、日语、俄语等。

〔3〕　应届毕业硕士生可提供论文摘要和论文目录等，参加复试时应提交全文，有的则要求应届毕业硕士生在提交申请材料时就应当提交硕士学位论文的初稿。这些与各高校法学院要求考生提交申请材料的时间有关。

〔4〕　包括代表性的中外文专著、论文、调研报告等材料。

〔5〕　例如，北京大学法学院和中国人民大学法学院都要求考生另外撰写个人陈述。

〔6〕　例如，中国人民大学法学院要求考生的攻博计划字数应当在 10 000 字以上。

〔7〕　例如，北京大学法学院填报导师时应当选择以下方式之一：①填报导师且不接受调剂；②填报导师且接受调剂。并且，每位考生限报考一个专业和一位导师。中国人民大学法学院则要求考生在提交的材料上不得具体指明要报考哪位导师，导师的选择在考生进入综合考核之后再具体填写。

〔8〕　复试考核的内容一般包括外语水平、专业水平和综合素质三方面，复试考核的形式一般包括笔试和面试两种情形。

〔9〕　例如，中国人民大学法学院、厦门大学法学院等就要求进入复试的考生还需要进行外语的笔试，而浙江大学光华法学院则只对考生的口语和听力能力进行考核。

各高校对博士生入学"申请-考核"制达成了初步的共识；另一方面，各高校又对考生提出了特殊的要求，这表明各高校对本校招生拥有较大的自主权。

（二）我国社科博士研究生入学"申请-考核"制的制度优势

1. 有利于加大考生的自由选择空间，增进高校博士招生的结构化均衡

普通招考制要求考生参加初试，而由于各个高校都选择自主命题，因此出题方向和考试模式均不相同，且考试地点往往分布于全国各地，这导致考生应试时负担沉重，难以兼顾多个学校的考试。然而，"申请-考核"制不需要考生参加初试，考生只需要递交材料，通过材料初审后才需要赶赴报考院校参加复试。这使得考生敢于报考多所院校，考生因此有了更大的自由选择空间。问卷调查显示，有 58.93% 的考生在博士生入学考试中同时报考了两个以上的院校。考生同时报考多所院校的好处在于：一方面，它有利于考生之间的交叉竞争，并且能够提高考生们被录取的概率；另一方面，这也有利于减少因考生扎堆报考热门高校而导致有的院校生源不足的状况出现。也就是说，"申请-考核"制有利于实现全国高校结构化的招生均衡。

2. 有利于促进师生深度交流，扩大导师的招生自主权

在普通招考模式中，能否进入复试环节，往往取决于初试的成绩，考生倾向于埋头复习，与导师的交流较少，有的考生甚至在初试之前都没有联系过导师。[1] 而在"申请-考核"制的考试中，由于只存在复试环节，如何让导师更了解和认可考生的科研

---

〔1〕 参见杨震：《基于申请-考核制的博士研究生招考改革》，载《当代教育论坛》2015 年第 2 期。

能力和学术潜力成了考生能否被录取的关键，因此考生与导师之间的交流就更为频繁。根据随机调查的结果，有 89.29% 的考生会在考前与导师进行多次交流，他们选择较多的交流方式是邮件和见面。此外，在"申请-考核"制中，能否进入复试取决于导师组对材料的审核。这使得导师可以摆脱来自考生初试成绩的限制，而根据自身对考生科研潜质的判断，决定进一步接受考核的考生名单，这明显加大了导师在博士生招考中的自主权力。

3. 有利于淘汰"高分低能"的考生，提升高校博士生培养质量

普通招考制的一个弊端是会导致一些"高分低能"的考生进入复试环节，而有些科研潜质较好的考生因为某门初试成绩不达标而无缘复试。[1] 一方面，这导致具备优秀研究潜质的考生因此被拒之门外，从而使得高校博士生整体的生源质量下降；另一方面，为了避免博士生招生名额的浪费，有的导师即使在考生科研资质不佳的情况下也选择将该学生收入门下，这给博导和该博士生都带来极大的煎熬。此外，在访谈中，有的博士生认为普通招考的初试试卷是静态的，导师和考生之间缺乏互动，考生如果对某个题目掌握不好，将可能被直接淘汰出局。而在"申请-考核"制的动态过程中，导师通过不断提问来全面考察考生的专业知识，不会因为某个考题较难较偏而彻底否定考生。总之，博士生入学"申请-考核"制的考试模式更加科学合理，有利于博导们最终录取到真正有研究潜质的学生，从而提升院校博士生的培养质量。调查显示，有 67.86% 的被调查博士生认为，实行"申请-考核"制后，所在院考博士生质量有了较明显的提升。

───────────

〔1〕　参见杨震：《基于申请-考核制的博士研究生招考改革》，载《当代教育论坛》2015 年第 2 期。

（三）我国社科博士生入学"申请-考核"制存在的问题

1. 考试机制不健全

这主要表现在以下三点：其一，全国各院校就复试环节是否需要专业课笔试未达成统一的看法。[1] 这个分歧虽然说明各院校采取的考试方式灵活多样，但同时也反映了国内高校在复试环节是否需要进行专业课笔试以及如何处理专业课笔试与综合面试之间关系等问题上思考不够成熟。其二，据接受访谈的博士生反映，其所在院校虽然在复试中加设了专业课笔试的环节，但校方并没有太注重专业课笔试的成绩。这使得该考试丧失了原本应有的意义，徒增考生负担，也严重浪费了招生院校自身在出题、批卷上付出的人力、物力和财力。其三，调查显示，在面试过程中，有些院校的面试组并没有事先设置好题库，这使得导师们的提问过于随意，难以对考生形成有效考察，有时甚至被认为面试过程纯属"走过场"；而有些院校虽然设置了题库，但题库中的题目难度却相差悬殊，使考生质疑考试的公平性。

2. 博士生导师自主招生权限不明确

"申请-考核"制的目标之一就在于增加导师的招生自主权。[2] 然而，如果导师的招生权力范围不明晰，或者导师招生的权力过大且不受限制，可能就会走向另一个极端，从而加大考试的不公平。这也是目前"申请-考核"制的科学性与合理性遭

---

〔1〕 有的认为复试环节的专业课笔试成绩可以作为导师组判断考生专业基础的一个参考因素；有的则认为考生的专业基础知识在面试中就可以得到完整考察，无需在复试中再设置该考试环节。

〔2〕 在博士生入学"申请-考核"制中，导师招生自主权主要体现在两个环节：一是初步审查考生材料，决定进入复试的考生名单，这个环节一般由被报考导师自己决定；二是在面试环节，导师组的导师分别对参加面试的考生进行打分，导师组根据打分结果从高到低决定拟录取考生。

到公众普遍质疑的地方。调查结果显示，认为博导招生自主权很大的考生中有 84% 的人认为有必要对博导的招生自主权进行限制，只有 48% 的考生认为不需要限制导师的招生自主权。[1] 而认为博导仅具有一般招生自主权限的考生，有 34.48% 的人认为有必要限制博导的招生自主权，而另外 75.62% 的博士考生则认为没有必要限制博导的招生自主权。（详见表 1）可见，在博导招生自主权限较大的高校，考生倾向于限制博导的招生自主权；而在博导招生自主权还不足的高校，考生倾向于不限制博导的招生自主权。这反映了中国当下同时存在博士生导师招生自主权过大和招生自主权不足的问题，我们在制度上需要探寻一种能够实现博导招生自主权适中化的渠道。

表 1　博导招生自主权大小与有无必要限制博导招生自主权的交叉分析

	有必要,因为这样可以防止博导进行权力易	有必要,因为招收博士生事关学校的研究生教育质量的高低	没有必要,实行"申请-考核"制就是为了给予博导完全招生自主权	没有必要,如果博导招收资质不高的考生,那么说明他愿意承担由此产生的风险,应尊重博导的意愿
很大,博导可以自主决定是否招生	48.00%	36.00%	36.00%	12.00%

〔1〕　在笔者设计的问卷中的题目是："您认为在‘申请-考核’制中有无必要限制博导的招生自主权?"由于本题属于多项选择题，因此该题各选项的百分比相加可能会超过 100%。

	有必要,因为这样可以防止博导进行权力易	有必要,因为招收博士生事关学校的研究生教育质量的高低	没有必要,实行"申请-考核"制就是为了给予博导完全招生自主权	没有必要,如果博导招收资质不高的考生,那么说明他愿意承担由此产生的风险,应尊重博导的意愿
一般,博导有一定的招生自主权	10.34%	24.14%	41.38%	34.48%
不大,博导的招生自主权很小	50.00%	0.00%	50.00%	0.00%

3. 报考条件太高,过于看重考生的学历背景

有些高校对考生设置了极高的报考条件,这主要表现在两方面:一是对考生本硕院校进行限制。例如,上海交通大学凯原法学院要求考生必须是入选教育部"一流大学"建设高校的法学硕士和法律硕士,以及非法学专业硕士生,或者考生是"法学"学科入选教育部"双一流"建设学科名单以及其他获批法学一级学科博士学位授权点高校的法学硕士和法律硕士,或者是世界大学排名前 200 或法学院排名前 100 的大学硕士学位的学生。二是对考生的科研成果提出了极高的要求。例如,上海交通大学凯原法学院规定如果考生无法达到对本硕学校的要求,则必须在 CSSCI 法学来源期刊上发表学术论文。正如受访的某知名院校法学院的一位博导所言,应届硕士生是很难达到此种水准的。对博士生报

考资格进行严格限制的后果是：一方面，极大限制了考生的报考范围，导致有志于学且有学术潜力的考生一开始就因院校出身而丧失考试的机会。另一方面，这种"一刀切"的做法，也极大限制了博士生导师的招生自主权，与博士生入学"申请-考核"制度设计的初衷相违背。此外，前述对考生成果的过高要求，会使人们质疑这是给某些特定考生[1]专门设置的绿色通道，人为创设了不够公平的竞争机制，对本就处境艰难的应届硕士生来说是雪上加霜。

4. 考试程序不公正

采行"申请-考核"制的各招生院校，尽管在考试程序上时已经采取了一些创新措施，[2]但还存在一些问题。其一，考生材料能否通过初审，一般由被报考导师决定。[3]从程序角度讲，这缺乏对导师权力的适当约束，可能导致导师滥用招生自主权，从而有损考试的公正性。其二，考试的监督投诉机制实效性弱。调查显示，有48.21%的受访对象表示"知道报考院校有考试的监督投诉机制，但对于该机制不太了解"，甚至有17.86%的受访博士生表示他们不知道自己报考的院校是否存在考试的监督投诉机制。这说明招生院校和导师组在考试过程中并未详细告知考生享有监督投诉的权利及其具体操作路径。这使得监督投诉机制对考试的监督效果被削弱，难以发挥其应有的功能。其三，在考试结果上，存在信息不公开的问题。有的院校只是最后在官网公开

---

〔1〕　通常是已工作多年且有学术成果积累的定向生。

〔2〕　例如，很多高校面试全程都有录音或录像，并有专人对面试过程进行文字记录；有的院校（如浙江大学）甚至允许待考的考生全程在场观看其他考生的面试过程。这使得考生与导师组之间可以相互监督，提高了考试的透明度，增加了考生对考试公平性的信心。

〔3〕　有的院校虽然由导师组集体讨论决定，但主导权实际上还在被报考导师手中。

录取名单，但不公开考生的信息和考试成绩；有的院校甚至没有公布最后的考生录取名单，每位考生只能在该校的查分系统中看到自己的成绩以及是否被录取的结果，对于其他考生的成绩和录取情况则一无所知。如此封闭信息，一方面，将使得考生无法根据彼此之间的复试表现判断考试本身的公正度，落榜的考生可能极度质疑该高校考试的公平性；另一方面，这也为考试过程中的权力寻租打开了口子，暗箱中的权力将因不受监督而被滥用，这就背离了"申请-考核"制设计的初衷。

5. 本校考生在考试过程中优势明显

根据问卷调查的结果，不管是本校考生还是外校考生，他们中的大部分人（前者占 66.67%，后者则高达 76.32%，参见图 1）都认为本校考生在"申请-考核"制的博士生入学招考过程中占据明显优势。本校考生可以利用听课、听讲座以及日常与博导们的直接交流，准确判断博导们最新的研究领域和关注点，深刻体会博导们在复试环节中提问的意图，并按照博导们期待的答题思路和方式进行答题，这在专业上让他们占据极大优势。此外，外校考生更担忧的是，在考博过程中博导们在情感上会更偏向本校考生。实际上，考生担忧的这种情况是客观存在的。例如，有的博导明确表示，如果自己的硕士生愿意读博，那么他还是很愿意招收自己的学生的。这当中的原因大致有二：一是博导们与自己院校的学生交往较多，有一定的情感基础。二是博导们对本校考生的知识掌握状况、科研潜力以及为人处世等各方面都较为熟悉，更加信任本校考生也在情理之中。导师组对本校考生的偏爱，可能会造就博士生入学选拔考试客观上的不公正，因为外校考生一开始就因人为的原因而落后。

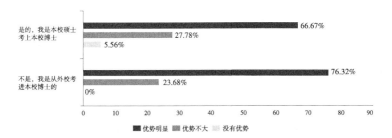

图1　是否本校考生与本校考生在考试中是否占据优势的交叉分析

总之，我国社科博士生入学"申请-考核"制遭遇着五重现实困境，这些问题虽然形态各异，但归根结底反映的还是人们对该考试机制科学性和公正性的不满：考试机制不完善、博导招生权限不明确和对考生的报考资格要求太高等反映了该机制设计的不科学，而考试程序不公正和本校考生在考试中优势明显则反映了该考试制度的不公平。[1]

三、社科博士生入学"申请-考核"制的完善策略

导致我国社科博士生入学"申请-考核"制遭遇现实困境的原因是多方面的：其一，在中国，博士教育资源的供给和分配由行政所主导，这使得"申请-考核"制缺乏一定的自由主义元素。[2] 当前的改革已经趋向于下放权力，但这需要一段时间，在这段时期里，"申请-考核"制仍会存在"水土不服"的问题。其二，导师自主招生权限的不明确，使得高校的招生完全依赖于博导个人的理性和自律。然而，完全脱离了制度约束的个人理性

[1]　参见陈亮：《公平正义诉求下的博士招生"申请-考核"制探微》，载《现代教育管理》2014年第12期。

[2]　参见张务农：《我国博士招生申请考核制的制度设计和规则设定——基于新制度主义的视角》，载《教育发展研究》2017年第9期。

是靠不住的，一个人往往行使权力直到有边界的地方才停止。其三，各高校在材料初审、考试信息公开和考试监督投诉机制等方面存在的问题，实质上反映了各招生院校过分重视能否最终招收到具有科研潜质的学生这一实体价值而相对忽视考试程序本身的价值，对程序独立价值的忽视使考生和公众对考试留下不公平的印象。面对社科博士生"申请-考核"制的这些问题，我们应当在秉持科学和公正的价值理念下来采行相应的策略：

第一，对于前述社科博士生入学"申请-考核"制中的诸种机制不健全问题，可以分别采取以下措施予以应对：其一，是否在复试环节设置专业课笔试，各高校院系内部至少应当保持一致。如果设置专业课笔试，各招生院校应当认真予以对待，避免该考试机制被虚置，成为"走过场"的一个环节，且招生院校应当明确该考试占据复试的比重并及时对外公布；如果不设置专业课笔试，则导师组应当延长面试时间，在面试中加强对考生专业基础知识的考察。其二，在面试环节，导师组应当事先出题，并对题量和题目的难度共同进行评估，设置难度均衡的面试题库，保证考生不会因抽取到难度相差悬殊的题目而面临过分不同的处境，也避免让人对招生院校产生考生能否被录取完全凭运气的印象。

第二，针对博导招生自主权限不明确的问题，在机制上可努力的地方有：其一，导师组应当先分别秘密打分，再集体讨论，除非被报考导师提出重大理由，同一导师名下的考生原则上应当按照得分高低决出录取名单。"先打分，后讨论"比"先讨论，后打分"的合理之处在于，可以避免导师受非正常因素的干扰，从而能够对考生做出相对中立、客观和公正的评判。其二，如果博导认为报考自己的考生表现太差，而报考其他导师的考生表现较好但因其他导师名额有限而被淘汰的，应当允许博导放弃录取报考自己的考生而录取被其他导师淘汰掉的考生。其三，对于自身名下的考生，面试后录取哪位考生原则上由导师组打分决定，但是如果考生间分数相差不大且导师有重大理由，则应当允许被报考导师录取分数较低的考生。当然，导师此时应当举出证据证明分数较高考生存在重大瑕疵，[1] 或者分数较低考生具有重大优势，[2] 且被报考导师的这类主张应当得到导师组其他导师的多数认可。

第三，招生院校应当尽量减少对考生报考资格的限制，考生只需要满足最基本的报考条件就应当允许其报名参加考试。这些最基本的报考条件包括：政治立场正确、拥有硕士或博士学位、身体状况良好和具备基本的外语技能。一方面，这有利于扩大"受案范围"，保障考生的考试权，[3] 使得因高考或考研一时失利的考生有"翻身"的机会。另一方面，笔者在调查中发现，一些非"双一流"高校的考生在硕士阶段更加勤奋，甚至取得了比"双一流"高校学生更优秀的学术成果，体现出了更高的科研潜质。招生院校适当放宽报考条件，将使各校得以招收到此类优质考生，从而提升各院校博士生的培养质量。

第四，针对"申请-考核"制程序不公正的问题，可以改进的措施：其一，各高校应当在考前公布考试的监督投诉办法，让考生知晓所报考院校的考试投诉机制及其运作流程；同时，在考试中，特别是面试时，导师组应当告知考生享有对考试的投诉和

---

〔1〕　例如，导师有证据证明该考生学风不正、性格存在重大缺陷等。
〔2〕　例如，考生的知识储备更满足自身当前研究的需要等。
〔3〕　考试权是宪法规定的受教育权的基本内涵之一。

监督的权利，且同时告知考生该项监督投诉机制的获取渠道。在考生投诉后，院校应当及时将处理结果和理由回馈给考生，并以公开渠道对外公布处理结果并说明理由。其二，各招生院校应当将考生材料初审和复试的成绩明确列明，并对外公布。当然，为了保护考生的隐私，可以对考生的个人信息做适当处理，但仍然应当保证考生之间能够知晓同时报考的其他考生的考试成绩和考试结果。[1] 上述两方面的程序建设，其目的均在于加强对"申请-考核"制博士生招考过程的监督，从而保证考试的公正性。

第五，对于本校生在考试中占据明显优势的问题，机制上有两方面可以努力：其一，在材料初审环节，由学院内部其他学科点（而非考生所报考学科点）的老师对考生的材料进行审核，具体由哪个学科点的老师来审核考生提交的材料，则应当是随机确定的。由于材料初审一般更多的是进行形式审查，而且审查材料的导师虽然不是本学科点老师，但在专业上至少具有相关性，这也保证了该审查的相对科学性。其二，在面试环节，由于考生与学科点导师已经面对面交流，初审环节的那种隔离审查已经不能发挥作用，此时更多只能靠外校考生自身的努力。外校考生应当用自身更加扎实的专业基础、清晰严谨的答题思路和以学术为志业的向学态度来打动导师。当然，在考前，外校考生也可以通过加强与报考导师的交流和沟通，让导师在掌握更多信息的基础上对考生情况有一个大致客观的判断，从而便于导师在本校考生和外校考生之中做出理性选择。

总之，我们应当秉持科学和公正的改革理念，且在明晰博士生入学"申请-考核"制所存在的问题及问题症结的基础上，针

---

[1] 例如，只隐去名字中的一个字。

对性地采行相应的完善策略，以期能够真正发挥出"申请-考核"制本身所应有的制度效能。

四、结语

博士生教育是一项精英化的教育，是一种稀缺的公共资源，必须予以认真对待。[1] 社科博士生入学"申请-考核"制能否发挥其应有的制度功效，关系到对考生受教育权的保障，更关系到国家社科研究生教育改革的成败。社科博士生"申请-考核"制所展现出的制度优势是国家改革社科博士生招考模式的初衷，"申请-考核"制遭遇的现实问题则是该项制度面临的改革瓶颈。我国社科博士生入学"申请-考核"制在实施过程中同时呈现出规制过度和规制不足的问题，这导致了社科博士生"申请-考核"制的不科学和不公正。社科博士生入学"申请-考核"制度设计的不科学，会导致其无法有效考核考生的专业素养和科研潜质，这使得"申请-考核"招考机制面临制度供给不足的问题；而社科博士生"申请-考核"制度设计的不公正，则可能会导致权力寻租和暗箱操作，使得该机制面临被滥用的风险。因此，我们应当秉持科学和公正的价值追求，设计和完善社科博士生"申请-考核"制的考试模式，使其规范化、科学化和公正化，帮助高校遴选出真正具有学术潜质和科研能力的考生，最终提升国家社科博士研究生的培养质量。

---

〔1〕　参见赵红军等：《"精英化教育"语境下博士招生制度的选择——对博士研究生招生"申请-考核制"的思考与探索》，载《研究生教育研究》2015年第5期。

德国大学"青年教授"制度的发展与启示

◎黄　河*

摘　要: 德国于 2002 年正式推出"青年教授"制度,成为传统式教授资格认证的一种替代模式,以保证优秀的年轻学者能够早日实现科研和教学的独立性。引入"青年教授"制度二十载后,德国高校正式教授晋升体系中的这一新职业道路,在某种程度上实现了改革的既定目标,科研人员的创造力被大大激发。德国"青年教授"制度着重的是对既有成果和未来潜力的评价标准以及倚重同行评审的评价方式,对于我国当下高校教师职称聘任制度改革具有一定的借鉴意义。

关键词: 青年教授　德国　聘任

---

* 黄河,中国政法大学比较法学研究院讲师,德国波鸿鲁尔大学法学博士。

一、问题的提出

二战后，德国大学开始谋求从精英教育向大众教育的转变，由此产生了对高等学校教职人员的巨大需求。虽然各个大学正式教授职位的数量有所增加，且战后德国政府新筹建了若干新大学，但相比于学生数量的持续增长，在师生比方面并没有形成根本性的变化。由于教学工作量巨大，因此教授不得不将教学工作分配给自己教席下的科研助理（Akademischer Rat）和私人讲师（Privatdozent）。此外，在德国政府联邦资金的资助下，大学也设置了一些专职的教学岗位（Lehrkraft），以减轻教学负担。但上述舒缓措施并不足以完全满足教学和科研的需求，而且科研助理、私人讲师和专职教学人员在聘任上并非终身制雇佣关系，而且晋升空间狭窄以及薪酬不高，因此对于年轻学者而言，缺乏足够的吸引力和职业前景保障。

为了强化科研体系的绩效和创新能力，确保德国高等教育和研究领域的竞争力，同时也是为了增强国际比较中的竞争力。2002 年 2 月，德国联邦议院通过了新的《高等教育框架法》（Hochschulrahmengesetz），其中规定德国大学开始实行"青年教授"制度（Junior Professur）。通过设立"青年教授"职位，联邦政府试图让博士论文取得优异成绩的年轻学者能够直接在大学里进行独立的研究和教学，而不受传统的教授资格的限制，"青年教授"的薪酬通常为 W1 等级，在中期考核评估通过后，则有资格直接被聘任为正式教授（终身制，薪酬为 W2 或 W3 薪酬等级）。历经二十载的发展后，"青年教授"制度的设立对德国高等教育事业产生了一些非常积极的影响，例如在高等教育教授晋升体系中建立更加灵活和注重业绩的就业和薪酬结构。同时，在这种创新激励机制的作用下，科研人员的创造力被大大激发，促进了科学和工业之间的技术转化。青年科学家成为正式教授的晋升途径更便捷、更明确。但"青年教授"制度的设立过程中，也存在一些问题。本文试图以德国大学年轻学者的学术晋升之路为背景，对"青年教授"的制度内涵和实施效果进行阐述，同时也会将其与传统教授资格晋升条件进行对比分析。

二、"青年教授"的制度起源和目标设定

在德国高等教育政策演变的发展历程中，"青年教授"职位的设立并非凭空出世的，要理解"青年教授"制度的现状，必须对既往教授资格政策的历史发展和框架条件进行必要的梳理。早在 1969 年至 1974 年期间，德国一些州就实行了"助理教授"（Assistenzprofessur）制度，它是根据当时"科研助理联邦会议"（Bundesassistentenkonferenz）的倡议而设立的。[1] 但 1976 年的第一部《高等教育框架法》废除了助理教授制度，因为该制度遭到正式教授们的强烈反对，而且在很多青年学者眼中，助理教授也只是一个临时性的身份，不能与大学之间形成终身雇佣关系。

---

〔1〕 "科研助理联邦会议"是于 1968 年 3 月 29 日在德国小城马尔堡成立的，一个旨在代表所谓"学界中间阶级"（akademisches mittelbaus，即正式教授手下的科研助理和学生助手）利益的社会团体，该会议一直到 1974 年才自行解散。在该社团成立期间，作为教授和学生不同立场之间的调解人，提出了许多关于大学改革的声明和主张，希望能够与教授和学生一起，平等地共同决定大学的具体政策。该协会之所以有一定社会影响力，是因为该社团发迹于 20 世纪 60 年代左翼学生运动和民权运动的高潮时期，不少该社团的组织者随后当选为德国名校（例如柏林自由大学、汉堡大学、不莱梅大学等）的大学校长。参见 Bundesassistentenkonferenz, Kreuznacher Hochschulkonzept. Reformziele der Bundesassistentenkonferenz, 1968, S. 7 f. https：//archive. org/details/kreuznacherhochschulkonzeptbundesassistentenkonferenz1968.

　　而在德国大学的教授晋升体制中，通过"教授资格认证"（Habilitation）获得"教学资格"（*venia legendi*）是最古老和最持久的特征之一。只有教授资格认定证书才表明申请人具备研究和教学方面的独立性。在欧洲中世纪，博士学位表明了博士候选人完成了最高级别的学术训练，而获得博士学位的前提是通过所谓的"答辩程序"（*disputatio*）。与今天的学位论文答辩程序相比，那个时代的"答辩"往往仪式感和程序感"稍逊一筹"。博士论文候选人需要用与他人辩论的方式来为自己的论文进行辩护。论文要被张贴在大学附近的布告栏中（例如以木刻的形式印制张贴在教堂的门上，后期则以大版铜版画的形式印制）。该布告栏其实就是"英雄帖"，如果有人想与候选人进行辩论，则可以自愿选择参加。当然，候选人也会专门邀请专业人士与自己进行批判性的辩论。通常这些辩论的内容也会由主持辩论的考官对外公布。因此，通过了该辩论性的"答辩程序"，才意味着候选人获得了博士学位。一般情况下，获得博士学位就可以开始在各个大学之间谋求教职。但到了19世纪，德国各大学普遍采用了以"教授资格认证"作为获得教授职位的先决条件，事实上废除了欧洲旧有的允许博士学位获得者在任何欧洲大学任教的习惯（*ius ubique docendi*）。[1]

　　"教授资格认证"是从拉丁语"*habilitare*"（能力证明）演变过来的，即申请者具有大学授课的熟练技能。当然，"教授资格认证"的核心并不是授课能力，而是强调候选人专业研究能力，因此"教授资格认证"的前提条件是候选人完成博士学位后，再撰写完成一部代表性专著（即教授资格论文）或者几篇高质量的论文（通常在自然科学领域）。在某种程度上，代表性著作是衡

〔1〕　Kreckel，Beiträge zur Hochschulforschung 38（2016），12，24.

量该候选人未来学术潜力的"唯一标尺"。以法学领域为例，如果候选人博士论文选题是刑法领域，则教授资格论文应当在刑法领域之外，另选话题进行研究，例如刑事诉讼法或者犯罪学领域，以此来证明候选人具备宽泛的视野和跨领域的研究能力。此外，还需要在教授委员会面前进行公开的演讲并以小规模研讨会的形式对某一话题进行深入的讨论。而教学能力通常由自己在该学院所已经开设的相关专业课程来证明。

这种传统的教授资格认证体系中，有两个方面的结构性特征：一是教席和学科代表制，正式教授是教席（或研究所）的拥有者，而教席的财力、教席的人员和设备资源配置全取决于该正式教授，教席规模的大小（例如研究项目和科研助理人数）也代表了该正式教授所代表的学科在学校和学界的地位。而在这种教授至上性的体系下，没有获得正式教授教职的青年学者，往往只能跟随正式教授"打工"，其雇佣合同的期限和薪资标准，在某种程度上取决于正式教授从学校或者第三方资助机构获得的科研项目经费的多寡。获得博士学位的年轻学者，除了协助教授完成科研项目以及讲授部分专业课程外，还需要撰写自己的教授资格论文。因此，在实践中，完成一部代表性著作通常需要花费六七年时间，甚至更长。这导致了申请人在获得教授资格认证时的年龄都超过四十岁。二是所谓的禁止内部聘任，德国各个州的高等教育法中都规定，申请教授资格认证的人，在完成认证后，只有在"正当理由的特殊情况"下，才能在本校申请正式教授职位。换言之，绝大多数情况下，获得教授资格认证之人，必须去其他高校申请正式教授。这种法律上的限制规制，旨在防止裙带关系的滥用。而当候选人拿到教授资格认证后，还需要等待其他大学教席有空缺，才能够申请正式教授。此外，德国大学的特点首先是正式教授（教席持有者或者研究所负责人）的比例非常低。如下图所示，2010 年德国的大学科研人员中只有 12% 是正式教授（其中 W3/C4 占 8%，W2/C3 占 4%），而 2011 年法国的这一比例为 21%（正教授），英国为 32%（其中教授占 14%，高级讲师/高级研究员占 18%），2003 年美国的这一比例更是高达 37%（其中正教授占 21%，副教授占 16%）。[1] 因此，对于很多年轻学者而言，他们的职业前景非常的不确定。这导致了最近十几年来，德国高校申请教授资格的人数逐年下降，而且不少非常优秀的青年学者只能前往其他国家谋求教职，在一定程度上出现了人才流失的现象。

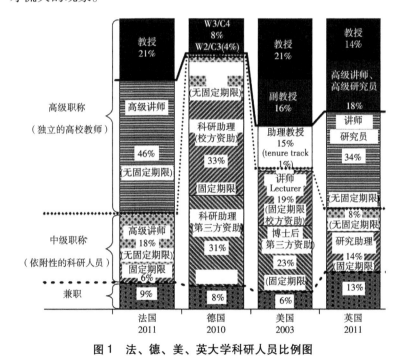

图 1　法、德、美、英大学科研人员比例图

〔1〕　Kreckel, Beiträge zur Hochschulforschung 38 (2016), 12, 19.

在这一背景下，联邦教育与研究部（BMBF）提出了"青年教授"的概念。根据 1998 年 11 月 2 日德国校长会议的建议以及 1998 年 12 月 11 日的"新高等教育政策柏林宣言"，联邦教育与研究部于 1999 年 6 月聘任了一个"高等教育服务法改革"专家委员会，该委员会于 2000 年 4 月 10 日提出了名为"21 世纪高等教育服务法"的报告。该报告提出要重新调整大学教师的资格认定路径，实行"青年教授"制度，取消传统的教授资格认定。除了为高校青年教师较早地独立从事科研和教学工作提供便利外，还要求加强青年教师与国际接轨，降低担任正式教授的初任年龄，提高女性和外籍科研人员的比例。总之，促使青年教师更好地规划自己的学术道路，是"高等教育服务法改革"的核心目标。

2002 年，《高等教育框架法》修正案正式通过，其中最为重要的改革是引入"青年教授"职位。[1] 如上所述，"青年教授"职位的设立可以看作是对德国传统学术职业晋升路径弊端的直接反应。为了解决备受争议的"学界中间阶级"高龄初聘问题，《高等教育框架法》第 47 条规定担任"青年教授"应当在博士毕业六年之内。此外，"青年教授"职位附设在研究所或院系里，而不是作为某一个具体教席的附属品，在最大限度内保障"青年教授"的独立研究和教学，因为与科研助理以及私人讲师不同，他们不需要为教席持有人"打工"。另外，为了给年轻学者提供在学术早期阶段进行独立研究和教学的机会，从而使他们有资格直接获得正式教授职位，《高等教育框架法》规定"青年教授"

---

[1] Lenk/Gleirscher/Nestler/Rödiger/Petersen/Loebel, Informatik Spektrum 43 (2020), 94, 97.

应当有自己独立的经费预算。当然，因为教育以及经费问题，在德国属于各个州的事物，因此，"青年教授"的预算额度在各个州、各大学以及各学科，甚至在具体"青年教授"职位之间有很大的差异。但需要指出的是，虽然《高等教育框架法》引入了"青年教授"制度，但传统教授晋升的路径依赖力量仍很强大。换言之，传统的"教授资格认定"并没有被放弃，"青年教授"职位的出现，仅仅表明了正式教授职业晋升道路的多样化。

三、"青年教授"的选聘、考核以及待遇

德国高校中"青年教授"的职责与其他正式教授的职责并无明显差别，即他们应当承担洪堡教育理想意义上的独立研究和教学的活动。这个改革的目标是在年轻学者在三十岁出头的时候，就有机会进行独立的研究和教学，而非像传统的教授资格认证模式那样，直到四十多岁以后，通过资格认证后，才有机会进行独立的研究和教学。因此，在"青年教授"的聘任年龄上，一般要求是在博士毕业后六年之内（在医学方面不超过九年），如果博士毕业之后有博士后工作的经历，则博士后经历不应当超过三年。

在选聘程序方面，"青年教授"岗位要在公开征聘的基础上，采取类似聘任的选拔程序，具体的评审由校外专家来完成，通过外审之后，则经学院提议或研究所向校方提议，最后由校方管理层完成聘任，整个选聘过程坚持目标明确和公开透明的政策。关于选聘标准，德国基本上没有量化标准，而是采取定性政策，即强调专业学科的针对性以及前瞻性，在选聘标准上，通常将应聘者视为一个整体，并将个人标准理解为其个人和职业履历的一部

分。在聘任过程中，不仅着眼于过去，更着眼于未来。因此，"青年教授"岗位的设定着重考虑应聘者的个人发展潜力，即其技能和资历的动态成分。一般而言，会从以下几个方面进行综合评价，例如优秀的科研成果、优秀的教学业绩或者教学能力、获得第三方资金的能力、跨学科性以及与本校传统研究重点领域的联系、国际知名度、领导能力、沟通能力、自治能力和合作能力。

"青年教授"的任期以两个三年聘期为限，原则上于 35 岁至 37 岁结束。"青年教授"应在第一个三年后进行中期评估，中期评估一般从科研和教学两个角度综合评定。在科研方面，要求其简要列出自己在第一个聘期内的研究成果以及今后三年的研究计划。除了按照先后日期罗列出版物清单以及提交原稿之外，还要求提供第三方项目资助清单以及参加各种与科研相关的协会或者受委托出具研究报告的相关情况。在教学方面，要求"青年教授"提供第一个聘期所讲授的课程以及学生人数、指导学生论文的情况以及学生对所讲授课程的"评教调查"。此外，一般还需要至少提供一份同行的教学观摩的评价。为了保障评估的客观和公正性，学院需要成立一个评估委员会，一般由学院院长或者院长委托之人作为委员会主席，但"青年教授"可以自己推荐一名评估委员会成员。评估委员会的重要职责是，协商确定至少两位校外评审专家，然后将"青年教授"所提交的自评科研以及教学评估报告发给校外评审专家进行评议。

校外专家完成评议后，评估委员会应将评议结果提交学院院务会（全体正式教授参加），并附带上是否通过的建议。学院院务会以公开表决的方式做出决定。如果中期考核结果是肯定的，

"青年教授"资格再延长三年。在第二个三年的阶段，"青年教授"就可以申请正式的终身教授职位，而且有足够的时间等待聘任程序的结果。如果考核结果为否定的，则"青年教授"有一年的淘汰离职期，保障其一方面有时间完成现有的正在进行的工作，另一方面有时间过渡找到大学之外的新的职位。"青年教授"在任职期间，他们可以使用（青年）"教授"的头衔，与正式教授相比，在教学活动中的义务要低一半，即每个学期只需要 4~5 个周课时。其他时间，"青年教授"可以全身心地投入自己的独立研究中。

在薪级待遇方面，"青年教授"适用的是 W1 薪级标准，而正式教授则是适用 W2 和 W3 薪级标准。其工资由基本工资、家属津贴和额外的绩效工资组成。有三个工资级别。基本工资由各州确定，一般情况下，基本工资与服务年限和资历无关。只有少数联邦州，例如巴伐利亚州、黑森州、萨克森州会根据服务年限（五年为一个周期）来调高基本工资的等级。已婚或已登记的民事伴侣关系生活的教授也可获得家庭津贴，如果育有孩子，则可以为每一个孩子领取额外的子女补助。另外，在聘任和留任的谈判中，大学和教授之间达成与绩效相关的薪金共识，从而使得个人的具体薪金待遇进一步得到提高，因此，教授之间的工资差异巨大。以个别联邦州为例，巴登符腾堡州"青年教授"的 W1 薪级标准为 5228.25 欧元，正式教授的 W2 薪级标准为 6583.53 欧元，W3 薪级标准为 7473.55 欧元。而北莱茵-威斯特法伦州"青年教授"的 W1 薪级标准为 4726.83 欧元，正式教授的 W2 薪级标准为 6220.62 欧元，W3 薪级标准为 6871.22 欧元。[1] 由此可见，"青年教授"待遇虽然不及正式教授，但这一工资水平在德国也处于高收入阶层。因此，对于年轻的学者而言，"青年教授"职位是他们学术生涯中一个很有吸引力的站点，它使他们能够在早期阶段以教授的身份独立开展研究和教学。在考核成功后，他们有极大的机会获得终身教授职位。

四、"青年教授"的实施效果

自 2002 年开始设立"青年教授"岗位以来，德国各个大学聘任的"青年教授"人数逐年上升。在 2002 年，"青年教授"人数为 102 人（其中男性 69 人，女性 33 人），而在 2014 年，"青年教授"人数为 1613 人（其中男性 968 人，女性 645 人），差不多翻了 15 倍。其中，女性"青年教授"的比例从 32.4%上升到了将近 40%。在不同的学科领域，"青年教授"的比例有很大的差异。在数学、自然科学（27%）、法律、经济和社会科学（26%）以及语言学和文化研究（25%）中"青年教授"比例较高。而在其他学科组（包括工程和医学）中比例非常低。[2]

从 2014 年新聘任的正式教授的来源分析看，虽然传统的教授资格认定是获得正式教授的主要途径，但"青年教授"直接聘任为正式教授的比例也不低。其中 43%的新聘任的 W2 教授和 49%的新聘任的 W3 教授完全是通过教授资格认证而获得的。相比之下，有 14%（W2 教授）和 11%（W3 教授）单独通过"青

---

〔1〕 参见 https：//www. academics. de/ratgeber/gehalt‐professor‐was‐verdient‐ein‐professor#subnav_was_ist_die_w‐besoldung.

〔2〕 Konsortium Bundesbericht Wissenschaftlicher Nachwuchs, Bundesbericht Wissenschaftlicher Nachwuchs, 2017, S. 115.

年教授"而获得正式教职的。另外有 2%（W2 教授）和 3%
（W3 教授）正式教授不仅具备"青年教授"的职位，同时也获
得了教授资格认证。[1] 虽然在成为正式教授的晋升路径中，"青
年教授"低于传统的教授资格认证，但"青年教授"中，能成功
拿到正式教授资格的比例非常高。例如德国高等教育评估机构
"CHE und HoF"的相关实证研究表明，85%的"青年教授"受
访者（受访者总数为 604 人）表示，他们在担任"青年教授"
后，最终成功实现了向正式教授职位的跨越。这一结论也为其他
的研究结论所基本证实，即研究者对德国 37 所高校的总共 763 名
"青年教授"进行追踪调查后发现，约有 72%的人获得了正式教
授职位的聘任。[2]

"青年教授"制度的施行，也使得正式教授年龄阶层的年轻
化，即解决了"学界中间阶级"老龄化的问题。实行"青年教
授"制度后，优秀的年轻学者脱颖而出，晋升较快。其中半数以
上的"青年教授"在六年的两个聘期结束之前就已经获得了正式
教授的聘任，而且在这些获得正式教授的人之中，有半数直接获
得了 W3 教授薪级（正式教授中最高等级薪酬）。[3] 2014 年，
"青年教授"中被聘为正式教授的平均年龄为 35.2 岁，比完成教
授资格认证的平均年龄（40.9 岁）提前了近 6 年。[4]

"青年教授"虽然给了优秀的年轻人优渥的待遇和明朗的职
业晋升前景，但在实践过程中仍存在不少的争议和问题，主要包

〔1〕 Konsortium Bundesbericht Wissenschaftlicher Nachwuchs（Fn. 7），S. 116.

〔2〕 Burkhardt/Nickel/Berndt/Püttmann/Rathmann Beiträge zur Hochschulforschung 2016, 86, 105.

〔3〕 Burkhardt/Nickel/Berndt/Püttmann/Rathmann Beiträge zur Hochschulforschung 2016, 86, 100.

〔4〕 Konsortium Bundesbericht Wissenschaftlicher Nachwuchs（Fn. 7），S. 117.

括以下几个方面：

首先，在不少高校的传统学科，例如医学和法学，教授资格认证仍然是获得高校正式教职的传统途径，有的高校对于"青年教授"的态度一直是观望态度。因此，对很多年轻学者而言，为了进一步提高自己的职业发展的机会，有不少"青年教授"为了保险起见，选择额外进行教授资格认定的准备。

其次，"青年教授"岗位并非终身制。虽然在各个高校"青年教授"岗位的具体设置和资金配备上有时会有明显的差异，但在聘期上基本一致确定了六年的两期聘用合同。只有第一个三年经过评估考核之后，即"青年教授"已经证明自己是一名合格的高校教师的情况下，才能过渡到第二个聘期。而这个中期考核全部依赖于校外专家对任职者进行的综合评估。虽然这些专家大多在该领域享有国际声誉，但考核的核心标准包括国际出版物的质量、获得第三方资助的情况、研究方法的创新、国际合作的程度、教学活动的基本情况、教学方法、讲授课程以及授课范围等。但有的学科由于专业受限，不少"青年教授"在第一个聘期结束后的中期评估时，其科研实力尚未全部展现出来，此时的评估往往意义不大，因为重要性的成果还没有发表。另外，对于青年学者而言，获得第三方资助经费在通常情况下也不容乐观。

因此，虽然"青年教授"制度在形式上较早地实现了学术独立，但大多未能实现较好的职业规划或较早的职业保障。而美国的助理教授制度与德国的"青年教授"在制度框架上是相当的，美国助理教授通常具有终身教职（tenure track）的身份，即在固定期限合同结束后，经过评估后，有可能获得下一个更高层次的

终身职位（associate professor，副教授）。[1] 相比之下，德国的
"青年教授"在 40 岁以前的职业前景还是不够稳定，尤其是对女
性学者而言，因为生育和家庭的原因，会变得更加困难，从某种
程度而言，"青年教授"制度的引入并没有完全解决德国学者学
术生涯中巨大而长期的不安全感的问题。

最后，"青年教授"的制度设计初衷在于不期望其承担过重
的教学工作量，否则他们将没有机会在独立的教学和研究中发挥
自己的潜力。虽然原则上"青年教授"只需要完成正式教授一半
的教学工作量（即每周 4~5 个课时），在实践中，"青年教授"
在第一个三年聘期内基本上按照这个基本量来完成，但到了第二
个聘期，大多数青年教授的教学负担明显增加，尤其是在人文和
社会科学中。[2] 除了教学工作量之外，"青年教授"还普遍要承
担考试的工作，这对于某些传统学科，例如法学而言，考试以及
评卷的工作量还是不容忽视的，因为法学虽然有国家考试，但大
学期间的专业课考试成绩占最后国家考试成绩比重的 30% 到
40%，而且这些考试形式与最后国家考试一致，以案例分析作为
考察手段，所以"青年教授"在考试后的评卷过程中，也需要投
入非常大的精力和时间。

五、"青年教授"对我国高校教师职称制度改革的启示

十八大以来，习近平总书记多次就教师工作发表重要讲话、
做出重要批示，强调教师是立教之本、兴教之源，建设政治素质
过硬、业务能力精湛、育人水平高超的高素质教师队伍是大学建

〔1〕　Zimmer, Das Kapital der Juniorprofessur, 2018, S. 52.
〔2〕　Rössel/Landfester/Schollwöck, Die Juniorprofessur, 2003, 27 f.

设的基础性工作，要健全立德树人落实机制，扭转不科学的教育评价导向。2020 年 12 月 31 日，人力资源和社会保障部和教育部联合发布了《关于深化高等学校教师职称制度改革的指导意见》，该指导意见中提出，高等学校教师职称制度改革中，要克服唯学历、唯资历、唯"帽子"、唯论文、唯项目等倾向。在评价标准上，不能简单地把论文、专利、承担项目、获奖情况、出国（出境）学习经历等作为限制性条件。可以预见的是，在将来一段时间，我国高校教师职称改革工作将步入新的发展时期。但对于如何完善高校教师职称评定中的评价标准、评价机制以及青年人才的快速晋升通道，仍有待进一步的探索。在这一背景下，我们应当客观看待德国高校"青年教授"的制度，吸取其改革过程中较为成功的经验，从而进一步巩固教师职称制度改革成果、改革完善我国高校教师的职称评价体系。

在评价标准层面，德国"青年教授"制度着重的是对既有成果和未来潜力的评价标准，并没有把论文、学历、奖项或者项目作为定量的评价标准，而是坚持定性考核的方式，注重其代表性成果的评价。在选聘阶段，特别强调优秀的科研成果（往往以博士论文优异成绩以及在专业期刊上发表的代表性论文为标准）和教学能力，此外，候选人是否具备获得第三方资金的能力、跨学科性以及与本校传统研究重点领域的联系、国际知名度、领导能力、沟通能力、自治能力和合作能力等，也是选聘的重要条件。而在中期考核方面，除了自我报告外，中期评估基本上由外部专家意见所确定。虽然具体的评价标准因大学而异，但基本上都是以发表本学科专业期刊上发表的高质量论文的情况、受邀在学术会议上发表主旨演讲的情况（尤其是在国际学术会议上）、获得的第三方项目资助情况、所讲授专业课程的学生评教以及同行观摩评价等多方面来进行评估。而在评价方式层面，德国"青年教授"的评价采取的是"个人述职+同行评议"的方式，这种方式非常具有科学性、专业性和针对性。

此外，德国的"青年教授"制度，也给优秀的年轻学者提供了职业晋升的"快车道"，这种巨大的激励机制能促使年轻学者在博士毕业之后的学术发展黄金时期完成自己独立的科研和教学。而我们国内很多高校在对待青年讲师的发展定位上，不仅要求其短时间内产生科研成果，又要求其承担比教授更多的授课量，最终导致青年人既无法安心科研，同时也无法保障讲授高质量的精品课程。在经济保障上，德国的"青年教授"的薪金虽不及正式教授，但也完全能够保障其获得体面的生活，无须在职业发展初期为经济问题担忧。在当下，我国高校教师的薪酬结构迫使很多人不得不去从事校外兼职，不得不面对"又要打鱼，又要摸虾"的窘境。

总而言之，如何探索具有中国特色的教师聘任制，对于我们国家高等教育事业的可持续发展具有关键性作用。我们应当清醒地认识到现有高校教师聘任制度过程中存在的现实问题，在适当借鉴域外国家不同制度实践的基础上，应当逐步进行创新性的试点改革，建立较为弹性、客观以及有针对性的评价标准和评价方式，从而建立起高水平、高素质的青年教师队伍，促进高等教育事业发展，实现从教育大国到教育强国的历史性转变。

软法规范：人民调解在乡村治理中的改革向度

——以"汕头市李某曾某土地权属争议行政裁决案"为例

◎刘英博*

摘　要：乡村基层矛盾是否及时、高效与和谐化解，是衡量乡村治理能力的一项重要指标。随着农村土地制度改革向纵深发展，农村的社会矛盾呈现新型化、复杂化样态，随着资本和新的经营者进入乡村，原有习惯法则与现代交往规则间的张力将逐渐显化。司法审判与行政管理在乡村基层矛盾化解中，无法与乡村内部约定和传统习惯法就规范冲突进行及时、有效协调，对部分矛盾无法做到案结事了。人民调解尊重私权意愿并倡导协商自由，更重视纠纷当事方延续和谐关系、有序发展，其制度价值和作用机理与国家治理理念耦合；为提升人民调解的制度能力，扩大作用范围，应比照软法规

* 刘英博，汕头大学马克思主义学院副教授。

范从立法理念、制度框架和条文细则等领域进行改革，以实现乡村基层治理能力的提升。

关键词：人民调解　乡村治理　软法

乡村治理是继村民自治后为实现乡村振兴目标而推进的又一国家方略。乡村治理的基本形态由国家"入场"与乡村社会"在地"共同形塑而成。[1] 这一动态过程的形成，一方面是基于国家治理理念的改变，即以政党下乡经由精准扶贫而深入农村社会，构建了农村社会权力结构的新常态；另一方面，农村土地制度的结构性调整，与农村经济发展方式多元和劳动力流动等产生叠加效应，助力了乡村内生自治力量的崛起，农民要自由处分土地事务的愿望日益强烈。从改革开放到 21 世纪的第二个十年，农村逐渐成为资本逐利的热土，随着农地财产属性被激活，农民和资本尝试性的结合成为农村纠纷发生的重要构成。硬法规范及其解纷模式不能满足农村纠纷的类型化和时效性要求，而且行政机关也无法对农村形成及时和全方位的覆盖监督；农民主体地位的提升使其视野和意愿表达渠道日渐宽阔，传统的行政与司法介入在一定程度上抵消了乡村治理的效能，这就要求在乡村基层矛盾化解的理念与方式上拓展新的思路。

一、问题的提出

在乡村治理中，基层矛盾的成因、分析与破解是影响乡村治理效能的主要因素。栗峥从司法运行的角度，提出司法机关在处

---

[1]　韩鹏云：《乡村治理转型的实践逻辑与反思》，载《人文杂志》2020 年第 8 期，第 114 页。

理乡村治理矛盾中应采用"软硬兼施、刚柔并济"的"规制矩阵"[1]；高千等认为乡村治理主体冲突的化解路径可以从"何以可能"与"如何可能"两个方面入手，针对不同类型的冲突选择不同的治理策略等[2]；张新文等则认为，处理乡村治理矛盾的核心措施在于通过乡村治理转型来推动乡村振兴，形成政府治理、社会参与和群众自治的合作共治格局。[3]

土地问题是农村基层矛盾的核心。乡村基层矛盾化解模式选择的关键，在于适应农民意愿与国家意志，在农地领域所进行的一系列"夺权—让权—赋权"等权利互动与制度建构过程；其中，国家对农业资源属性认识的演变历程、对农民基本权利的保障制度建构，和对农民个体经营能力的认识与认可，是模式建构的重要参考因素。农村拥有最多的人口和最广袤的土地，是国家粮食安全和政治安全的保障，相较于改革开放前就已建成严格管理模式并已经开始尝试社区自治的城镇来说，国家对农业、农村仍旧习惯性采取全方位的管控模式，特别是对土地政策的调整保有异乎寻常的谨慎和小心。农民是"土里刨食"的老专家，其传统习惯和对政策的理解与国家管控之间始终存有张力，这表现为农民既遵守国家政策，又在不断地寻求对政策和法规的变通之法，以提升土地利用的效益和便利。乡村治理中出现的矛盾，多与农民对国家政策法规的变通执行和低烈度抵触有关，而成功的处理方式也印证了柔性软法的介入与刚性硬法的适度让步共同形

〔1〕 栗峥：《国家治理中的司法策略：以转型乡村为背景》，载《中国法学》2012年第1期，第77页。

〔2〕 高千、张英魁：《乡村振兴战略下乡村治理主体冲突及其化解策略》，载《宁夏社会科学》2019年第6期，第131页。

〔3〕 张新文、张国磊：《社会主要矛盾转化、乡村治理转型与乡村振兴》，载《西北农林科技大学学报（社会科学版）》2018年第3期，第63页。

成了一种解纷趋势。

二、案件事实与处理经过

由汕头市提供的案例"汕头市李某曾某土地权属争议行政裁决案以案释法"，于 2020 年 6 月入选全国司法行政（法律服务）案例库，列入人民调解案例库以供查阅。

（一）基本案情

曾某与李某父于 1985 年 1 月签订合作建房契约，由其出资在李某父提供的两处宅基地上建造两幢楼房并分得其一。1987 年，李某取得曾某分得楼房所在土地的集体宅基地批准文件；1993 年，国土部门对曾某与李某父的违法合建行为进行处罚，决定没收曾某分得的合建楼房及相应土地；此后，国土部门又将违法标的作价确定给曾某，并为其办理了国有土地使用权证书。

李某不服上述行政处罚并申请复议，汕头市政府于 2004 年作出复议决定，确认行政处罚违法并予以撤销；曾某就此提起行政诉讼，经法院二审终审维持了复议决定。2004 年 7 月，国土部门根据市政府的复议决定撤销国有土地使用权、作价文件以及国有土地使用权证书，曾某提起行政诉讼，中级人民法院终审撤销了国土部门对曾某作出的撤销确权文件及证书的决定。同时，李某提起要求国土部门为其办理集体宅基地登记的诉讼，案件二审期间，金平区人民政府以受理行政裁决争议为由介入该争议，李某撤诉。该宗权属纠纷已历时十几年。

（二）核心争议与解决过程

本案中行政裁决与司法审判有明显冲突，"没收该集体宅基地及楼房的处罚决定书"被撤销，但基于该决定书所作出的"国有土地使用证书"依然有效；中级人民法院通过判决，确认汕头市政府撤销国土机关违法行政行为的决定合法有效，但国土部门对土地性质的错误认定行为，却被中级人民法院另案确认为有效。本案呈现的问题在乡村基层矛盾化解中极具典型意义。

第一，整个监督体系违法失察、错误用法，是本案的推手。其一，农民集体作为土地所有人和直接监控主体，对违法行为知情不报、不予制止，更出具虚假文件；行政机关监管失察、审查不明、处理不当，给了当事人钻法律漏洞的机会；其二，国土部门错误理解《中华人民共和国土地管理法》第 76 条，越权处罚并违法，将执法行为演变为侵权行为；其三，国土部门违法将集体土地作价并指定转让给曾某，背离了土地管理法的立法初衷，违反了法定程序和实体法规定，背离了国土机关监督、管理和有效保护农业用地的职责。就此，国土机关应对其违法和渎职行为承担相应的行政甚至是刑事责任。

第二，司法机关适用法律冲突将本案引向复杂。汕头市政府对李某诉求作出的复议，历经二审、终审，确认了行政复议决定的合法性，本应就此案结事了，但就同一案件事实，中级人民法院在另案审判中形成了与之前完全相反的判决，通过确认国土部门撤销曾某使用权决定的违法，就意味着承认国土部门行政处罚行为的合法。至此，不但国土部门的同一行为得到了两个相反的确认，而且造成李某和曾某要求办理土地使用权的诉求都有了司法支持。中级人民法院内部形成的法律冲突，不但将纠纷推向深入，而且对司法权威形成了不可逆转的自我伤害。

第三，权力的傲慢与司法形式主义是滥诉不断的根源。宅基地对农民尤为珍贵。行政机关的执法行为在一定程度上忽视了合理性原则；司法机关机只顾依法审判、结案；自相矛盾的判决忽视了民生福祉与社会公意。可以说，执法者与司法者对私权和法治的伤害比当事人本身行为更甚。

作为再次受命裁决的国土部门无论作出何种裁决，都将陷入逾越行政层级和干涉司法的窘境；如继续坚持依靠硬法规则，本案只会陷入旷日持久的司法缠斗；而被冠以"特事特办"，则是基层权力机关在处理疑难问题时常用的方法。本案名为行政裁决，实为人民调解，其中反映的硬法与软法在乡村治理中的作用值得深入思考。

三、硬法规范在公域治理中的问题及成因分析

国家通过最严格的农地立法，将不可再生的农地资源与城市资本尽量隔绝，但资本的逐利性和农村资源所蕴含的经济利益总使一部分人趋之若鹜。农民的现实需求与国家意志之间的张力，已成为驱动农地制度改革试水的原动力。

（一）国家意志和农民意愿之间存在张力

农民耕种在前，国家立法在后，农民对土地的占有自古有之，土地承包经营权和宅基地使用权是国家对农民阶层的政治承诺。宅基地是保障农户"居有定所"的独有福利，国家绝不允许城镇居民和资本染指，从国家层面上讲，对宅基地的严格管控是对农民阶层的"大爱"。但农村的现实与国家意志总有差距，有地未必有房，加之农村建房盛行攀比之风，所以为了建成一座足够体面的房屋，他们并不排斥资本的介入与合作，只要不触碰宅基地的底线即可。这一现象在本案得以验证，并在田野调查中也有发现：一方面，李曾合作建房的动因基于李某缺少建房资金，

曾某想投资获利，在被处罚前农村土地权属未发生变更；另一方面，农村集体对此事和性质当然知晓，但仍配合李某办理权属证明，说明该行为在村中已获默许。在农村现实中，村干部认可、全村"当家人"捺印的各种协议是比政策法规还有效的"硬通货"，这是软性约定对硬性法规在事实上形成的变通执行，说明了硬法在乡村仍面临落地适用的难题。

有学者将我国的法律体系置于三个法域之下进行考察，第一法域为依据伦理与道德主宰的应然法域，是法律的本源和理想化状态。客观存在的实然法是第二个法域，是人们主观设计和理想化的产品，打着深刻的阶级意志的烙印。[1] 我国的实然法虽在立法精神上向应然法对齐，但具体规定上仍需反映阶段性的社会治理需求。第三法域是必然法，即"法律如此规定，而行动未必遵循"的民间行动逻辑，是我国特殊法律文化与民间传统关系既耦合又分离的反映。必然法和实然法的关系犹如两圆相交，既代表实然法理念又代表必然法需求的重叠区域就是软法的作用空间；这是由硬法和现实社会之间的互相冲撞和彼此妥协的内在规律所决定的，或者说，软法就是存在于硬法和民间法之间的一种折中机制。[2] 本案的起源就是现代法治理想和现实生活之间、国家和农民阶层之间冲突的集中诠释，而马拉松式的诉讼过程也说明了单独依靠硬法并非最有效的选择。

（二）司法中心主义对正义理念的认识偏差

"正义有着一张普洛透斯似的脸，变幻无常、随时可呈现不

---

〔1〕 梁剑兵：《论软法与民间法的耦合与界分》，载《法治论丛（上海政法学院学报）》2009 年第 6 期，第 6 页。

〔2〕 梁剑兵：《论软法与民间法的耦合与界分》，载《法治论丛（上海政法学院学报）》2009 年第 6 期，第 6 页。

同形状，并具有极不相同的面貌。"[1]因评价角度和利益基础不同，正义并没有固定答案：具有普遍舆论支持的、案件所体现的价值观能够被人普遍接受的，是一种抽象正义；在特定历史阶段体现出社会价值的，是具有时代性和阶段性的社会正义；超越诉讼常态，反复激活再审程序所追求，是实质正义；而还有一种正义尚存争议，即当事方和裁判者都知道这样的正义是对硬性规范的曲解和调整，但当事人接受这样的结果，是因为妥协的代价较于继续遵循法律规定，在某些方面可更具效益，这种正义姑且可被称为平衡的正义。正义是特定的群体基于唯物历史观做出的判断，绝非永恒；如果将对正义的理解演变为"在立法、行政及审判中，迅速地扩张使用无固定内容的标准和一般性的条款"，[2]这样的正义将是经由司法人员自由裁量权掩护下的人治。曾在法学界备受追捧的形式正义，也不可能成为实现多重正义的唯一途径。20 世纪的中国，形式正义是代表国家意志的天然合理的唯一规则方式，不但制定和颁布了大量的成文法，而且诱发诉讼量与司法和执法机构数量同步增长，而后者将套用法条定分止争视为实现正义的唯一途径。理论界和实务界在面对形式正义与实质正义冲突时，将对后者的舍弃视为一种当然的选择。

在这样的正义观下审视本案，对案件的缘起及发展就不会觉得意外和突兀，国土部门在宅基地的管控与没收中扮演了激进的实质正义者；中级法院对同一行政行为，基于两个不同案由而作出了不同的判决，成了正义判定的混淆者；司法与行政机关对同

---

〔1〕 ［美］E. 博登海默：《法理学——法哲学及其方法》，华夏出版社 1987 年版第 238 页。

〔2〕 ［美］R. M. 昂格尔：《现代社会中的法律》，吴玉章、周汉华译，译林出版社 2001 年版第 187 页。

一事实的相悖理解，显示了司法机关对形式正义的追求。本案中，法律对私权的回应和保护功能被牺牲了。

（三）法治理念的偏差与治理理念的失衡

随着学界对法治内涵和理念认识的进步，凸显出社会对正义的需求已超越了原有的工具性价值，转而更加关注法治核心价值，即对人的尊严和自由的维护。因此，这样的法治"是一种按照准确的、公开的个人权利概念来治理的理念。它不像规则文本概念那样在法治与实体正义之间作区分，相反，它要求，作为法律理念的一部分，规则文本里的规则要统摄和实施道德权利"[1]。随着国家跨越了以立法为核心工作的法制建设初期，理论界依据法律的现实运行效果，引入富勒、罗尔斯等人的形式法治理论，对我国法治道路究竟坚持形式法治还是实质法治，进行了广泛而深入的论战。

对于形式法治和实质法治的选择，应当从我国的传统文化和社会秩序调试方法入手，兼顾我国特有的语义性质、探索历程和处世态度，跳出西方语境而重新审视。首先，就"法治"于我国的意义来说，已非是一种技术和理念层面的学理表达，而因融入了几代法律人的心血，成为极富有感情色彩的褒义词，所以从词源结构上来讲，形式法治和实质法治的落脚点都在法治上，如果没有对法治的实质性贡献，也就不可能成为法治的前缀。有学者以富勒提出的"法律的一般性，法律的公开性，法律非溯及既往，法律的明晰性，法律不相互矛盾，法律的可行性，法律的稳定性，官员行为与已宣布的规则相符合"[2]等八原则为标靶，认

---

[1] Dowarkin, *A Matter of Principle*, Harvard University Press, 1985. pp. 11-12.

[2] Lon. L. Fuller, *The Morality of Law*, revised edition, Yale University Press, 1964, pp. 33-94.

为形式法治过分注重了法律的权威性，"将价值要素从法治概念中抽离出去，也会使得这样的概念丧失其内在的自我识别、自我评判的道义能力或道德力量"[1]。但这种批判显然打错了方向，富勒的理论不但包含了明显的价值取向，还包含了对制定和执行法律的官员自身道德的要求，"形式法治论仅仅把法律的内在道德纳入为法治的构成要素，而实质法治论则把法律的外在道德也纳入为法治的构成要素"，[2] 所以，形式法治所涉及的价值内涵与实质法治虽有不同，但并非价值无涉。

其次，形式法治是达到实质法治的必经之路。为实现国家法治，我国社会经历了"断骨重塑"般的阵痛，以致"依法办事、依照程序、重视证据、有困难找警察"等都已成为衡量法治建设的重要指标。绝大多数的现行法，都符合亚里士多德对"良法"做出的判断标准；法律对行为的规范和约束，实现了社会生活和经济交往的规范化；曾经肆意的权力体系被"关进制度的笼子里"。总之，有章可循总好过率性而为。形式法治与形式主义、形式正义的区别又是鲜明的：形式主义重在套用法条，无需考虑法条本身所代表的价值，是单纯的机械用法；形式正义以程序性价值超越人类社会普遍崇尚的内在价值，是追求正义的外在表现；而形式法治正是为弥合形式主义的形而上学和超越了形式正义的片面缺陷，旨在实现以合理程序设定实现人类社会的崇高价值目标，所以体现形式法治的法律，必为"善法"。

最后，非此即彼不是科学研究的态度。"取众家之长"是我

---

〔1〕　高鸿钧等：《法治：理念与制度》，中国政法大学出版社 2002 年版，第 182~183 页。

〔2〕　黄文艺：《为形式法治理论辩护——兼评〈法治：理念与制度〉》，载《政法论坛》2008 年第 1 期，第 176 页。

国社会科学的中庸之道，以民法的物权变动模式建构为例，一边是德国的严谨安全但程序繁琐，另一边是法国的便捷高效但风险较高，我国融汇两种理论，创建了"债权形式主义为主，例外采意思主义为辅"的独特模式。在形式法治与实质法治之争中，法学家们既为价值、理想、信仰与启蒙倾注了巨大热情，也重视筑牢实证根基，回应人民诉求。所以，形式法治眼可见，通过国家立法展现于外界；实质法治心可见，是由当事人内心感受到法律所着力培育的民族精神和价值选择。虽然是两套价值体系，属于两种不同维度的追求，但目标是殊途同归的。

法治既包含着高大上的理想主义气息，又包含对社会现实的改造。法治仅是国家治理的一种措施、一种理念、一种途径和一种范式，要让法治成为国家治理现代化的助推器，就必须要从理想宣传落实到思维培养。

四、人民调解制度精神与治理理念的耦合

近二十年似乎无解的、消耗了大量人力物力的本案，牵涉行政、司法和农民集体等多方主体的纠纷，就这样被人民调解悄然化解，像极了武侠小说中的"四两拨千斤"。人民调解运行成功的原因绝不是各方的无奈之选，而是因为人民调解顺应了时代发展的需要。

首先，人民调解以实现实质法治为制度核心，而法治又是治理的核心理念。在国家法制初建时期，董必武先生就曾提出："没有法，做事情很不便。有了法，如果不去了解法律条文的精神实质，在处理案件的时候又不去深入研究案件的具体情况，只

是机械地搬用条文，也是不能把事情办好的"；[1] 1999 年的全国民事案件审判质量工作座谈会，首提司法审判"在审理新类型民事案件时，要注重探索，讲求社会效果"；[2] 进入新时代，习近平总书记提出，"努力让人民群众在每一个司法案件中都能感受到公平正义"[3] 的要求。法律的社会效果和人民的认可程度是评价实质法治的重要方面。调解程序虽不严谨，但调解员保护了当事人的话语权，家长里短的氛围淡化了当事人的冲突情绪，签署调解协议是双方真正的握手言和。"如果把实质法治比作一辆车的话，那么形式正义就是它的底盘，过不了底盘这道坎，车辆无法运行；而实质正义则是它的方向盘，它主导着车辆运行的方向。"[4] 这一比喻颇为形象。但现实生活中不是只有一种底盘和一款汽车，丰富多彩的选择才是社会发展的方向，人民调解的运行效果在某种意义上甚至超过了司法审判。

其次，人民调解顺应国家治理的理论要求。其一，人民调解重在以人为本。"人作为活动主体的质的规定性，是在与客体相互作用中得到发展的人的自觉、自主、能动和创造的特性。"[5] 马克思主义第一次实现了客观唯物主义和主体性原则的统一，将主体性精神研究贯穿于现代法治理念的文明演化过程。具体化于

---

〔1〕 董必武：《董必武政治法律文集》，法律出版社 1986 年版，第 521 页。

〔2〕 吕芳：《穿行于理想和现实之间的平衡——从法律文化的视角解读"法律效果和社会效果的统一"》，载《法学论坛》2005 年第 3 期，第 128 页。

〔3〕 习近平：《在首都各界纪念现行宪法公布施行三十周年大会上的讲话》，载中共中央文献研究室编：《十八大以来重要文献选编》（上），中央文献出版社 2014 年版，第 91 页。

〔4〕 江必新：《严格依法办事：经由形式正义的实质法治观》，载《法学研究》2013 年第 6 期，第 43 页。

〔5〕 郭湛：《主体性哲学：人的存在及其意义》，云南人民出版社 2002 年版，第 30 页。

人民调解的微观制度建构，无论是程序的启动还是协议的达成，当事人才是调解制度启动并有效的原动力，这是对私权的最大尊重。其二，人民调解是群众路线的践行者。人民调解重视发动群众、深入宣传、群策协调、舆论监督，矛盾就地化解符合十七大倡导的"最广泛地动员和组织人民依法管理国家事务和社会事务、管理经济和文化事业"的要求，也顺应了十九大提出的全民共筑"中国梦"的时代号召。其三，人民调解培育了基层社会的自治能力。人民调解鼓励民众表达自我意愿；基层权力主体以集中召集替代了"训谕式劝解"；纠纷聚集的当事人都可以公开表明自己的立场和态度；职业团体的专业意见、社会组织的行业标准，都对矛盾化解起到了重要的参考价值。不局限于硬法的形式规范，人民调解培育了基层民众"多元参与、重视权利、尊重规则"的解纷渠道，凸显了人民调解的时代价值。

最后，人民调解是推进基层治理的有效手段。其一，人民调解肩负政策宣传的社会职能。调解员通常为村干部或者街道办主任兼任，他们可将党和政府的决策、价值观和意识形态等，在调解的同时传递给当事方和旁观者，在化解矛盾的同时推动国家意志的传导和下沉。其二，人民调解推动社会传统道德的弘扬和发展。调解员"来自于民、似官非官"，他们善用道义，让理亏一方心有负罪感，让占理一方勿得理不让人，用双方熟悉的道德规范和行为准则替代司法审判的"非黑即白"，力争双方关系保持和谐。其三，人民调解将理论的法治落为现实。法治不是包治百病的万能药，其无法全面容纳社会尊崇的多元价值观；要抛弃法治建设中的简单线性思维，以"把脉现实、承认复杂性与多元性、分类施策"[1]为原则，"以具体的事实和问题为出发点，以解决具体问题为目的的实证研究应该是以后努力的方向"，[2] 在国家治理大框架的统摄下，实现我国法治建设"经历从宏大到细微的细化过程和从高端到低端的着陆过程"[3]。

五、软法理论指导下人民调解的改革探索

当前对人民调解的立法因数量有限和可操作性不强、难以量化执行，较于其他的解纷方式而稍显薄弱；软法规范虽然更少，但却发挥了实质性的指导作用，中央政法委在 2018 年牵头六部门发布《关于加强人民调解员队伍建设的意见》，发挥了统摄各方、资源协调、推进调解事业发展的纲领性作用，彰显了软法的制度优势。

（一）创新人民调解的立法理念

人民调解对私权的尊重和对审判"零和博弈"的规避，使其制度价值逐渐得到认可，但要更符合国家治理的时代需求，应对其核心理念在以下几方面尝试创新：

第一，重视引入软法理念，凸显多元自治的制度精神。硬法是国家意志实施的原则和底线，是法治大厦的基石和四梁八柱，承载着社会的主流价值体系和精神理念；软法是大厦的内部装修，是将纸面蓝图转为现实应用的制度设计，给人们贴近生活、现实有效的运行体验，也是辉煌建筑不可或缺的一部分。软法更

---

〔1〕 江必新：《严格依法办事：经由形式正义的实质法治观》，载《法学研究》2013 年第 6 期，第 40 页。

〔2〕 江必新：《严格依法办事：经由形式正义的实质法治观》，载《法学研究》2013 年第 6 期，第 41 页。

〔3〕 江必新：《严格依法办事：经由形式正义的实质法治观》，载《法学研究》2013 年第 6 期，第 41 页。

善于激发社会的灵活性和人民的主动性，重视将地方性习惯、特色规则糅合进指导意见和行为准则，既维护了硬法所尊崇的价值，又表达了区域地方人民的意愿，形成了较于硬法而独有的制度优势。

第二，调解立法应着力解决类型化纠纷。本案的解决关键在于国土局为李某办理不动产登记予以"特事特办"，说明调解协议的执行需要多方配合，缺一不可。对于主管机关来说，要充分认识到所需调解的事务往往具有典型性、类型性和影响持续性，要解决这类事务也将牵涉多个部门、受制于多项规范，甚至超越了地方政府的处理权限。党是一切工作的核心，面对这种复杂的社会、历史和体制问题，最合适的方式应由地方党委根据本辖区的发展历史、地方习惯和当前现状，协调地方政府、司法机关、行业协会、智囊机构、民意代表等主体，针对类型化纠纷制定解决建议，以集思广益、综合协调、形成有机整体。

第三，贯彻合作性私权保护理念。在传统的权利义务和责任的观念下，一方利益的恢复必然伴随另一方权益的削弱，但个体间的利益转移并不能带来利益总量的增加，这是典型的零和博弈。从民事交往的角度来说，零和既说明双方的交往缺少延续的动力，也说明追求绝对完满私权的本质是一种畸形的对抗性心理在作祟。纠纷双方应深刻认识到，对抗性的赔偿不但可能意味着一个合作伙伴的失去，而且更可能因培养新的交易伙伴而付出更多成本。合作性协商不追求私权补偿的绝对性，适度的让步既对违约方进行了惩戒，又延续了双方合作的可能性。从经济性角度来看，让渡赔偿的金额，无论是等于还是小于重新培养交易伙伴的成本，纠纷双方的经济利益都会随着长期低成本的交易而获得保障。将此理念贯穿于整个市场经济，现代交易规则会因合作性理念的嵌入，实现与传统义利观的有机结合。

（二）构建"软法不软"的制度框架

首先，在法院立案环节增设前置程序。就本案来说，当事人在提起诉讼之前肯定无法预料这场纠纷会持续近二十年，更不会想到最后会以最为简单的调解方式结案；期间，作出错误处罚和冲突判决的国家工作人员并未担责，守土无方的农民集体亦未受罚，只有当事人在消耗着时间、精力，以及诉讼和律师费用。法治精神和治理理念的贯彻并非要求人民都精通法律，而实则重在培养理性思维和独立人格。鉴于当前公民提起诉讼仍有一定的盲目性，应当增加犹如"股市有风险、入市需谨慎"告知的立案前置程序和冷却期，引导其理性决策，避免陷入冲动滥诉的陷阱。

其次，适当扩大调解的应用范围。2019 年，全国人民代表大会常务委员会授权最高人民法院，在部分地区开展民事诉讼程序繁简分流改革试点工作。其中对小额诉讼程序的"类型化"与"一审终审制"的规定可被借鉴于调解制度，建构"一调结案制"：第一类，事实清楚、权责明确、标的额度不大、执行不难的民商事纠纷；第二类，造成人身和精神损害在轻微及以下的、没有造成社会恶劣影响的、容易获得受害方谅解并已认罪认罚的小微刑事案件；第三类，由警察负责调解的、可用赔偿方式化解的行政治安案件。上述三类案件在社会生活中具有常态性、普遍性和典型化特点，在划归调解委员会管辖后有利于缓解司法、行政机关工作压力，降低社会冲突烈度，易于维护社会稳定。

最后，对调解协议的履行给予软法领域的"硬保护"。从私力救济和自治的角度上来讲，应对协议履行以软法方式进行约束：其一，将拒不履行协议的毁约方纳入国家征信体系，通过限制其经济交往与高消费等方式，督促其尽快执行协议；其二，可将拒不履约的主体，在居委会、村委会以及行业协会等范围内予以通报，公示其有违诚信的行为。从制度的效力上讲，上述措施并不具有硬性排除其他主体与其交易的拘束力，但负面的社会评价将给其带来更多的利益损失，这就是"软法不软、反而很硬"的制度效果。

（三）发挥人民调解功能的制度细则

首先，调解员应具备的处突能力和调解技巧。结合我国法治进程和基层普法、人民学法守法的一般现状，我国调解员还应当具有"和（huò）""和（hé）""合"的能力和技巧。"和（huò）"代指民间俗语"和稀泥"，调解员要善于用"和稀泥"的方式先安抚双方情绪，以防矛盾进一步激化；"和（hé）"，意指"和谐"，调解协议达成只是初步，更重要的是要争取双方关系重归于好、延续情谊；"合"意指合作，在农村，纠纷双方多是要长期生活在这个相对封闭的村庄内的，和气生财、抬头不见低头见的土道理是引导双方合作的最好范式。调解员不但要做到案结事了，而且要维护乡村和谐及永续发展。

其次，在调解进程中应坚持重实质轻程序。很多学者认为我国调解制度不够正规的重要原因就在于没有严谨的程序形式。对于我国的社会现实，特别是乡村生活来说，在调解中严格遵循程序反而有教条主义之嫌。调解成功并非因严谨程序和国家意志，而是依靠调解员对局势做出综合判断并以追求实质法治为目的的居中引导。因此，调解的着力点在于保障双方意思表示自由、协商地位平等和权益相对公平等，而具体的表达、质证和辩论交流的过程，应当由调解员灵活把握。

最后，调解应将地方性习俗明确纳入软法性适用规则。在我国，除法律外，道德、习俗、传统文化等都在发挥不可忽视的调控社会秩序的作用。最高院在彩礼问题上，以司法解释的形式向传统习惯做出适度让步就是最好的例证，这同时也是硬法规范承认了软法价值的最好范例。作为体现强烈私权属性和自治精神的人民调解，不应以将纠纷置于硬法框架下，并以此为是非曲直判断的唯一依据，而应将地方风俗习惯和传统文化纳入软法规则作为制度设计重点，以充分发挥传统理念与人民智慧。

结　论

在本案中，人民调解、行政调解和司法调解都在案件初期失效，但旷日持久的对峙最后回转并止于人民调解，这一过程着实可叹。虽然调解达成，但司法和行政权力的威信受损，人民法院的解纷作用遭到质疑，这在法治社会的建设中是致命的。

农村是法治建设面临的一块特殊的试验田，其中包含着农民自治的觉醒和基层权力的留恋，充斥着矛盾解决的老规矩和法治推进的新方案，更重要的是基于农民和农民集体对自身事务要当家做主的尝试和基层权力机关对农民自治能力的质疑之间形成矛盾，且未获得及时化解。长期的权力下沉，使得基层权力机构忘记了农村自身的稳定从来不是单纯依靠国家力量的介入，农村有自己的基于小农经济、相邻关系、血缘关系、宗族法则和乡规民约等存在了数千年的法则，以及基于该法则形成的农村民间调解中的合理因素，这些都应当在现代法治进程和国家治理现代化的框架下予以继承和保留。如今，农村正在经历农村土地征收、集体经营性建设用地入市、宅基地制度改革试点等三项改革，旨在通过入市、抵押等经济手段激发农村土地和宅基地中蕴含的经济价值。但资本下乡仍旧存在诸多制度问题，农民集体的主体地位仍旧虚化，土地所有权有被承包权超越的嫌疑，在国家司法机关尚背负大量案件压力的当前，单纯依靠硬法和审判化解矛盾显然与自治理念不合。软法理念在学界已逐渐成为共识，但其研究尚未发展到精细化阶段，对具体制度的指导和建构作用仍待加强。软法具备的多元协商、自治共赢的基本理念与国家治理理念相耦合，是激发人民调解的传统魅力和时代价值、化解农村基层矛盾，并回应国家治理现代化的时代需求的最好选择。

新时期中共党史教育定位与重构

◎徐　航*

摘　要：目前的两种教育分类标准使中国共产党的历史教育日益处于尴尬的边缘地位。马克思主义中国化的理论与实践是中国共产党历史教育的两个重要方面。从政治学教育到马克思主义理论教育，中国共产党必须适应三位一体的历史教育体系，中共历史教育必须与中国近代史相协调，党的基本问题必须与中国近代史上的基本问题紧密结合，形成优势互补、协调发展的教育集团，以利于新时期中共党史理论教育体系的发展和完善。

关键词：新时期　中共党史　教育定位　教育重构

---

* 徐航，男，法学博士，中共河南省委党校副教授、中国政法大学博士后。

引　言

党史教育是民族思想政治教育的核心内容，是培养一代又一代社会主义建设者和接班人的重要基石。自改革开放以来，党史研究呈现多元化和差异性的特点。就中国共产党党史教育的定位而言，长期以来，各个学校都有着其不同的特点。把党史从政治科学的一流教育调整为马克思主义的一流教育，之后再次介入共产党和中国近代历史的相关知识，建设马克思主义理论优势互补、协调统一的教育体系，有利于马克思主义理论的发展与完善。本文针对新时期中共党史教育定位与重构进行分析，探讨了新时期中共党史教育的定位，并对其发展方向进行重构。

一、中共党史教育定位的原因

中国共产党在当前的教育分类标准下，亟待调整，以利可持续发展。近几年来，国家社科基金、国家哲学社会科学规划等项目，虽然没有遵循这样的教育分类，但已经把"历史教育"列为一级教育，同时将"马克思主义、科学社会主义""政治学""中国历史"等重大教育项目并列为一级项目。中国共产党党史教育的地位有了显著的提高，但情况仍不是十分乐观，在教育部的人文社会科学研究项目以及大部分省市的相关评审中，中国共产党党史研究者面临着课题申请和成果评奖的不便。

另外，在教育实践中，中国共产党党史教育和中国共产党的政治学教育有明显的区别，二者在理论界几乎没有交流。此外，党史学者也较难参与到马克思主义教育理论的研究之中，中共党史教育没有得到巩固和加强。

新时期中共党史教育是以马克思主义理论教育为基础的。党的历史随着新中国的建立而发展，中国共产党是开放型政党，因此党史教育政治理论课是以《中国革命史》《毛泽东思想概论》和《中国近代史纲要》为主体，通过一系列的学习，形成一个完整的课程体系。

从整体上看，中国共产党党史教育在本科专业中的发展较好，但由于公共课程改革，课程教学出现了新的趋势。虽然我国高校数量较多，但是在中共党史教育问题上，大多数课程都是依照中国近代历史课程，其教育支撑仍然是党的二级教育，因此许多问题不能与新时期的发展相适应。综上所述，在当前高校普遍成立马克思主义学院的形势下，我们要大力加强中国共产党理论和中国共产党理论教学与研究队伍的建设。在近代中等教育和中国共产党二次教育中，马克思主义的基本问题研究因教师力量不足而日益"冷淡"。

近几年来，党的历史教育在我国目前的教育阶层中处于较为尴尬的地位，一些党史工作者多次从不同角度对其进行重新定位，并提出了一些思考和建议，虽然取得了一定的效果，但是很多问题依然没有被妥善解决。本文认为，中国共产党党史教育虽然是第一要务，但必须在马克思主义理论教育的新补充、新层次上对其进行重新定位。马克思主义的教育思想是与中国近代史的基本问题息息相关的，如果不在马克思理论教育上进行补充，就会破坏教育分类的稳定性、严肃性和权威性，从而引发其他教育竞赛。所以，加强党的历史教育，既有必要性，又有合理性和先进性。目前的实际情况是，只有党的历史教育与马克思主义理论相适应，党在二级教育中的地位才能继续保持，马克思主义理论教育体系才能更加丰富。在将来有条件的时候，再考虑把党的历史教育提高到独立教育。

二、新时期中共党史教育与马克思教育之间的关系

鉴于中国共产党党史教育的特殊性，在教育过程中必须始终坚持马克思主义的指导思想，党史教育的研究内容和理论方法也必须与马克思主义紧密结合。中国共产党的历史教育，是具有鲜明的党性色彩和思想色彩的教育，尤其是以马克思主义为指导的教育，作为上层建筑，是为维护统治阶级利益和社会基础服务的，这一意识形态的阶级性，决定了任何社会中的统治阶级或群体，都必须创造一种属于该阶级或群体的意识形态，并把它作为维护自身利益和统治的意识形态武器。中国是一个人民民主专政的社会主义国家，中国共产党是中国工人阶级的先锋队，是中国人民和中华民族的先驱，因此党的历史教育必须具有鲜明的党性和思想性，才能成为中国特色社会主义事业的领导核心。

中国共产党的历史教育必须在马克思主义指导下，积极应对历史虚无主义的挑战，同片面曲解历史、全盘否定历史的倾向作斗争，巩固党的思想优势。马克思列宁主义作为中国共产党的指导思想，在中国的运用和发展，是中国共产党历史教育和学习的重要内容。从诞生之日起，中国共产党就以马克思主义为指导思想和行动指南，但由于中国社会的特殊性，决定了革命、建设和改革不能完全照搬马克思主义，也不能照搬外国的经验。必须把马克思主义基本原理同中国的具体实际结合起来，付诸实践，[1]

---

〔1〕 张健：《中共党史在高校学科建设中的定位与整合》，载《历史教学》2013 年第 6 期，第 67~71 页。

以争取革命胜利，探索民族富强之路，用新的理论成果丰富和发展马克思主义。在经历了 90 多年的探索与奋斗之后，中华人民共和国的历史告诉我们，中国共产党必须要根据自己的国情和特点，创造性地运用和发展马克思主义，不断推动马克思主义中国化。所以，中国共产党的历史，就是马克思主义在中国不断发展创新的历史，就是马克思主义中国化的基本经验和过程，对中国共产党历史的研究具有重大意义。

作为一种科学的世界观和方法论，马克思的辩证唯物主义和历史唯物主义是中国共产党历史理论的基本方法。马克思主义唯物辩证法是关于世界普遍联系、永恒发展的理论，它揭示了自然界、人类社会和人类思维发展的普遍规律。对立统一规律、质变规律和否定规律等一系列基本范畴构成了唯物辩证法科学体系[1]。辩证法是世界科学认识论发展的综合，辩证唯物史观强调，社会发展的历史是物质生活和生产方式的历史，而人是历史的真正创造者，是推动社会变革的决定力量。辩证法揭示了社会历史的发展规律，为研究人类社会发展规律提供了科学的思想武器。党的历史是通过研究中国共产党的历史来揭示中国近代社会发展规律的科学，研究这种规律的最好方法是马克思主义的辩证唯物史观。

当前世界正处在大发展大变革大调整时期，青年的困惑同样需要历史的引导。但是，必须明确的是，历史不能靠翻旧书来完成，提升的另一个方面是"降维"，它要求教育者对历史进行辩证地把握，在复杂的情境中找到哲学历史的细节，在冲突与对抗

---

〔1〕　张健：《中共党史在高校学科建设中的定位与整合》，载《历史教学》2013年第 6 期，第 67~71 页。

中找到平衡点。透过"降维",青少年可以把书本上的历史与周围的现实联系起来,并意识到历史是现实的根源。为了让青少年树立起正确的世界观、价值观和人生观,必须在历史中建立"坐标系统"。对于他们,有必要了解这个国家从何而来,了解它为什么会变成现在的样子而非它现在的样子,并且计算出它的未来而非它现在的样子。

历史是关于时间的,这段"时间"不只是用在过去,也用在未来。所以在历史上,时间是相互依赖的,而同时,时间又被重新组织。党史教育有其特定的问题意识和对象话语,对"时代"进行了宏观与微观两方面的重构。以史实和历史认知为视角,探讨时代与历史的关系,以史实作为适当"升华"的依据,才能更准确地讲党史,更好地把自己放回复杂的党史中去,从而使党史的宏观主题更加深刻。与此同时,从"时间史"的角度来看,"时间"也是一条"长轴",它让我们看到穿越时空的轨迹,而不会断断续续地谈论与我们无关的过去。所以,在历史认识的基础上,适当地"降维",可以更广泛的探讨党史,揭示现象的本质,揭示过去和现在的内在联系,能使党史的微观叙事更加生动有趣。

党史教育在叙事上不断调整着"兴衰"的关系,它的最终目标是使党史回归到一种反思教育:一方面,加强对党史的反思和批判;另一方面,把党史教育从简单、枯燥的教学模式中解放出来,突出历史的栩栩如生。同时也加强了对事物的反思与批判,让年轻一代突破人生的沉闷。党史教育不是片面地看问题,而是真正学会用马克思主义的立场、观点和方法来认识、理解、解释世界,最终实现对世界的改造。政党教育有了新的历史发展,在新的历史背景下，中国共产党的历史教育能够也必须建立起青年思想的"坐标系"，激励一代又一代青年创新者顺应历史潮流、奋发有为。

三、新时期中共党史教育定位与重构

中国共产党党史的自觉发生和发展、制度建设的基础理论、以历史创新体系为研究对象的学术思想史，是新时期理论学科的重要发展史。在新时期，中国共产党的建设主题体系更加完整准确。这是大环境变化的结果，中国共产党党史发展最直接的原因是学术思想的加强，党史研究历史化倾向的出现。

中国共产党饱经战争洗礼，伴随着思想解放运动的兴起，中国共产党党史学基本理论重新建构，学术反思悄然展开，学科理论日趋成熟。过去关于党史基础理论研究对象、方法和阶段的认识已经过时，不符合新时代的要求，因此必须要针对新时期对中共党史教育进行重新定位。

马克思主义教育研究的主体和中国共产党的实践主体基本相同，马列主义学习的中国化，是中国共产党教育与研究的主体。中国共产党是将马克思主义作为指导思想和行动指南为基础的政党。"中国近代史基本问题研究"虽以中国为研究对象，但作为中国人民和中华民族的先驱，共产党也是此类教育研究的最重要实践对象。中国近代史、马克思主义理论发展史和中共党史在教育研究的实践主体上基本一致。

目前关于中共党史教育研究的历史跨度基本相同，自1921年中国共产党成立以来，与"马克思主义研究在中国"的概念有很大的相似性，但还存在着扩展与局限。随着"五四运动"与

"马克思主义在中国"广泛传播党史文化的过程，不管是研究中国共产党的历史，还是马克思主义中国化的历史，都需要对中国共产党和马克思主义中国化的历史背景进行深入的研究，即追溯到旧民主革命的逐步形成与发展，而这正是中国近代历史研究的基本问题。因此，从 1840 年到现在，三种教育的历史跨度相似，但侧重点不同。党和全国各族人民正为争取民族独立、人民解放、国家富强、人民幸福而不懈努力。这是我们党长期斗争的结果，也是中国不断实践的结果。坚持革命道路、建设道路的探索，从中国国情出发，我们要透彻研究改革开放史、社会主义现代化建设史、马克思主义中国化史，更要有推动理论创新的历史力量、保持和发展的历史力量。党史前进必然有一个不断经受各种风险和挑战的过程。科学地界定了党的历史和党的历史的内涵，中国共产党优良传统的形成与发展，近代中国人民艰苦奋斗、开拓创新的成果。"一个选择，一个选择"和"两个历史任务"的完成，以及马克思主义中国化的历史进程，是伟大的党史观的集中体现。新时期中共党史教育学研究的三个主要内容包括"党史""中国近代史基本问题研究"和"马克思主义中国化"，它们各具特色，且它们之间还存在着密切联系。

新时期中共党史教育的教学研究团队基本相同。当前，大多数教师归属于马克思主义学院党史教研室并从事思想政治理论课教学与研究。经历多次教育改革后，马克思主义中国化与中国近代历史基本问题的研究都发生了变化。随着教研员人数的增加，相当一部分教研员不能完全分开，而必须跨越中国近代史、马克思主义理论发展史和中共党史三种类型，同时形成"群中有群，三教合一"的教学体制。

教育中的"党史""中国近代史基本问题研究"和"马克思主义中国化"三个方面有着密切的联系。马克思主义理论层面的教育调整，可以同"中国近代史基本问题研究"和"马克思主义中国化"相结合，形成一个相辅相成、相得益彰的教育集团。要从根本上解决中国近代历史基本问题（即"四个选择"和"两个历史任务"）的主题和主线，就必须把马克思主义中国化的主要原因归结到中国共产党的实践探索和理论创新上来。本文将研究内容与成果有机地结合起来，总结历史经验，提高理论水平，充分发挥多元教育研究在研究方法上的综合优势。

四、结束语

近几年一些高校在马克思主义教育理论建设方面，对"三位一体"教育的优势与群体整合方面进行了有益的探索。党史政治学的基础教研，必须建立在马克思主义理论教育的基础之上，不管是"普适统一""三位一体"的教育整合，还是"大部制"的教育体制改革，都把它看作是实现教学研究、专业人才培养和思想理论教育良性互动的教育群体，以期把党史教育转化为马克思主义理论教育，把党史教育转化为七个层次的教育，更有利于发挥教育集团的优势，进行全方位的创新。